刑事司法改革中的实验研究

Experimental Research in Criminal Justice Reform

何挺 著

法律出版社 LAW PRESS · CHINA

目　　录

序　言

在何挺教授的又一力作《刑事司法改革中的实验研究》即将面世之际，邀我这位"同学"作序，笔者诚惶诚恐，但念及与何挺十多年来共同致力于刑事司法实证研究方法的求学历程以及共同的旨趣追求，还是欣然允之，斗胆为其大作做些注评。

我与何挺相识、相知正缘起于刑事司法实证研究，尤其是本书所聚焦的实验研究方法。2009 年我们一起赴美国哈佛大学参加了为期十天的刑事司法实证研究方法专题培训班，第一次成为"同学"；2011 年我们再次共同赴美国维拉司法研究所进行了为期四十多天的访学研修，再度成为"同学"，在美国学习、研修的过程中，我们和其他几位青年才俊朝夕相处，念兹在兹的都是各类实证研究方法及其在刑事司法领域的具体化应用，充实且单调的学习之旅给我们充分的时间对每一类实证研究方法、每一个经典实证研究课题进行深入地切磋、争辩和交流，我们也因此结下了比同学更深厚的友谊。更为重要的是，我们共同研修实证研究方法的同期，恰恰是中国刑事诉讼法学界实证研究方法兴起的十年黄金时期，我们也都在各自导师的带领下，在中国刑事司法的真实环境中亲身实践了不少实证研究，尤其是在那时非常流行的实验试点研究，并充分利用各种机会来互相讨论学习，甚至互相质疑对方的研究设计。至今我仍然印象深刻的是,当时针对宋英辉教授和何挺开展的刑事和解实验研究的分组设计,我专门跑到北师大西门的一个餐馆里和何挺讨论了三个多小时。此后,何挺展示出对于实证研究方法异乎寻常的兴趣和与众不同的潜质,并逐渐成为这个领域的专家。在他的积极推动下,我们又开始在国内合作举办"刑事司法实证研究方法"青年培训课程,组织兴趣小组的圆桌讨论会,试图探索实证研究方法在中国刑事司法语境中如何实现本土化再造的重大命题。

对于一个学科而言,方法论的成熟程度标志着学科的发达程度,这一判断对于学者个人而言也是适用的。何挺近年来围绕着刑事司法实证研究方法领域已经撰写、编译了多部影响较大的著作,也率先发表了有关实证研究方法论的权威期刊论文,对于阐释、推动刑事司法中的实证研究方法之应用作出了杰出的贡献,本书则是其在实证研究方法论研究道路上前行的重要成果,聚焦于实证研究方法中最为复杂、最引人入胜的实验类研究方法,并将其置于刑事司法的特殊环境中进行审视。恰恰是由于实验研究所具有的综合性、系统性与科学性等特质,这类方法堪称实证研究中"皇冠上的明珠"。何挺针对这一类研究方法撰写出二十余万字的专著,对实验研究方法进行了细致的分析,在整个法学界关于实证研究方法的研究中开了先河,填补了法学界实验研究方法论方面的空白,充分展现了刑事诉讼法学界在实证研究方法应用领域的相应成就。

本书对实验方法的专题分析是细腻、客观与理性的,这种分析进路在当下刑事诉讼法学的研究过程中是不多见的。有学者曾做过统计,过去十年法学界发表的实证研究类文章中,半数以上是刑事诉讼法学界的论文,从数字上来看,可以说刑事诉讼法学界在实证研究方面为法学界作出了极大的贡献,但喧嚣之后迎来的是低潮与泥沙俱下。由于缺乏真正科学、严谨、认真的方法训练与讨论,伪实证、假实证、移植式实证的论文、研究报告鱼龙混杂,并进而影响到对实证研究的整体评价。在这一特定的背景之下,法学界更是亟待理性与认真的讨论。在何挺这本专著理性、平和的讨论文字之间，我们能看到对实验研究方法的科学设计、实践应用与如何中国化等一系列基础问题的探讨、分析；本书还揭示了衡量一项实验研究科学与否的基本标准，倡导了科学、理性的方法论之应用。

方法论之研究在某种程度上难于方法论之应用，离开了研究者的自身实践，方法论的讨论经常天马行空、流于形式，难以言之有物、引起共鸣。何挺的研究另外一个特点就是其对实验方法的讨论很大程度是基于其本人十多年来持续不断开展的各类实证课题。所有的实证研究都是有缺憾的研究，“美中不足”恰恰是实证研究方法的魅力所在，作为一名真正的研究者总是期待弥补不足、追求完美，而何挺把他的“教训”都写在本书当中分享给其他研究者，既可以令我们尽量避免重复性错误，又是对实验研究在刑事司法中如何科学应用这一重大理论命题的积极贡献。

这更是一本关注当下司法改革方法论的力作，对于主政司法改革的政策制定者与改革的推进者、实践者而言，本书对于试点方法的讨论兼具批判性与建设性价值。一项成功的改革不仅应当“可复制、可推广”，更应当是“可评估”的，何挺敏锐地指出当下试点改革方法的利弊，并结合实验研究的基本原理提出了细致的解决方案，这样的研究是充满了实践关怀的务实性研究，体现了社会科学应用学科与众不同的使命与价值。我相信，随着司法改革“精装修”阶段的到来，何挺在本书中的研究发现与结论对于推动改革方法的精进与完善必将产生积极影响，推动着司法改革在方法论原点上实现科学设计与科学评估，实现对改革举措基于数据基础上的去伪存真。

最后，再次祝贺何挺教授在实证研究方法领域的研究取得了重大进展，期待着不久的将来他能逐步完成本书中初步提及的未尽课题，在刑事司法实证研究方法的道路上不断前行并取得更多佳绩。

程　雷

2019 年 9 月 15 日

谨识于中国人民大学明德法学楼

绪　论

一、问题的提出

实验对于科学的发展具有无可比拟的推动作用，一部科学史，从某种意义上来说就是一部科学实验史。爱因斯坦认为，“西方科学的发展是以两个伟大的成就为基础，那就是希腊哲学家发明形式逻辑体系（在欧几里得几何学中），以及在文艺复兴时期发现系统的实验可能找出因果关系”。[1] 科学实验是为了验证科学理论或科学假设，通过人为控制与干预，利用科学仪器、设备与工具对人类经验的一种更为系统与科学的认识活动，其独特的功能在于通过探究事物之间的因果关系来证明或证否假设，并推动理论的发展、建立新的理论或解释新的理论，因而被视为检验理论假说是否具有真理性的标准。近代以来，自然科学借助科学实验得以从哲学的母体中脱离，很多自然科学学科经由实验的广泛运用得以发展和成熟，有的甚至将实验方法作为其主要的研究方法，成为实验科学。

随着实证主义思潮的兴起，自然科学的研究方法也被逐步引入社会科学之中，实验研究作为自然科学最为核心的研究方法之一也开始逐步适用于心理学、管理学等社会科学学科之中。从本质上来说，科学实验作

---

〔1〕［美］爱因斯坦：《爱因斯坦文集》（第1卷），许良英等译，商务印书馆2011年版，第772页。

为一种对人类经验更为系统与科学的认识活动，其所蕴含的更为系统和科学地探究真实经验的实证精神可能是社会科学开展实验研究的最根本原因。实验研究方法的引入同样帮助心理学、管理学、经济学和政治学等社会科学学科确立了它们的核心理论，并进而推动它们的独立发展与科学化。但社会科学开展实验研究与自然科学存在很大的差别，尤其是社会科学实验研究通常以“人”为实验对象，而人是具有情感、思想与意识的社会化的生物，较之于自然科学中的实验对象通常保持同质，人与人之间存在的异质性给社会科学实验研究带来了不同于自然科学实验研究的困难。为了应对社会科学研究对象的特殊性和社会生活中的各种干扰因素，社会科学实验研究也因此发展出了一套不完全等同于自然科学实验研究的方法论。

在社会科学领域中，法学对于实验方法的运用起步相对更晚。除了面临所有社会科学领域实验研究都需要面对的诸如实验对象异质性等问题外，法学领域开展实验研究还需要面对法律适用的平等性等特殊问题，但法律实施在数量上的规模性和时空上的持续统一性却能为实验方法的开展提供最为基本的样本数量上的条件。考察域外的发展情况，始于与其他社会科学关联较为密切的诸如法律心理学和本质上属于社会学的犯罪学领域，法学领域亦开始对实验方法的运用与探索，而其中刑事司法与犯罪学属于其中运用较多的领域。

刑事司法领域中的实验研究依据社会科学实验研究基本原理开展，但亦有其特殊性。刑事司法的基本目的与功能在于处理和防控犯罪，刑事司法活动围绕处理和防控犯罪展开，其范围由国家法律界定，其活动开展的具体场景更为隐秘与不公开，参与其中并可能成为实验对象的司法人员、犯罪嫌疑人、被告人和被害人等亦具有特殊性。同时，为了“嵌入”专业真实的司法活动，刑事司法领域的实验研究通常以实地实验为主，而在真实环境中开展效度更高的随机分配实验的难度较大。更为重要的是，刑事司法领域的实验研究重在检验处理和防控犯罪的手段、措施与方案的效果，法律与政策改革导向的实验研究是其中非常重要的类型，实验研究自带助推刑事司法改革的天然属性与功能，实验研究的运用对于提升刑事司法改革的科学性、有效性甚至可接受性而言都有重大的价值。考察域外刑事司法实验研究的起源以及后续与循证犯罪政策运动同步的发展，亦可以发现实验研究与刑事司法改革的交融。

具体到我国的刑事司法领域，实验研究于 21 世纪初开始探索，尚处于极为初步的阶段。概括起来，目前我国刑事司法领域实验研究存在下列几个方面的问题：一是运用的范围仍较为狭窄，主要集中于刑事程序领域以及一些特定领域尝试模拟实验研究，研究者对于实验研究可以适用的广阔范围也不甚了解。虽然也存在一些其他学科以刑事司法领域为背景开展的实验研究，但其他学科的研究者通常并不了解刑事司法领域的特殊性。另外，较之于 21 世纪的前十年，目前实验研究运用更少，一个很重要的原因可能是实验研究本身难度较大，经过初期尝试后，研究者越发对其“望而却步”。二是实验研究的基本方法与技术尚未普及，与我国法学领域实证研究传统与方法培训匮乏有关，研究者大多尚未掌握社会科学实验研究的基本原理，很多尝试实验研究的研究者都是“摸着石头过河”。三是对于实验研究方法论的探讨成果较少，尚未形成相应的学术氛围，研究者大多关注于实验研究的结论而忽视影响甚至决定结论是否科学的方法。此外，同样非常重要的是，在我国司法改革过程中被大量适用并被视为推进司法改革重要途径的试点，在某种程度上被简单等同于实验研究。二者之间的异同与关系亟须厘清并借助于实验研究的基本原理来推动试点的有效开展，以更好地发挥其助推司法改革的功能。

因此，一方面，无论是为了丰富刑事司法领域的研究方法，提升我国刑事司法研究的科学性和构建具有中国烙印的刑事法律理论，还是助推我国正在如火如荼开展的刑事司法改革，提升刑事司法改革的有效性和科学性，实验研究都值得大力倡导和实践。另一方面，作为社会科学实证研究中最为高级也最为复杂的实验研究，其基本原理必须与刑事司法的特殊环境及我国司法改革的整体背景深度结合,才能更为有效地开展,避免研究方法与研究环境的脱节。

基于以上,针对我国目前刑事司法领域实验研究的基本状况,确有必要在刑事司法改革的整体背景下,对实验研究的基本原理及具体运用进行研究。具体应当包括但不限于以下内容:一是实验研究的基本理论,包括实验研究的基本概念、特征、分类、在科学发展中的功能,以及社会科学实验研究的基本逻辑、基本要素、主要设计和基本类型等基本原理;二是实验研究如何引入刑事司法领域内,这一方面应当引介域外开展刑事司法实验研究相对较长时间所取得的经验,归纳刑事司法领域内实验研究的特殊性及如何助推司法改革,以及实验研究的主要设计在刑事司法领域中的实践种类与样态;三是结合我国司法改革的背景,需要厘清实验研究与试点的关系与区别,并借助于实验研究基本原理思考如何完善试点工作;四是如何在我国刑事司法改革背景下开展实验研究,这其中非常重要的是实验研究中的数据运用问题,以及包括准备、实施、评估和伦理等问题在内的实验研究具体实施的流程。

二、研究的现状

关于刑事司法改革中的实验研究,域内外的发展程度存在较大的差距。自 20 世纪 30 年代起,域外已经开始尝试进行随机分配的经典实验研究,而后续随着循证犯罪政策运动的开展,实验研究在刑事司法领域中的适用范围又逐步扩大,并使实验设计与后续的评估研究的结果与发现成为评价一项犯罪预防与控制政策及措施是否能够取得预期效果并应当得到推广的最佳检验标准。与此同时,随着实验研究在域外刑事司法领域的不断适用,关于实验研究具体方法的思考的成果也大量出现,研究者将社会科学实验研究的基本原理运用于刑事司法的背景与特殊场景之下,研究了实验的设计分类、评估、伦理等一系列方法论的问题。域外有关在刑事司法领域开展研究的方法论教材都将实验研究作为其中一种重要的研究方法专章予以介绍。

在我国,虽然诸如心理学等其他学科也曾经开展过一些以犯罪嫌疑人、被害人等刑事司法领域的特殊对象为实验对象的实验研究,但这些实验研究本质上仍然属于心理学领域传统的实验研究,而缺乏与刑事司法背景的深度结合。从某种意义上来说,在我国,真正与刑事司法改革背景深度结合并可以被视为刑事司法领域的实验研究始于21世纪初,集中于刑事程序法领域,并呈现出与司法改革试点交叉并行的状态。同时,由于缺乏方法论方面的知识储备和研究传统,初期的刑事司法实验研究的具体方法大多呈现出“摸着石头过河”的状态,研究方法的科学性有待提升。随着初期实验研究的开展,研究者在开展实验研究过程中遭遇了一系列研究方法上的问题,并开始结合社会科学研究方法的基本原理和参照域外经验对如何在刑事司法领域中开展实验研究进行一些方法论方面的探讨,并产出了为数不多的研究成果,如关于实验研究中如何开展比较、实验研究的局限性、研究的伦理问题等。对这些现有成果的总结,将在本书第三章具体探讨。但总体而言,目前我国关于刑事司法实验研究方法论的探讨仍处于初步的阶段,缺乏专门性、整体性和针对性的研究,也缺乏在刑事司法改革的整体背景下观察实验研究的各种样态与功能的研究成果,研究的深度和广度亟须推进。

三、研究的目的与意义

本书的研究目的在于通过对刑事司法领域实验研究的原理、方法、种类、特殊性以及如何具体开展等的探讨,填补有关这一领域方法论研究方面的空白,展现刑事司法改革中开展实验研究的独特价值与功能,推动我国刑事司法改革领域中实验研究的扩大适用与合理、科学适用,最终推进我国刑事司法改革的科学化与提升改革的实际效果,并有助于经由实验研究推动我国刑事法学特有理论的构建与发展。具体而言,本书的研究意义可能包括如下几个方面:

第一,将社会科学实验研究方法原理引入刑事司法领域并结合刑事司法领域的特殊性进行具体化,有助于丰富我国刑事司法领域的研究方法,拓展社会科学实验研究方法的适用范围,具有科学研究方法论上的意义。

第二,将实验研究置于刑事司法改革的背景下进行探讨,能够使实验研究方法在刑事司法改革的背景下发挥更大的作用。一方面,能够借鉴实验研究基本原理来助推司法改革试点有效开展,提升试点改革的效果;另一方面,还能通过倡导实验研究的开展使刑事司法改革建立在更为扎实的实验数据的基础之上。

第三,实验研究作为最为适宜确定因果关系的研究方法,是发展各学科自身理论的重要工具,本书研究通过推动实验研究方法在我国刑事司法领域的更多运用,亦有助于创制具有中国烙印的刑事法学理论。

四、研究的思路与方法

本书主要遵循如下研究思路:

首先,从界定科学实验的概念入手,将科学研究中的实验与日常生活中的实验相区分,呈现出科学实验在检验事物之间因果关系与理论假说方面的独特功能,并系统梳理包括因果关系、基本逻辑、基本要素、主要设计、评价标准、基本类型和基本步骤等社会科学实验研究的基本原理,为刑事司法领域实验研究具体方法的探讨奠定基础。

其次,分析实验研究与刑事司法这一特定领域之间的关系,归纳出刑事司法领域开展实验研究若干方面的特殊性以及对具体实验方法的影响,并整理域内外刑事司法实验研究的源起、发展与现状,呈现域内外刑事司法实验研究的整体状况、发展轨迹及其与刑事司法改革的互动关系。

再次,基于社会科学实验研究中的主要设计分类,选择域外若干具有代表性的刑事司法领域的实验研究作为研究案例,呈现刑事司法实验研究的实践种类与样态,将前述社会科学实验研究的基本原理与基本要素对应性地呈现于具体的刑事司法实验研究过程中,以更为具象地展示刑事司法实验研究的过程、内在逻辑与如何具体开展。

复次,将我国开展得如火如荼的司法改革试点与实验研究的基本原理进行比较,归纳出二者之间的共同点与区别,指出试点与实验都建立在实证经验的基础之上,共享"改变带来效果"的基本逻辑,通过适用于多数对象实现可重复性,并都具有将局部结论外推到更大范围的强烈倾向,但试点并不仅仅是实验研究的一种表现形式,两者之间存在显著差异,并进一步提出如何在今后的司法改革试点中借鉴实验研究的基本原理以更为有效地开展试点。

最后,本书最终落脚到如何在刑事司法改革的背景下具体开展实验研究,分为两个方面:一是如何在刑事司法实验研究中运用数据,对数据的概念、分类、运用的原则等进行了分析;二是从实验研究前后流程的角度切入,从实验研究的准备、实验方案的制订、实验的实施、实验的评估和实验的伦理问题等方面探讨了如何具体开展一项刑事司法实验研究。

本书主要采用了如下几种研究方法:

1. 跨学科的研究方法。本书系统地将社会科学研究方法中较为成熟也最为复杂的实验研究方法置于刑事司法背景下进行分析,在梳理社会科学实验研究基本原理与各种不同设计的基础上,阐述了这些原理运用于刑事司法领域内并开展实验研究的特殊性。

2. 比较研究的方法。本书通过对域外刑事司法领域实验研究的源起、发展与争议进行梳理,为我国如何进一步开展刑事司法实验研究提供参考借鉴。

3. 引介域外刑事司法实验研究案例的方法,展示实验研究实践样态和一项实验研究的各方面构成要素和具体开展过程。本书对于研究方法的介绍与展示类似于案例教学,最佳作用正在于对较为成功的研究案例的方法和细节予以展示。通过运用这种研究方法,能够在实验研究基本原理较为抽象的基础上,用具体研究案例中更为具象的内容进行对应性的介绍,帮助其他研究者更好地理解实验研究的要素和一项实验研究在具体的环境中如何开展。

4. 观察的研究方法。本书运用观察的方法对我国历年来的司法改革试点的发展过程进行总结,归纳出不同的发展阶段和特点,并将之与实验研究进行比较。

第一章　科学实验与科学发展

实验对于科学的发展具有无可比拟的推动作用，甚至有这样一种基本达成共识的观点，即“任何一门学科是否具备实验基础，是它能否有资格被称为科学的基本标准”。[1] 实验方法本身的发展不但与科学的整体进步如影随形，而且与实验方法运用至不同种类、范围的学科的拓展性密切相关。自然科学通过实验建立了理论与经验事实之间的联系，而社会科学要对社会行为和社会现象的发展变化作出解释、预测和控制，一些情况下也只能进行实验研究。本章将从实验的概念、要素、独特功能和分类等方面入手，探讨实验研究在自然科学、社会科学发展过程中的作用，为实验研究在刑事司法领域中的运用奠定基础。

一、科学实验概述

（一）科学实验的概念与要素

实验不仅仅是一种科学研究用语，也是一种日常生活用语，但日常生活中进行的实验与科学研究中进行的实验存在很大的区别。按照《现代汉语词典》的解释，实验（experiment）是指为了检验某种科学理论或假设

---

〔1〕 汪涛：《实验、测量与科学》，东方出版社 2017 年版，第 8 页。

而进行某种操作或从事活动。[1]《现代汉语词典》对于实验的解释显然较为概括和简要，虽然指出了实验与理论和假设的关系，但却未指出实验在具体操作方面的特征。汉语中另外经常使用的“试验”一词与“实验”也非常接近。《现代汉语词典》对“试验”的解释是“为了察看某事的结果或某物的性能而从事某种活动”。与“实验”强调对假设或理论的检验相比，“试验”强调对事物性能的一种检测性操作，而不包括对理论或假设进行验证的含义，而且“试验”与“实验”相比，也更为接近于日常生活用语，如“试验田”等用语。因此，在作为科学研究用语使用而表示一种研究方法或研究类型时，应当使用“实验”而非“试验”。[2]

作为科学研究用语的实验，实际指的是作为研究的科学实验。对于科学实验，不同的研究者站在不同的立场上对其作出了不同的界定。在自然辩证法看来，科学实验是人们根据研究的目的，利用科学仪器、设备，人为地控制或模拟自然现象，排除干扰，突出主要因素，在有利的条件下获得科学事实的方法。[3] 从科学技术哲学的角度来说，科学实验被界定为人们根据科学研究的目的，运用科学仪器和设备等物质手段，人为地控制或模拟所研究的自然现象，排除干扰，突出主要因素，在有利的条件下进行观察的一种经验方法。它一方面把观察寓于自身之中，另一方面又有别于一般的观察，其根本区别就在于它人为控制和干预对象的进程。[4] 从人类认识与获取知识的形式来说，科学实验被界定为人们为实现预定目的，在人工控制条件下研究客体的一种科学方法。它是人类获得知识、检验知识的一种实践形式。[5] 从研究方法的角度来说，科学实验被界定为科学工作者为实现预定的科学研究目的，通过科学仪器，在人

---

〔1〕 参见中国社会科学院语言研究所词典编辑室：《现代汉语词典》(第6版)，商务印书馆2012年版，第1194页。

〔2〕 有的文献也存在将二者混合使用的情形，本书除直接引用外，统一为“实验”。

〔3〕 参见黄顺基：《自然辩证法概论》，高等教育出版社2004年版，第115页。

〔4〕 参见陈其荣：《当代科学技术哲学导论》，复旦大学出版社2006年版，第207页。

〔5〕 参见中国大百科全书出版社编辑部：《中国大百科全书·哲学》，中国大百科全书出版社1987年版，“实验”词条。

工控制条件下观测研究实验对象，以获取科学材料和检验科学知识真理性的一种方法。[1]

上述对科学实验的界定虽然从不同的角度出发并各有侧重，但实际上并没有本质差异，归纳起来，作为一种研究的科学实验，应当具有如下几个方面的要素：

其一，具有特定的研究目的。实验研究毫无疑问是基于特定的研究目的而开展的，而且特定的研究目的决定了实验开展的具体方式方法。不同于日常生活中的实验，实验研究的特定目的是检验某一特定的科学理论或科学假设。

其二，通过人为控制与干预实现特殊的观察。与自然状态下的观察不同，实验通常通过人为控制与干预的方式实现更好地观察与认知，以更好地认识世界。“通过人工控制和人为地创造条件，就有可能通过实验来加速或延缓自然现象的进程，使人们能够在较短时间内观察到自然界中往往需要几年、几十年甚至千百万年才能完成的某些变化的全过程；或者通过延缓某一转瞬即逝的自然现象的发展进程或节律，而使人们能够对它们进行仔细的观察和研究。”[2]我国学者王星拱在20世纪初系统引介西方科学主义方法时就对观察与实验从人为控制的角度进行过区分，他认为“在天然的情境下，记录现象之进行，叫作观察；用人力改变天然的情境，然后记录现象之进行，叫作试验”。[3] 人为控制与干预通常有助于实现下述三种情形，以便更好地进行观察：一是通过人为控制与干预减少甚至排除偶然与次要因素的影响，使观察与研究能够集中于想要研究的核心要素；二是通过人为控制与干预实现观察与研究对象的反复出现，实现研究对象的可重复性；三是通过人为控制与干预使某些在自然状态下不

---

〔1〕 参见余民安：《试论科学实验方法的分类——兼论思想实验与理想实验的异同》，载《西南师范大学学报》（自然科学版）1991年第2期。

〔2〕 刘晓君：《走进实验的殿堂——实验方法谈》，上海交通大学出版社2006年版，第5页。

〔3〕 李承贵：《20世纪中国人文社会科学方法问题》，湖南教育出版社2001年版，第70页。

会出现或难以出现的情形出现并成为研究的对象。实验中的控制还经常体现为通过控制某个变量来观察由此引起的结果。因此,实验经由人为控制与干预超越了自然状态下的观察,成为认识世界的特殊同时也更为有效的一种方法,人为控制与干预也是科学实验最为核心也最为特殊的要素。

其三,通常利用科学仪器与设备,借助于一定的工具进行。尤其是近代以来,科学实验的开展越发借助与依赖于科学仪器与设备。正如恩格斯所指出的,工业的巨大发展,“自身也提供了和已往完全不同的实验手段,并使新的工具的制造成为可能。可以说,真正有系统的实验科学,这时候才第一次成为可能”。[1] 科学实验是一种借助于工具的间接观察,而不是人类经由自身的感官所进行的直接观察。正是因为借助于一定的工具,科学实验可以获得较直接观察更为丰富的材料,可以突破人类感官的生理界限,使许多原来不能被人类所感知的现象与过程进入人类的视野,大大拓展与丰富了人类认识的领域。

其四,科学实验是对人类经验的一种更为系统与科学的认识活动。作为科学实验的有力倡导者,弗朗西斯·培根将人类经验分为两类:一类是自然发生的,叫偶然事件;另一类是有意去寻找的,就叫实验,后者比前者更重要,因为只有从实验中才能达到真理。培根认为:“一切比较真实的对于自然的解释,乃是由适当的论证和实验得到的,感觉所决定的只接触到实验,而实验所决定的则接触到自然和事物本身。”[2] 从依赖于经验和认识经验的角度来说,实验与自然状态下的观察等认识人类经验的方法并无二致,但正是通过人为控制干预和借助于工具,科学实验成为对人类经验的一种更为系统与科学的认识活动,但其本质上仍然是一种经验

---

〔1〕 中共中央马克思恩格斯列宁斯大林著作编译局:《马克思恩格斯选集》(第 3 卷),人民出版社 1972 年版,第 524 页。

〔2〕 北京大学哲学系外国哲学史教研室编译:《十六——十八世纪西欧各国哲学》,商务印书馆 1975 年版,第 17 ~ 18 页。

性的认识与发现活动，建立在经验证据的基础之上。

虽然自然科学与社会科学之间以及不同学科之间在实验研究的具体方法上有所差异，但上述四个方面的要素无论在哪个具体学科的实验研究中毫无疑问都是适用的，其差异只是具体表现形式和程度不同而已。从另一个角度来看，有的观点认为实验包括三个要素：作为主体的实验者，作为客体的实验对象和作为联系主、客体桥梁的实验手段（包括对仪器、设备等工具的使用）。实验诸要素相互联系、相互作用的方式，称为实验结构。[1] 这种分类之下的三个要素无疑也适合于所有学科的科学实验。

（二）科学实验的独特功能

科学实验的独特功能在于通过证明或反驳假设，推动理论的发展或揭示新的理论。诺贝尔物理学奖获得者、美国实验物理学家密立根（Robert Andrews Millikan）指出，科学是用理论和实验这两只脚前进的。有时这只脚先迈出一步，有时是另一只脚先迈出一步，但是前进要靠两只脚：先建立理论然后做实验，或者是先在实验中得出了新的关系，然后再迈出理论这只脚并推动实验前进，如此不断交替进行。[2] 科学实验通过主动干预事物或现象的进程，以便详细而准确地把握现象、事件和事物背后的规律，可以发现新的科学规律、验证假说和检验科学研究成果，科学实验是检验理论假说是否具有真理性的标准。但同时，科学实验对于理论假说的检验是一个漫长、复杂的过程。伟大的科学家牛顿通过实验发现了万有引力和三大运动定律，但他对于如何将实验结论从局部的实验对象上升、确定为普遍性、规律性的理论有深刻的思考，一方面需要肯定实验研究归纳推导所得出的结论的可靠性，同时，另一方面还必须正视其局限性并承认例外的存在，并不断修正以使理论更为精密。他指出，"在实验哲学中，我们必须将由现象所归纳出的命题视为完全正确的或基本

---

[1] 参见金炳华：《马克思主义哲学大辞典》，上海辞书出版社2003年版，第401～402页。

[2] 参见密立根1923年的诺贝尔获奖演说词。

正确的,而不管想象所可能得到的与之相反的种种假说,直到出现了其他的或可排除这些命题、或可使之变得更加精确的现象之时”。[1]

从某种意义上来说,科学实验能够检验理论假说是建立在实验研究在探究事物之间因果关系方面独具优势基础之上的。如何推断事物之间的因果关系以及何为因、何为果已争论数百年,19 世纪英国哲学家密尔(John Stuart Mill,也译为穆勒)提出了四种推论因果关系的方法,包括求同法、求异法、剩余法以及共变法,其中求同法和求异法应用广泛。求同法可以总结为在总体不同条件下,关键一致是因果。求异法可总结为在总体相同的条件下,关键区别即因果。密尔将这些方法称为实验方法,因为总体相同和总体区别只有通过人为控制在实验室才能够达到。[2] 后来的研究者进一步将推论因果关系总结为三个条件:(1)原因必须先于结果发生;(2)原因与结果之间必须具有联系;(3)研究者必须保证没有其他关系能够解释原因与结果之间的关系。[3] 如上所述,人为控制与干预是科学实验最为核心也最为特殊的要素,通过人为控制,实验可以将其他能够影响或解释原因与结果之间关系的要素排除在实验之外;通过人为控制,还可以实现原因先于结果发生并使两者之间发生联系。易言之,实验可以通过人为控制与干预,在相互联系、相互影响的各种因素中,选取与突出主要因素,舍弃与排除次要因素的干扰,实现简化和纯化研究对象,以更好地检验事物之间的因果关系。不仅如此,科学实验中还可以凭借各种物质手段和工具、设备,设计和创造出自然条件不存在或难以达到的极端状态与条件,以更好地凸显相关因素之间的关系。

因此,实验的独特功能在于通过证实或证否假设来推动理论的发展或揭示新的理论,而这种独特功能又无疑是建立在实验在探究因果关系

---

[1] [英]伊萨克·牛顿:《自然哲学之数学原理·宇宙体系》,王克迪译,武汉出版社 1992 年版,第 405 页。

[2] 参见彭玉生:《社会科学中的因果分析》,载《社会学研究》2011 年第 3 期。

[3] See Peter B. Kraska & W. Lawrence Neuman, *Criminal Justice and Criminology Research Methods*, Pearson Allyn and Bacon, 2008, p. 237.

方面所独具的优势这一基础之上的。

（三）科学实验的主要分类

在实验促进人类科学发展的长久历史中，实验方法本身也随着研究对象范围的扩大不断发展，进而呈现出多样的趋势。按照不同的标准对科学实验进行分类，有助于更好地理解科学实验的外延以及不同类别实验之间的共性与差异。

1. 实物实验与思想实验

根据实验是否通过物化过程而真实开展为标准，可以将科学实验分为实物实验与思想实验。实物实验一般是指针对或借助实际物体开展并因而呈现为一种物化过程的实验。从科学实验是对人类经验的一种更为系统与科学的认识活动出发，实验都应该是实物实验，因为只有物化真实的实验才能视为一种经验。下文将要探讨的直接实验与模拟实验无论是否借助于“模型”或“替身”，因其均存在物化的过程而都属于实物实验。

但在科学发展过程中，另一种不借助于实物，而是依赖于思维与逻辑推理的思想实验也发挥了非常重要的作用。所谓思想实验，亦称为理想实验，是在人们的思想中进行而非真实地运用物质手段进行的实验，即在思想中运用理想模型，塑造理想模型在理想条件下的运动过程，进行严密的逻辑推理的一种理论研究方法。其特点就是充分利用想象的作用使客观过程理想化，使“实验对象”按照真实实验过程的要求在想象中得到合乎逻辑的处理，并从中一步步推导出合理的实验结果。[1] 历史上最著名且易懂的思想实验之一可能就是伽利略为了批驳亚里士多德关于“重物体比轻物体更快落地”的论断而进行的思想实验：甲物体比乙物体重，把甲和乙捆绑在一起成为甲加乙，然后使甲加乙自由下落，因为甲加乙比甲重，显然甲加乙应先落地，同样，因为乙比甲轻，乙应降低甲加乙的下降速度，则甲加乙应该比甲后落地。在这一思想实验中，伽利略以思维为工

〔1〕 参见刘晓君：《走进实验的殿堂——实验方法谈》，上海交通大学出版社2006年版，第103页。

具,运用严密的逻辑,使同样基于亚里士多德的论断而推导出的两项结论互相矛盾,进而批驳了亚里士多德的论断。爱因斯坦在创立相对论的过程中同样运用了思想实验。有研究者进一步归纳了思想实验的优势:实物实验虽可排除次要因素的作用,但它离不开物质手段,不可能完全排除次要因素的影响,使研究的对象和过程达到完全纯化、简化的程度,使用理想实验,则可不受物质技术条件的限制,使之达到十分理想的境界,从而揭示物理过程的本质。〔1〕

2. 直接实验与模拟实验、虚拟实验

根据实验手段是否直接作用于被研究的现象或对象,实验又可分成直接实验和模拟实验。所谓直接实验,是实验手段直接作用于所研究的现象或对象的实验。它由实验者、实验手段和实验对象三个基本部分构成。模拟实验,是根据相似原理,用模型来代替被研究对象,实验手段只直接作用于模型而不直接作用于原型,然后将模拟实验的结果推论到原型上去,从而达到对原型进行认识目的的实验。模拟实验由实验者、实验工具、实验模型、客观原型四部分组成。〔2〕 在现代科学发展的早期,直接实验无疑占据主导地位,但随着运用实验方法开展研究的学科逐步拓展,对于一些研究对象不允许或不可能进行直接实验,或者出现了进行直接实验代价高昂或违反伦理的情形,只能通过模拟的方法在实际研究对象的代替物上进行模拟的实验,如通过模拟不同的大气环境进行研究、医药学中经常通过动物代替人类进行研究等。模拟实验的关键实际上在于找到理想的"替身"。

而随着技术与实验工具的进一步发展,尤其是计算机技术的不断成熟,在模拟实验的基础上又进一步生发出虚拟实验。虚拟实验系统是以数学理论、相似原理、信息技术、系统技术及与其应用领域有关的专业技

---

〔1〕 参见杨旭:《理想实验在自然科学研究中的作用》,载《四川大学学报》(哲学社会科学版)1981 年第 3 期。

〔2〕 参见陈其荣:《当代科学技术哲学导论》,复旦大学出版社 2006 年版,第 209 ~ 210 页。

术为基础，以计算机和各种物理效应设备为工具，采用“面向对象”思想创建的、能够实时操作的、非实在的实验空间，在此环境中，实验者可以像在真实的环境中一样完成各种预定的实验项目。[1] 从实验是否模拟的角度来看，相对于直接实验来说，虚拟实验与模拟实验都属于同一类型的实验，也是基于相似原理，通过建构符合实验要求的模型来进行的。但虚拟实验比模拟实验更加依靠电子技术，通过电子技术或者数字化处理，实验对象、实验手段、实验结果均被虚拟化。有的研究者指出了虚拟实验相较于直接实验与模拟实验的优势，包括：一方面，虚拟实验进一步拓展了实验对象的范围，甚至可以按照实验者的想法非常轻松地改变实验对象的性状，以便获得在自然状态下难以获得的客体信息，从而极大地丰富了实验的结果、扩大了实验的范围；另一方面，从实验过程来看，虚拟实验不涉及实际的物理、化学、生物等过程，它是建立在计算与逻辑推理基础上的，因而一些具有破坏性、损伤性的实验能在虚拟实验系统中得以进行。[2] 从某种角度上来说，虚拟实验的出现进一步模糊了实物实验与思想实验的界限。

在社会科学领域中，研究者在研究复杂的社会现象时，由于社会系统的各种复杂因素和人的不可控因素，常常无法进行各种真实的实验，因而也逐步发展出社会科学计算实验这种虚拟的实验方法。社会科学的计算实验是综合集成计算技术、复杂系统理论和演化理论等，通过计算机“构造”出现实系统的“替身”，并在此基础上进行社会系统复杂行为分析，探索社会系统演化规律的一种科学研究方法。[3]

3. 定性实验与定量实验

按照实验中质与量的关系，可以把科学实验分为定性实验与定量实

---

〔1〕 参见单美贤、李艺：《虚拟实验原理与教学应用》，教育科学出版社 2005 年版，第 23 页。

〔2〕 参见马晓俊：《科学实验的哲学研究》，复旦大学 2007 年博士学位论文。

〔3〕 参见盛昭瀚等：《社会科学计算实验理论与应用》，上海三联书店 2009 年版，第 91 ~ 92 页。

验。定性实验是测定研究对象是否具有某种性质、某种组成成分及各种组成成分之间是怎样联系起来的,具有什么样的结构,有无某种规律性的一种实验方法。它回答“有没有”“是不是”这样的问题,如美籍华裔物理学家吴剑雄验证在弱相互作用下宇称不守恒的实验和化学中为测定某事物是否具有某些化学组分的定性分析实验等。定量实验是在已知研究对象的组成成分的基础上,进一步精确测定对象各组成成分的数值和各组成因素之间的数量关系的一种实验方法。它回答“有多少”“比例如何”这样的问题。[1] 早在1607年,被视为近代科学实验鼻祖的伽利略就曾采用两个山之间的距离和光往返的时间来计算光速,这就是一种定量的实验。

定性实验在科学研究中占有十分重要的地位,是进行定量实验的基础,只有先确定了某些因素是否存在,不同因素之间是否存在联系,才能进一步开展定量实验,并决定定量实验的具体分析方法。因此,定性实验常常被运用在某一领域研究的初期阶段。例如,美国科学家富兰克林(Benjamin Franklin)通过风筝捕捉雷电的实验证明了雷电与发电机产生的电没有本质区别,就是一种对雷电性质进行判断的定性实验。从定性实验到定量实验则是人类认识不断深化的结果,也是科学发展精确化的表现。定量实验的一个突出特点和基本手段是测量,而为获得准确的实验结果又需要借助于科学仪器和设备,因而仪器的精度、实验者的操作技术及能否严格控制影响研究对象的各种条件等,就成为决定定量实验水平的重要因素。

4. 实验室实验与实地实验、自然实验

按照实验开展的环境与场所的不同,可以将实验分为实验室实验(laboratory experiment)和实地实验(field experiment)。实验室实验是指在有专门设备的实验室的环境下开展的实验。自然科学以及社会科学中

---

〔1〕 参见刘蔚华、陈远主编:《方法大辞典》,山东人民出版社1991年版,第224页。

的心理学、经济学等都大量运用实验室实验。实验室实验的优点是在实验室这种相对封闭和稳定的环境中,更易于控制自变量和排除其他变量的影响,进而实现科学实验所要求的人为控制与干预,也更易于清楚确切地观察到自变量对因变量的影响,能够进行较为精确的测量。与此同时,实验室实验也有其不可避免的天然缺陷:一方面,由于实验室相对封闭和稳定的环境,可以开展实验的内容受较大局限,有一些实验的内容无法在实验室中人为地制造出来;另一方面,实验室的环境与真实环境之间通常都存在差距,实验室实验的结论并不必然适用于真实的环境,其推广性、普遍性和概括性方面都相对较差。这两个方面的缺陷在社会科学实验研究中表现地尤为明显。例如,实验室实验通常招募学生进行,但学生群体与真正所希望研究的普通或特殊群体之间常常存在一些差距。

与实验室实验相反,在真实环境中开展的实地实验则能在很大程度上避免上述实验室实验所具有的缺陷。实地实验,也称为田野实验,简单而言是指在实际环境中进行的实验。例如,经济学领域中,实地实验被界定为运用科学的实验方法去检验真实世界中(或者说自然发生的环境下)而不是在实验室中发生的扰动对人们行为决策的因果影响,它可以为经济学理论研究提供有力的实证依据。[1] 实地实验的优点在于把观察的自然性与实验的主动人为干预性相结合,可以在真实自然的环境中观察人为干预的影响与效果,但随之而来的缺点是在真实环境中很难对众多影响因变量的背景性条件进行控制,难以孤立出自变量的独立影响。[2] 随着实验技术的发展,社会科学中的实地实验也采取很多的技术

---

〔1〕 参见罗俊等:《走向真实世界的实验经济学——田野实验研究综述》,载《经济学》(季刊)2015年第3期。

〔2〕 包括:(1)随机偏误(randomization bias),即处理组(受到政策干预的组)的成员可能改变其行为,从而影响评估效果。(2)退出偏误(attrition bias),即由于社会实验持续时间较长,参与实验的成员可能会在中途退出,而这往往是非随机的,从而产生了选择偏误。(3)自选择偏误(self-selection bias),即是否进入处理组可能存在被试者自己选择的过程,最终导致评估结果产生偏差。参见陈少威、王文芹、施养正:《公共管理研究中的实验设计——自然实验与田野实验》,载《国外理论动态》2016年第5期。

来克服各种偏误,以实现更为精确的测量。

实地实验中还有一种特殊的自然实验(nature experiment)。自然实验指的是在真实环境中,以自然发生的或者其他原因所导致的事件、情况为核心,通过比较事件、情况发生前后的变化来研究事物之间关系的实验方法。自然实验的特征不仅仅在于在真实的环境中开展,更在于自然实验过程中的改变或想要观察的情境并非人工干预或控制而产生,而是自然生发或由于研究者之外的其他因素所导致的。例如,在经济学领域中,德国柏林墙的建立和倒塌,被视为一个经典的自然实验:命运之神就像一个严谨的实验人员,将原先统一的国家和人民,随机地分成了处理组和对照组。通过对比两组"实验对象"在各方面呈现出的差异,我们就可以清楚地看到现实存在的各种因果规律。[1]

5. 物的实验、动物的实验与人的实验

按照实验对象的不同,可以将科学实验分为物的实验、动物的实验和人的实验。物的实验,是指以没有生命的物体为实验对象的实验;动物的实验,是指以动物为实验对象的实验;人的实验,是指以人类这种具有思维的极为特殊的生命为实验对象的实验。这三种科学实验的适用程度与频率在不同学科领域中差别较大:自然科学中虽然大量开展物的实验,但其中医学等学科中也会开展动物的实验与人的实验,而社会科学以"人"这一特殊主体为研究对象,毫无疑问其中的实验研究绝大多数是以人为实验对象的,如心理学、经济学、管理学等社会学科进行实验研究时均以人为实验对象。

此外,因为动物与人是属于有生命甚至有思想的主体,所以开展动物的实验与人的实验时通常有更高的要求,尤其是伦理方面的要求。很多实验会给动物带来极大的痛苦,因而引起研究者的反思。"即使动物实验对人类的益处真有说服力,那么以动物做实验的道德问题却不能因而变

---

〔1〕 参见王也:《柏林墙废墟上的经济学革命》,载 https://zhuanlan.zhihu.com/cnpolitics/20110548.,最后访问时间:2017 年 11 月 2 日。

得正当。人与动物的权益应该是平等的——这一道德原则排除了为求知识而将动物当作手段的态度。"[1]因此,基于对这些问题的反思,在动物实验方面逐渐发展出3R原则,以更好地解决动物实验的伦理问题。所谓3R原则是在动物实验中采用减少(reduction,即减少对动物的使用量或利用一定量的动物获得多组数据或多个新知识的原则)、替代(replacement,即在动物实验中使用低等生物来替代高等生物,甚至不使用动物来做实验从而达到相同目的的原则)和优化(refinement,即在动物实验中,通过对手术手法的优化来减轻动物的痛苦和疼痛或者优化实验技术使动物能循环利用,加强实验科学性的原则)的三项原则。[2]

人的实验则面临更为复杂的伦理问题,有不得开展实验的禁区,而且即使在可以开展实验的领域也发展出了"知情同意""参与无害""有限欺骗"等开展人的实验所需遵守的伦理原则以及一系列伦理操作规则,需要在开展研究前通过伦理审查委员会的审查,并在研究实施过程中接受伦理审查委员会的监督。这一方面将在本书第七章予以详述。除此之外,人的实验还具有如下几方面的特点:首先,人的实验中实验对象是有思想和意识、并具有主观能动性的活生生的人,这对于实验所要求的控制与干预提出了更高的要求,并因此相应地发展出很多开展以人为实验对象的具体技术和方法,如"双盲法"和"安慰剂"等;其次,由于具有不同的社会背景和主观意识,人与人之间均不相同,开展以人为实验对象的实验时必须选择具有代表性的人,不然无法将实验结论推及更大范围的群体,因此,实验对象代表性的问题是开展以人为实验对象的实验必须考虑和解决的问题;最后,同其他实验不一样的是,人的实验不仅需要测量一些外在表现出来的、可以被仪器所感知的客观性指标,而且还需要测量有关实验对象的体验、感受和想法等主观性的指标,而这些主观性指标的测量方

〔1〕 刘晓君:《走进实验的殿堂——实验方法谈》,上海交通大学出版社2006年版,第156页。

〔2〕 参见黄山等:《实验动物伦理研究进展》,载《医学综述》2015年第1期。

法无疑迥异于客观性指标。这些都将在本书第二章有关社会科学实验研究基本原理部分予以详细探讨。

6. 探索性实验与验证性实验

在自然辩证法的理论体系中,科学实验按其直接目的和它在整个科学认识中的作用,可分为探索性实验和验证性实验两种类型。探索性实验,也称为经验型实验,是指实验者创设各种可能的物质条件和利用各种实验手段,干预自然现象的发生与发展过程,以探讨研究对象的未知性质、具体特征、各种属性及与其他现象的关系为目的的那一类实验方法的总称。实验本身带有很强的试探性质,因此它在研究工作的初始阶段作用较大,是搜集事实、积累资料的重要手段。[1] 探索性实验的目的只是"发现行为的规则模式",而不能产生或验证理论,更不能发现因果机制。[2] 验证性实验则是对研究对象有了一定了解,并形成了某种假说,为了验证这种假说是否正确而进行的一种实验。[3] 验证性实验的主要目的并不是搜集事实材料,而是为了将研究推向深入,以加深对研究对象的某些规律性的认识,一些科学定律的发现和确定都是建立在验证性实验的基础之上的。而在科学研究的过程中,探索性实验与验证性实验常常是交替开展、互为补充的。

二、实验方法与科学发展

一部科学史,从某种意义上来说就是一部科学实验史。一方面,科学理论来源于实验,而实验又能进一步检验科学理论是否是一种定律,科学正是在从实验到理论再到实验的过程中不断发展的。另一方面,科学实验也是科学技术发展的基础,科学实验与现代科学技术的发展有着密切的联系,并进而通过科学技术的发展推动生产力的建设。实验方法产生

---

〔1〕 参见刘蔚华、陈远主编:《方法大辞典》,山东人民出版社1991年版,第261页。
〔2〕 刘军、赵岩、李艳春:《论理论导向的实验研究》,载《甘肃社会科学》2014年第2期。
〔3〕 王树茂:《科学实验》,辽宁人民出版社1987年版,第109页。

发展于自然科学，之后又逐步适用于社会科学的一些领域。

（一）实验方法与自然科学

科学实验推动科学发展毫无疑问主要且首要地体现在自然科学领域，自然科学甚至被称为实验科学。[1] 正如有的研究者所指出的，科学发展之所以如此迅速，一个根本的原因在于实验方法的应用。它打破了自然事物表象的局限，能够让人们在实验室中利用科学仪器，创造特定的实验条件，对实验对象进行特定的操作，进而获得很多在事物的常态下所不可能获得的认识。没有实验方法的应用，就没有实验科学，日新月异的科学发展也是不可想象的。[2]

回溯科学发展的历史，可以清楚地观察到实验对于自然科学的巨大推进作用。近代以前，“自然科学还没有形成独立的、系统的、分门别类的知识体系，一切有关自然的知识差不多都包含于统一的哲学之中”。[3] 古希腊的亚里士多德不仅是伟大的哲学家，而且也是伟大的科学家，他不但建立了科学体系的一般分类，而且研究领域涉及物理学、动物学、气象学、天文学等诸多领域，因而被认为是科学的真正奠基人。而亚里士多德对于各领域科学的研究，无疑都是归结、统一于其哲学思想基础之上的。近代以前，自然科学被包括在哲学之中而不具有独立性的重要原因之一，是抽象的哲学对于世界可以给出独特而全面的解读，而当时人类对世界万物的认识能力有限，尚处于襁褓期的自然科学的解释能力极为有限。在古希腊时期，自然科学尚未独立发展，自然也不存在近代意义上的科学实验，但却可以观察到科学实验的萌芽。根据有的学者考证，近代以前科学知识的生产方式存在着哲学家的“哲学思辨式”和工匠或技师的“经验

---

〔1〕 例如，有的工具书将“实验科学”直接界定为“以实验探索为主要立足点的自然科学”。参见李淮春：《马克思主义哲学全书》，中国人民大学出版社 1996 年版，第 634 页。

〔2〕 参见肖显静：《实验科学的非自然性与科学的自然回归》，载《中国人民大学学报》2009 年第 1 期。

〔3〕 陈其荣：《自然辩证法导论——自然论、科学论和方法论的新综合》，复旦大学出版社 1995 年版，第 4 页。

试错式”。[1] 与之相应的是,科学实验也存在两种传统:一是哲学思辨式的实验传统,即哲学家通过对于物质、自然本源等问题的思考,提出某些哲学学说,并以此来指导实际的实验;二是“经验试错式”的实验传统,即技师和工匠通过直接参与生产实践和生活实践,不断积累关于实验材料、实验技术等方面的成果形成的传统。而这两种实验传统,却处于割裂甚至矛盾对立的状态。[2]

事实上,正是上述两种萌芽在中世纪后期与文艺复兴时期的发育与融合,使哲学中对于自然科学的思考与实际操作中通过具体实践进行的实验检验相结合,才产生了近代意义上的科学实验,并进而推动自然科学从哲学的母体中脱离。被认为第一个认识到实验方法对于自然科学的价值和使用“实验科学”概念的罗吉尔·培根(Roger Bacon)本身就是一个神学博士和哲学家,他明确指出:“凡是希望对于在现象背后的真理得到毫无怀疑的欢乐的人,就必须知道如何使自己献身于实验。”[3] 罗吉尔·培根成长于经院哲学的氛围之中,却逐步认识到实验对于科学的重大意义,自己也实际操作了大量光学等领域的实验。之后,弗朗西斯·培根(Francis Bacon)创立了实验归纳法、格罗赛特(Robert Grosseteste)提倡数学与实验的结合、司各脱(John Duns Scotus)和奥康(William of Ockham)对实验科学进行进一步的论证,直至伽利略、牛顿等在科学的不同领域运用实验进行研究,经过文艺复兴之后,最终推动自然科学的独立,同时也确立了科学实验这种方法在自然科学研究中的主导地位。[4] 正如科学史研究者所指出的,文艺复兴时代的人,一旦摆脱了经院哲学权威的桎梏,就吸取了经院哲学的方法给予他们的教训。他们本着自然是一致和

---

[1] 参见李正风:《科学知识生产方式及其演变》,清华大学出版社 2006 年版,第 143 页。

[2] 参见马晓俊:《科学实验的哲学研究》,复旦大学 2007 年博士学位论文。

[3] 北京大学哲学系西方哲学史教研室:《西方哲学原著选读》(上卷),商务印书馆 1981 年版,第 288 页。

[4] 参见钱时惕:《从经院哲学传统到实证科学方法的转变》,载《物理通报》2011 年第 10 期;刘丽锋:《中世纪晚期西欧的实验科学思想》,载《前沿》2008 年第 4 期。

可以了解的信念,开始进行观察,用归纳的方法形成假定以便解释他们的观察结果,然后又用逻辑的推理演绎出推论,再用实验加以检验。[1] 可见,近代科学是在脱离了哲学这一母体后才得以迅猛发展,而实验方法被认为是近代科学从自然哲学母体中独立出来的催化剂,同时也是推动近代科学迅猛发展的一个最基本、最重要和最普遍的方法。[2]

之后,科学实验逐渐在数学、物理学、化学、光学、医学等自然科学学科中得到广泛的运用并推动这些学科发展与成熟,而其中很多自然科学学科也逐渐将实验方法作为其主要的研究方法,成为实验科学。例如,直至 19 世纪末,生物学主要还是一门观察的科学,生物学家通过用文件记录和描述的方法试着抓住自然的奥秘。到了 20 世纪早期,生物学也转变为实验科学。[3] 进入现代以后,科学实验在自然科学发展中的作用越发重要,而随着生产的发展和科学技术的进步,科学实验本身的深度、广度、规模以及具体开展的手段与方式都发生了相应的变化。现代科学实验通常具有规模庞大、组织形式周密、手段日益完善与精密化和实验操作的高度自动化等特征,与早期科学家在自己家里进行实验相比,由大学和科研机构、企业甚至国家设立的大规模实验室逐渐成为自然科学实验研究的"主战场",科学实验逐渐呈现出"体制化"的特征。科学实验在现代科学技术发展中的重要地位通过被视为科学界最高奖项的诺贝尔科学奖的获奖情况可见一斑。据研究者统计,自 1901 年设立诺贝尔科学奖(物理学、化学、生理学或医学)以来,该奖获得者大部分(约 60%)为从事实验性工作的科学家。[4]

综上所述,实验方法对于推动自然科学的独立和发展起到了不可替

---

〔1〕 参见[英]W. C. 丹皮尔:《科学史及其与哲学和宗教的关系》,李珩译,广西师范大学出版社 2001 年版,第 83 页。

〔2〕 参见钱明、钱兆华:《实验方法在近代科学诞生及发展中的作用》,载《江苏大学学报》(社会科学版)2007 年第 5 期。

〔3〕 参见刘晓君:《走进实验的殿堂——实验方法谈》,上海交通大学出版社 2006 年版,第 70 页。

〔4〕 同上书,第 2 页。

代的作用，从某种意义上来说，实验塑造了近代的自然科学，也为现代科学技术的发展奠定了坚实的基础。[1] 反过来说，如果缺乏实验方法的推动，自然科学与科学技术的发展则可能因此缺乏动力而滞后。实验方法无疑是自然科学的一种至关重要的认识论与方法论上的特点，是自然科学的一种标志性特征。

(二) 实验方法与社会科学

随着实验方法在自然科学中的广泛运用，其也逐步被扩展借鉴适用于社会科学的有关领域之中。从某种意义上来说，科学实验本身就是对人类经验的一种更为系统与科学的认识活动，其所蕴含的探究真实经验的实证精神同样是社会科学研究的基本准则与指导思想，这可能是实验方法被引入社会科学研究的最根本原因。自 19 世纪末开始，实验方法开始在心理学研究中得以应用，尤其是自 20 世纪 60 年代以来，随着实证主义范式在社会科学研究中的扩散，包括经济学、政治学、管理学和法学等在内的社会科学领域也开始运用实验方法进行研究，实验研究也对这些学科的独立发展与科学化起到了重要的推动作用。同时，这些学科中实验方法的运用也相应地探索了一系列在社会科学中以人为基本的实验对象开展实验研究的特殊规则。下文简要探讨心理学、管理学、经济学、政治学和法学领域中实验方法运用的发展历程。

1. 实验方法与心理学

心理学被认为是最早运用实验方法的社会科学学科，实验方法在心理学研究中具有非常重要，甚至基础性和决定性的地位。[2] 德国心理学家冯特(Wilhelm Wundt)被认为是心理学中运用实验方法的奠基人，他于 1862 年首次提出“实验心理学”的概念，并于 1879 年在德国莱比锡大学

---

〔1〕 有的学者反思我国古代科学发展时认为，先秦诸子百家中唯一注重实验的墨家学说衰落导致中国古代科学长期停留在现象的描述阶段，缺乏实验手段去验证其普遍性，失去了发展为近代科学的机会。参见童恒萍：《墨家科学兴衰对于中国古代科学发展的影响》，载《科学技术与辩证法》2008 年第 1 期。

〔2〕 当然，心理学是否属于社会科学尚有争论，但这并非本书拟讨论和解决的问题。

(Universität Leipzig)创建世界上第一个心理学实验室。[1] 心理学随后得到空前的发展,美国也紧随其后建立了第一个心理学实验室并兴起了遍及全美建立心理学实验室的潮流,心理学的各种学派也相继登场。其中大多数心理学流派,无论其观点如何变化无常,都将实验法(包括广义实验法和狭义实验法)作为证明自己观点的工具。[2] 实验方法以及实验心理学的提出,实际上推动心理学从之前附属于哲学、伦理学或者生理学的状态进化为一门独立的科学。时至今日,实验方法仍然是心理学研究的最重要方法之一,“实验心理学”被认为是心理学的重要分支以及心理学教学科研的基础课程之一。有的研究者甚至认为,心理学是如同物理、生物等自然科学一样的实验科学,并指出心理学研究在发展过程中逐渐分化成两大类,即实验室研究和自然实验研究。前者广泛应用于认知心理学等分支,采用反应时、眼动追踪、脑电和脑成像等先进技术手段,通过严格控制的实验环境和严谨的实验设计排除大量干扰因素,操纵研究者关心的有限自变量的有限水平(分类变量),探索自变量和因变量之间的因果关系。而自然实验研究主要在不加控制或在有限干预的相对自然条件下进行,研究者依照实验计划对社会生活中的行为现象进行搜集、整理和分析,该类研究广泛应用于发展心理学、教育心理学、社会心理学等领域。[3] 当然,心理学中也不是所有问题都能用实验进行研究,而且实验室实验把复杂的条件简化,带有人为的性质,只是具体实践的一种近似或缩影,这也是心理学开展实验研究存在的争议之一。

---

〔1〕 参见彭景训:《冯特与实验心理学》,载《天津师范大学学报》(社会科学版)1980 年第 4 期。

〔2〕 参见吕森林:《论心理学史上的一次革命——实验心理学的诞生及其意义》,载《辽宁师范大学学报》(社会科学版)1996 年第 6 期。

〔3〕 参见舒华等:《心理学实验方法:科学心理学发展的根本》,载《中国科学院院刊》2012 年第 27 期(增刊)。当然,对于心理学的实验科学属性存在不同的观点,例如,有学者认为发展心理学不是实验科学。参见辛自强:《发展心理学并非实验科学》,载《首都师范大学学报》(社会科学版)2009 年第 6 期。

2. 实验方法与管理学

管理学也是较早开始使用实验方法的社会科学。在社会科学领域中,较早并较为成功地开展实验研究的例子中较为著名的美国的“霍桑实验”(hawthorne experiment)即属于管理学领域。1924 年,霍桑工厂内的研究者在本厂的继电器车间开展了生产照明条件与生产效率关系的实验研究。研究者预先设想,在一定范围内,生产效率会随照明强度的增加而提高,但实验结果表明,不论增加或减少照明强度都可以提高效率(有两个女工甚至在照明降低到与月光差不多时仍能维持生产的高效率)。随后,研究者又实验了不同的工资报酬、福利条件、工作与休息的时间比率等对生产效率的影响,也没有发现预期的效果。1927 ~ 1932 年,哈佛大学 G. E. 梅奥(George Elton Mayo)教授参与此项实验,通过改变或控制一系列福利条件重复了实验,结果发现,在不同福利条件下,工人始终保持了高产量。研究者从这一事实中意识到,工人参与实验的自豪感极大地激发了其工作热情,促使小组成员滋生出一种高昂的团体精神。这说明职工的士气和群体内的社会心理气氛是影响生产效率的更有效的因素。在此基础上,他们此后又进行了一系列的研究。霍桑实验的结果推进了现代管理理论的发展,开创了人际关系理论。[1] 与心理学相同,实验研究在推动管理学的独立方面也发挥了重要作用,正是通过梅奥等研究者开展的一系列实验研究对科学管理、行为科学等管理学的基础理论形成所提供的支持,才逐步使管理学成为一门独立的科学领域。[2] 根据研究者的考证,管理实验经历了四个发展阶段:第一阶段,19 世纪末期到 20 世纪 50 年代起步阶段,主要开展实物实验,通过实验寻找提高工作效率、调动员工积极性、解决实际管理问题的有效途径,并从中归纳、提炼出一些管理思想和原则;第二阶段,20 世纪 50 年代到 70 年代,在企业竞争

---

〔1〕 参见仇立平:《社会研究方法》(第 2 版),重庆大学出版社 2015 年版,第 294 ~ 295 页。

〔2〕 参见万迪昉、谢刚、乔志林:《管理学新视角:实验管理学》,载《科学学研究》2003 年第 2 期。

加剧的环境下注重考察企业管理中的具体职能，并开始引入计算机作为模拟实验的工具；第三阶段，20 世纪 80 年代到 90 年代，管理实验由以人和工作为中心开始转向以组织和流程为中心，并大量采用计算机模拟的管理实验软件；第四阶段，20 世纪 90 年代以来，在上一阶段的基础上继续发展，并开始出现基于互联网的模拟软件。[1] 目前的管理实验可以分为网络管理实验和非网络管理实验，而非网络管理实验还可以进一步区分为现场实验与实验室实验，实验室实验则分为人群角色扮演实验、人机组合实验和计算机实验。[2] 随着管理实验的发展及其在管理学研究中作用的不断提升，实验管理学也作为管理学的分支学科被提出，并出版了相应的教材。[3]

3. 实验方法与经济学

经济学领域中的实验研究被认为最早可以追溯到 1738 年尼古拉·伯努利（Nicolaus Bernoulli）所进行的有关“匹兹堡悖论”的实验。[4] 虽然如此，但直到 20 世纪中叶，主流观点仍然不认同实验方法在经济学领域中的运用，认为经济学家在检验经济法则的时候，无法进行类似化学家或生物学家的受控实验，因为他们不容易控制其他重要的影响因素，所以只能像天文学家或气象学家那样满足于观测。[5] 经济学研究者认为，实验研究开始在经济学领域中得以运用与博弈论密切相关。一方面，博弈论从一开始就被认为是不完全的，许多早期的博弈论学者在解出博弈的理论解时，自然想到的一个问题就是这些均衡情况是否也会出现在现实中；而另一方面，博弈论自产生之初就拥有一个完美的、适合在可控的实

---

〔1〕 参见谢刚、万迪昉：《管理实验——管理研究的重要方法》，载《管理科学》2003 年第 2 期。

〔2〕 参见何斌等：《管理实验与实验管理学研究》，载《管理学报》2010 年第 5 期。

〔3〕 如我国第一部实验管理学教材出版于 2005 年。参见万迪昉：《实验管理学》，高等教育出版社 2005 年版。

〔4〕 参见余剑梅：《西方实验经济学探析》，载《经济学动态》1999 年第 9 期。

〔5〕 Samuelson Paula & William D. Nordhaus, *Economics*, 12th ed, McGraw-Hill, 1985. 转引自高鸿桢：《实验经济学的理论与方法》，载《厦门大学学报》（哲学社会科学版）2003 年第 1 期。

验室中进行检验的简单结构:只有数位参与者、基于个体决策、有明确的均衡预测。博弈理论家们还发展出一些简单精致的博弈模型,如囚徒困境、最后通牒博弈等。可以说,博弈论是一种呼唤实验的理论。[1] 20 世纪 60 年代以来,以弗农·史密斯(Vernon Smith)为代表的实验经济学界的领军人物开始发表相应的实验研究成果,举办实验经济学研讨班,正式提出了实验经济学的概念,奠定了后来实验经济学发展的诸多基调。弗农·史密斯本人也因为将实验室实验作为经验经济分析的一种工具(特别是在可选择的市场机制研究方面),而获得 2002 年诺贝尔经济学奖。[2] 通过弗农·史密斯的研究与成就,越来越多的经济学家逐渐认识到实验方法是经济学的一个重要研究方法与工具。实验研究在经济学领域中的运用也从个体决策、博弈实验、市场实验逐步拓展至宏观经济学领域。[3] 在实验研究的具体方法上,之前大部分研究是在实验室环境进行,被试者进入实验室并在受控的环境下进行决策,因而研究结论的现实意义常常受到质疑。在最近十多年,经济学家开始大量使用实地实验来探索经济现象,世界顶级经济学期刊也发表了大量使用实地实验研究方法的论文。[4]

4. 实验方法与政治学

与经济学领域一样,政治学领域运用实验方法同样经历了从否定到接纳再到推广运用的过程。20 世纪初,美国政治学会主席罗威尔(Lowell)在演讲中指出,“在政治研究的‘生理机能’上,我们天生便是不能进行实验的;政治学或政治现象本身就是观察性的而非实验性的科学,

---

〔1〕 [美]丹尼尔·豪瑟、罗卫东等:《实验经济学的兴起、发展及其在中国的应用前景》,载《浙江大学学报》(人文社会科学版)2012 年第 4 期。

〔2〕 参见李增刚:《行为经济学和实验经济学的基础——2002 年诺贝尔经济学奖获得者思想介评》,载《经济评论》2002 年第 6 期。

〔3〕 参见范良聪:《实验经济学兴起与发展的动力机制研究》,浙江大学 2010 年博士学位论文。

〔4〕 参见姜树广、谯倩:《实地实验及其在经济学中的应用》,载《经济评论》2012 年第 5 期。

因此我们所需要的是更多、更精确的对于政治现象的观察”。[1] 政治学领域实验研究的早期探索受到心理学实验研究的影响，始于20世纪30年代，并集中于政治心理学领域。一般认为，哈罗德·戈斯内尔（Harold Gosnel）在1924年开展的通过向选民邮寄关于选举登记与鼓励投票的明信片来考察游说对投票参与的影响的实验，是政治学领域中开展的第一项实验研究。随后直至20世纪90年代之前，实验政治学的发展并未取得突破，虽然一度也创办了专门的实验政治学刊物——《政治学实验研究》（The Experimental Study of Politics，1971年创刊，1975年停刊），但实验方法并未被视为政治学研究的主流方法，实验方法在这段时间内一直在为其“合法地位”而努力。[2] 自20世纪90年代以来，实验研究开始在政治领域兴起，现场实验也日益得到重视，其中一个获得爆炸性增长的领域就是有关选举的现场实验。[3] 进入21世纪以来，政治学研究越来越重视因果推论，实验研究的重要性与日俱增，美国政治学会实验分会于2010年成立，新的实验政治学的专业期刊——《实验政治科学》（Journal of Experimental Political Science）再次得以创办。[4] 伴随着实验方法的发展和应用场景的丰富，实验政治学开发出诸如实验室实验、现场实验、调查实验、自然实验和政策实验等丰富的种类，并被广泛应用于政治心理学、政治行为、选举和议会政治、政治制度、政治传播、集体行动与合作、国际关系等多个领域。[5] 有的研究者总结归纳了实验方法对于政治学研究的特殊价值：一是实验方法构造了符合研究对象特征的相关政治环境

---

〔1〕 余莎、游宇：《不操纵无因果：实验政治学几个核心的方法论问题》，载《甘肃行政学院学报》2017年第2期。

〔2〕 参见王金水、胡华杰：《境外政治学实验研究的发展及其对于中国政治学研究的价值》，载《中国人民大学学报》2016年第3期。

〔3〕 参见王金水、胡华杰：《现场实验研究在中国政治语境下的应用分析》，载《国外社会科学》2017年第4期。

〔4〕 参见余莎：《实验政治科学》，载《中国社会科学报》2017年10月11日，第7版。

〔5〕 参见孟天广：《从因果效应到因果机制：实验政治学的中国路径》，载《探索》2017年第5期。

模拟,实现了政治学的仿真分析,因而超越了传统的观察研究;二是实验方法实现了对研究者观点正确性、有效性的评估,较好地过滤和规范了当前良莠不齐的理论范式,并适当提高了政治学理论研究的门槛;三是实验方法也同样具有公共政策实践的指导功能,越来越多的政策制定部门开始注重实验对政策实践的推广和效果检验。[1]

(三)实验方法在法学领域的运用

相较于心理学、管理学等领域,法学领域实验方法的运用起步更晚。波斯纳(Rrchard Allen Posner)就曾经指出,法律研究中缺乏可信的受控实验。[2] 最初,法学研究者对于实验方法的运用也曾抱有矛盾的心态,一方面,他们认为法学“只有通过实验方法和科学方法”才能更好地规范人的行为,司法才能实现医治社会的功能;另一方面,他们又认为法律所包含的“道德和社会现象不同于自然和生物学现象,很难甚至于一般不可能进行实验,所以在这一领域所进行的观察最有助于科学研究”。[3] 与其他社会科学相比,法学领域中进行实验研究不但需要面临“实验对象是异质性的、具有主观意识和思维的人”这一几乎所有社会科学都同样面对的问题,还需要面对“法律适用的平等性”等更为突出的公平正义与伦理问题。因此,在法学与法律领域开展实验研究面临更大的争议,实验设计中因未同等地对实验组(experiment group)与控制组(control group)同步施加自变量刺激甚至可能导致违法甚至违宪以及事实上的不公平待遇而被禁止。例如,在美国新泽西州进行的一项民事案件审前会议的实验研究经过了新泽西州最高法院的批准,新泽西州最高法院甚至还基于实验可能

---

〔1〕 参见臧雷振:《政治学研究中的实验方法——近年来的应用进展及研究议题分布》,载《国外理论动态》2016年第5期。

〔2〕 参见[美]理查德·A.波斯纳:《法理学问题》,苏力译,中国政法大学出版社2002年版,第79~88页。

〔3〕 [意]恩里科·菲利:《犯罪社会学》,郭建安译,中国人民公安大学出版社2004年版,第142、150页。

剥夺诉讼当事人的权利而存在违宪的可能性而修改了实验的分组设计。[1]

但是换一个角度来思考,法学领域与实验方法在下列两个方面却天然具有一定的契合性:

一方面,法学的基本问题源于法律的基本问题,是一种"事实与规范"之间的互动,而实验方法为法律事实与法律规范之间的互动提供了一种新的模式。实验方法通过人为控制和施加特定自变量可以观察到一些自然状况下无法发现的情况,在法律领域运用实验方法可以通过人为地设置一些现实中尚不存在的自变量,来考察法律事实与法律规范在这些特定因素影响下的互动,从而为法律规范与法律事实之间的互动提供了一种"预知未来"式的互动方式。[2] 而且由于自变量的设置由研究者所控制,因此从理论上来说,实验方法通过不断变化自变量为研究者提供了"随心所欲"地考察事实与规范互动的途径。[3] 这极大地拓展了法学的研究范围,而且为法律制度的完善与改革提供了一种事前进行检验的方式。

另一方面,法律实施在数量上的规模性与时空上的持续统一性为实验方法的开展提供了实验对象与样本数量方面最基本的条件。实验方法需要划分不同的组别,每个组别中又需要包含许多大致相同的实验对象,实验方法所得出的结论只有建立在实验对象具有一定数量的基础上才具有说服力。法律规范的适用并非仅针对少数个别人,而是具有一定的规模,这就为实验方法的适用提供了实验对象方面基本的数量要求。同样,

---

〔1〕 [美]汉斯·采泽尔、戴维·凯:《用数字证明——法律和诉讼中的实证方法》,黄向阳译,中国人民大学出版社 2008 年版,第 15 页。

〔2〕 参见何挺:《法律实证研究中的实验方法》,载《国家检察官学院学报》2010 年第 2 期。

〔3〕 例如,在美国进行的一个关于给予从监狱释放的囚犯一定的帮助是否与其重新犯罪有关的实验中,研究者对不同的实验组设置了不同的自变量来考察不同帮助因素与其重新犯罪的关系:第一组被释放的囚犯获得了持续 26 周的金钱资助;第二组获得了持续 13 周的金钱资助;第三组则没有获得金钱资助,而是获得了找工作方面的帮助。See Peter H. Rossi et, Richard A. Berk & Kenneth J. Lenihan, *Money, Work, and Crime: Experimental Evidence*, Academic Press, 1980. 在这个实验中,如果实验者愿意及客观条件许可,他们完全可以设置更多的帮助因素作为自变量来考察这些帮助与重新犯罪的关系,例如,将金钱资助的时间延长至 39 周或更长的时间。

法律规范的实施也具有时间上的持续性和空间上的统一性,这也为实验方法的开展提供了数量上的基本要求和时间上的持续性要求。正是考虑到实验方法在检验法律改革方案的效果和验证法学理论方面所具有的独特价值以及上述两方面的契合性,法学领域的实验研究逐步得到肯定与适用。在美国 New State Ice Co. v. Liebman 案的判例中,布兰戴斯法官(Justice Brandeis)的少数意见从试错过程的重要性、变革的必要性、个别州成为渐进的社会改革的实验室的可能性等角度来为法律实验进行辩护,而多数意见的执笔者桑达兰德法官(Justice Sutherland)也肯定了在不超出联邦宪法的限制范围的前提下,各州具有实验性立法权。因此可以说,美国联邦最高法院在一定程度上承认了法律实验的正当性。[1] 事实上,早在 20 世纪 30 年代就有学者提出了实验法学(experimental jurisprudence)的概念并对其内涵与合理性进行论证,并指出实验法学不仅可能,还是法社会学发展的自然结果,而且还是现代复杂社会治理最智慧的解决方法。[2]

观察法学领域实验研究开展的状况,归纳起来一般具有以下几方面的特征:

第一,法学领域实验研究的开展同样受到相关学科的影响,如心理学、社会学等。据研究者总结,20 世纪前 30 年间,一些心理学家在其著作中,或对心理学可能应用到法学中做出了评论,或实际上已经对相关的论题进行了实验。[3] 在国外被归属于社会学而在我国很大程度上被置于法学学科之下的犯罪学也是法学领域开展实验研究较早也较多的领域,其中也包括大量的犯罪心理学研究。而关于法官在审理案件中的作用、陪审员评议过程以及目击证人证言准确性等方面也有很多与心理学

---

〔1〕 参见季卫东:《法治秩序的建构》,中国政法大学出版社 1999 年版,第 153 页。

〔2〕 Frederick K. Beutel, "Some Implications of Experimental Jurisprudence", 48 *Harv. L. Rev.* 169, 197 (1934).

〔3〕 参见[加]詹姆斯·R. P. 奥格洛夫等:《进两步,退一步:20 世纪的法心理学运动》,邓云成、汪若男译,载《厦门大学法律评论》2013 年第 2 期。

交叉开展的实验研究。此外,目前还出现了法学与认知神经科学交叉,通过实验对公正与司法、脑死亡与安乐死、法律责任、证据与测谎等问题进行研究。[1]

第二,直接实验与模拟实验并行开展。在真实司法环境中开展实验研究能够保证实验较高的外部效度,但同样在很多情况下受制于一些客观因素、法律障碍或公平正义等伦理问题,没有办法进行直接实验,而只能进行模拟实验。例如,有关陪审团和法庭审理程序的研究,由于陪审团评议过程的保密性和对同一案件的法庭审理程序不能重复进行,因而很多这一方面的研究都采用模拟实验的方法。法学领域中的模拟实验还可以按照其模拟的环境进行区分:一种模拟实验虽然不同于真实的司法环境,但仍置于真实的社会环境中;另一种则是在虚拟的环境中进行,如通过计算机模拟出类似于真实司法环境的情境,也是一种虚拟实验。

第三,法学领域实验研究大致可以区分为三种不同的导向。第一种是司法实务导向的,开展这种导向的实验研究的通常都是律师或者其他司法实务人员。例如,最早通过组织"影子陪审团"对陪审团的评议过程进行模拟实验研究的就是律师,其目的在于在具体案件中获得胜诉。第二种是法律与政策改革导向的,即在开展法律或政策改革时往往都会采用实验的方法对某一制度或某一改革方案能否达到预设的功能事先进行研究。这种导向的实验研究通常源于一个如何改善现行制度的假设,即研究者发现司法实践中存在的某一问题,并认为引入一个新的制度或者对现有制度的具体操作方式加以完善能够解决或者在很大程度上缓解该问题。之后,研究者依照实验研究的程序规范,选择一定范围的案件或人组成实验组,将新制度的引入或者对现有制度具体操作方式的完善作为自变量施加于实验组,并在一段时间之内考察相应的因变量的变化情况。在这一方面,美国维拉司法研究所(Vera Institute of Justice)一直致力于

---

〔1〕 参见郭春镇:《法律和认知神经科学:法学研究的新动向》,载《环球法律评论》2014年第6期。

以实验或试点的研究方法推动刑事司法的改革，其于20世纪60年代在纽约市曼哈顿区开展的保释改革实验，最终推动了美国保释制度的改革，促成《1966年联邦保释改革法》的通过。[1] 第三种是理论发展导向的，即为了验证或者完善一个法学领域的理论而开展实验。例如，为了验证恢复性司法具有修复社会关系、平复被害人所受伤害和减少加害人重新犯罪等方面的积极效果而在全世界各地开展了一系列的实验研究。[2] 从另一个角度来说，法律改革导向的实验研究与理论发展导向的实验研究并不能完全切割，因为法律改革通常建立在相应的理论基础之上，而理论的发展同样会助推法律改革。

第四，从覆盖的学科领域来说，在法学领域的实验研究中，刑事司法与犯罪学领域开展实验研究相对较早，占据非常重要的地位。在此领域中，上述法律改革导向的实验研究与理论发展导向的实验研究往往也结合得更为紧密。

---

〔1〕 关于维拉司法研究所通过实验或试点开展刑事司法改革研究的整体情况，请参见[美]吉姆·帕森斯等：《试点与改革：完善司法制度的实证研究方法》，郭志媛译，北京大学出版社2006年版。

〔2〕 参见坎贝尔犯罪与司法协作小组对恢复性司法实验研究的系统回顾。See Heather Strang, Lawrence W Sherman, Evan Mayo-Wilson, Daniel Woods, Barak Ariel, "*Restorative Justice Conferencing (RJC) Using Face-to-Face Meetings of Offenders and Victims: Effects on Offender Recidivism and Victim Satisfaction. A Systematic Review*", available at: https://www.campbellcollaboration.org/media/k2/attachments/Strang_RJC_Review.pdf.，最后访问日期：2016年7月3日。

第二章　社会科学实验研究的基本原理

实验研究对于推动科学的发展发挥了巨大的作用,而社会科学中对实验方法的引入则受到了自然科学实验方法的影响,社会科学实验研究的最初或基本目的同样在于验证因果关系,并经由因果关系的确立与否来推动理论的发展。但是,社会科学研究的主要内容及主要对象与自然科学之间存在巨大的差别,社会科学实验研究的具体方法在借鉴自然科学实验方法并遵循基本相同的引入自变量并观察因变量变化的研究路径基础之上,仍然存在很多方面的差别。简言之,在社会科学实验研究中,实验对象是能够进行思维的人,自变量之外的影响因素更多,自变量对因变量的影响更难确定,社会科学实验研究方法的特殊之处很多都体现在如何控制这些无关因素的影响之上。刑事司法领域中的实验研究则在社会科学实验研究基本原理的基础上进一步结合刑事司法的特殊背景具体化。本章对社会科学实验研究的基本原理进行分析,为其结合刑事司法领域的特殊背景开展刑事司法领域的实验研究奠定基础。

一、社会科学中的因果关系与实验研究

"实验方法并不是哪一门科学所特有的方法,也不是哪一门科学从一开始就有的方法,当一门科学发展到一定程度时,当原有的理论无法说明

实际存在的事实时,实验方法的引入就水到渠成了。"[1]社会科学研究对实验方法的引入毫无疑问受到自然科学研究方法的影响,实证主义思潮的核心观点之一就是希望对社会科学采用与自然科学相同的研究方法并努力达到相同的研究层次。但从深层次的内在需求来说,实验方法引入社会科学的根本原因在于社会科学研究者不再满足于描述和总结外在表现出来的社会现象,而是希望能如同自然科学研究者一样,通过系统的实验研究发现因果关系进而阐释、归纳规律与定律,能够对潜藏在社会现象背后的原因进行探究,发现社会现象产生发展的因果关系,进而揭示社会规律并对未来的社会发展进行预测。"在今天的社会科学研究中,因果关系已经成为社会科学家们对某种社会现象进行'科学'解释的同义词。"[2]例如,社会科学研究者孜孜以求地探求贫富差异和社会分层的原因、预防犯罪的最佳措施、对不同年龄学生的最佳教学方法等问题,实际上都建立在探求哪种原因与哪种结果之间关系的基础之上。因此,社会科学领域对确立社会现象之间因果关系的追求与实验研究在探究因果关系方面的独特功能一拍即合,这是实验研究在社会科学领域得以引入并不断发展的根本原因。基于此,因果关系同样也是社会科学实验研究的核心,社会科学实验研究的基本逻辑、基本要素、主要类型、具体设计的选择和具体步骤等基本原理都是围绕着在社会科学这一特殊领域内探究和确立因果关系展开的。

但是,基于社会现象的特殊性,社会科学中的因果关系与自然科学中的因果关系存在很大的差异:

第一,在社会科学中,因果关系的建立基本完全依赖于间接的推论。与自然科学实验研究中通常可以直接观察到原因作用于研究对象以及相应结果产生的过程相比,社会科学中原因与结果之间的关系更为间接,通常难以直接观察到。"建立因果关系之所以如此困难,主要原因是我们无

---

〔1〕 周星:《发展中的实验经济学》,厦门大学出版社2006年版,第3页。

〔2〕 胡安宁:《社会科学因果推断的理论基础》,社会科学文献出版社2015年版,第1页。

法真正‘观察’到一种现象致使另一种现象发生变化的过程。即使某种事件总是发生在另一事件之后，我们也无法断言这是因为前一事件导致了后一事件的发生，因此，因果关系只能是由推论而非观察得来的。”[1]另外，社会科学中原因对结果的影响通常相对较慢，原因与结果的发生通常会间隔较长的时间，例如，一项政策的变化通常需要一段时间才能产生效果，也无法直接观察到因果关系，而需要借助于推论。

第二，社会科学以“人”或者由“人”组成的“群体”以及“社会”为研究对象，而人具有感情、思想和意识，人的行为具有对象性、场景性和随机性等特征并会受到其意识与情绪的影响，行为缺乏恒常性。例如，社会科学实验研究中经常遇到的样本损耗的问题在很大程度上就是因为最重要的实验对象——“人”具有主观意识和流动性，可能在实验进行过程中或者回访收集数据前脱离实验。因此，在社会科学研究中建立因果关系更为困难，需要考虑更多可能的主观意识方面的影响因素。

第三，“人”是社会化的动物，每个人都受到其生长经历和社会环境的影响，作为最主要实验对象的每个“人”都是与众不同的，在以某一群人为研究对象开展的实验中所确立的因果关系不一定适用于其他人。而在实验室里进行的社会科学实验由于脱离了真实的社会情境，其结论是否适用于真实的社会情境则存在疑问。因此，社会科学实验研究结论或确立的因果关系在外推与概化方面都较为困难，需要确立诸如抽样和外部效度等特殊的规则与标准，这与自然科学实验研究确立的因果关系存在较大的差异。

第四，社会生活干扰因素众多。与自然科学实验大多在实验室中进行并且可以排除各种影响和干扰因素不同，社会科学实验的实验对象在社会生活中会受到各种干扰因素的影响，尤其是在实际生活中开展的实地实验，因而确立起自变量与因变量的因果关系更为困难与复杂。“现实

---

〔1〕［澳］戴维·德沃斯：《社会研究中的研究设计》，郝大海等译，中国人民大学出版社2008年版，第30页。

中的社会现象,要么多个因素同时变化,要么很难发生变化,使得基于经验观察的因果推论不太可靠;更为重要的是,经验观察难以排除不可观测或未知的干扰因素,使得自我选择、遗漏变量、反向因果等问题困扰因果推论。"[1]

第五,社会现象之间的因果关系更为复杂,存在直接因果关系(原因变量直接影响结果而不需要通过其他的变量)、间接因果关系(原因变量通过其他变量对结果产生影响)、一因多果、多因一果等因果关系的模式,同时还可能存在虚假关系,即某两种社会现象之间虽然存在共变关系,但却都是由于另外一个社会现象所导致的。这些复杂的情况要求社会科学实验研究在探索和论证因果关系时更为谨慎,甚至不能简单地依据实验本身的发现得出两种社会现象之间存在因果关系的结论。

因此,虽然社会科学实验研究与自然科学实验研究都旨在探求事物之间的因果关系,但由于社会科学领域的因果关系存在上述几个方面的差别与特点,社会科学实验研究的基本原理和具体方法与自然科学实验研究就相应存在较大的差别。从某种意义上来说,正是由于上述差别的存在,为了试图解决上述问题,使社会科学实验研究的有效性能够努力接近自然科学的程度与标准,社会科学实验研究的设计较之自然科学更为复杂。从这一角度来说,下文将要讨论的社会科学实验研究的具体方法都是围绕着社会科学领域确立因果关系的特殊性展开的。

二、社会科学实验研究的基本逻辑

社会科学实验研究的目的在于确立原因与结果之间的因果关系,其基本逻辑则关注于采用什么样的路径可以更好地呈现原因与结果之间的关系,并科学地归纳出这种关系。在日常生活中,为了确定某一行为是否

---

〔1〕 余莎、耿曙:《社会科学的因果推论与实验方法——评 Field Experiments and Their Critics:Essays on the Uses and Abuses of Experimentation in the Social Sciences》,载《公共行政评论》2017 年第 2 期。

可能导致预期的结果,我们也会通过故意实施某一行为并观察后续结果的方式来判断行为与结果之间的关系。社会科学实验研究与日常生活中的实验共享“实施行为—观察结果”这一基本逻辑,并在这一基本逻辑的基础上提出了更多严谨、系统和科学的要求,主要包括以下五个方面:

第一,形成关于原因与结果之间的假设。实验的目的在于验证因果关系,实验也只能验证预先设定的原因与结果之间的关系,建立起原因与结果之间的因果关系假设是实验研究的逻辑起点。研究者需要预先提出一种因果关系的假设,假定某些原因会导致某些结果。这种事先的假设可以来自于生活经验中的观察,但更多地应该来自于理论的推演,即将理论中有关因果关系的假设付诸于实验进行验证,或者在一个已经被验证的理论的基础上推进到一个新的进一步的理论假设。

第二,引入与控制原因(自变量)。原因先于结果发生,是推论因果关系的前提条件之一,否则即使两个因素之间存在着共变的关系,也不能推论出因果关系。社会科学实验研究基本逻辑的首要内容就是需要引入原因并作用于实验对象,以满足原因的发生早于结果的产生这一前提条件。在实验研究中,原因一般被称为“自变量”(independent variable),也被称为“原因变量”(causal variable)或“实验刺激”(experimental stimulus),而自变量还必须是可以控制和改变的,这也是社会科学实验研究常常被称为“可控实验”的重要原因。虽然绝大多数实验中原因的引入都是人为的,即按照研究者的实验设计来人为控制,但也不完全排除自然环境下原因的引入。一般来说,对于原因的引入与控制只存在“是”与“否”两种情形,即只有引入或未引入原因两种情形,但在更为复杂一些的实验设计中,对于引入的原因还存在程度和类型上的区别,如存在“弱”“中”“强”的差别。

第三,系统观察原因引入后的结果(因变量)。在原因被引入后,需要对结果进行系统的观察以明确原因所产生的影响。与日常生活中的观察通常具体、直接且易于理解相比,实验研究中的观察更为复杂,通常称为“测量”。对结果的系统测量包括两个方面:一方面是对原因引入之前的测量,以确定未经原因作用时实验对象的状况;另一方面是对原因引入之后的测量,以确定原因作用后的结果。至于测量的具体内容,则取决于实验的具体设计以及实验开展之前的假设,即想要验证的原因与哪些结果之间的因果关系。在实验研究中,结果一般也被称为“因变量”(dependent variable)或“结果变量”(effect variable)。

第四,采取各种设计和方法排除其他变量的影响。如上所述,社会科学实验研究开展的过程中可能受到各种干扰因素的影响,在确定因果关系时应当将这些其他变量的影响排除,否则结果就有可能不是原因所导致的而出现替代解释,进而无法推断因果关系。可能影响实验结果的,一般有“外扰变量”(extraneous variable)和“中介变量”(intervening variable)。外扰变量,也称为无关变量,是指自变量之外的一切可能影响结果的因素,包括实验环境以及实验对象的年龄、性别、身体机能等可以识别的一切因素。中介变量,则是指介于自变量与因变量之间的一切对实验结果发生作用的内在历程。中介变量是不能被直接观察识别的,只能凭个体外显行为的线索去推知。例如,人实际实施的很多行为都与动机密切相关,但动机本身是不能被直接观察辨认的,在研究人的行为变化时,动机就被视为主要的中介变量之一。其他内在因素影响实验结果而被视为中介变量的还包括性格、态度等。[1] 社会科学实验研究虽然不将中介变量作为重点,但需要尽量排除外扰变量的影响。对所有外扰变量的控制原则是使它们在实验中保持不变或较少变化,如有可能应尽量把它们排除,使其不致影响或混淆自变量与因变量之间的因果关系。[2] 控制外部影响因素的方法总体来说通常有以下四种:一是随机法(randomized assignment),即通过随机分配的方式将实验对象分配到实验

---

〔1〕 参见杨国枢等:《社会及行为科学研究法》(上册),重庆大学出版社 2006 年版,第 133 页。

〔2〕 参见袁方主编:《社会研究方法教程》,北京大学出版社 1997 年版,第 368 页。

组和控制组。按照随机分配的原则，接受自变量刺激和不接受自变量刺激的实验对象是相同的，所以外部因素对他们的影响也可以视为相同。二是配对法（matching），即找出两个各种条件相同或几乎相同的实验对象，一组接受自变量刺激，另一组不接受自变量刺激，但社会科学研究中几乎不可能找到完全相同的实验对象，因此在配对时常常关注与研究目的密切相关的变量，而忽略或放弃与研究目的关系不太紧密的变量。正是由于很难找到完全或几乎相同的实验对象，配对法通常很少单独使用，而常与随机法一起使用。三是排除法，即在实验开展之前选择实验对象时就将相关影响因素排除在外。例如，认为某一因素会对结果产生影响，那么在选择实验对象时就选择不具有这一特征或因素的对象。但运用排除法的结论不能适用于具有这一特征的主体，因而局限性较大而很少适用。四是纳入法，即把其他被认为可能影响结果的外部变量也作为自变量引入实验过程之中，但会导致自变量数量的增加，需要更为复杂的实验设计。虽然总体而言有上述四种控制外部无关变量影响的方法，但在实验开展过程中仍需要结合实验的具体情形进行多样化的设计。事实上，如何尽量减少无关变量的影响是社会科学实验研究要解决的最为核心的问题之一，也是其区别于自然科学实验研究的一个重要表现，否则，一旦有其他变量的影响则可能成为因变量发生变化的替代解释，严重削弱实验研究的效度，进而无法验证假设的因果关系。

第五，将引入与控制原因和系统观察结果在多数实验对象上进行重复。实验研究是一种定量研究，建基于实验对象的多数性和在多数实验对象上的重复操作，仅仅在个别实验对象上观察原因引入后对结果的影响并不足以推论普适性的因果关系，而需要在具有一定数量的实验对象上重复引入原因和观察结果的操作，这也是日常生活中的实验与作为科学研究的实验的本质区别之一。

有的研究者进一步归纳了社会科学实验研究中验证原因与结果之间因果关系的三个条件：一是关联和共变，即拟验证的原因与结果之间具有共变的关系，其中一项改变，另一项也会发生相应的变化；二是时序，即原因必须发生在结果之前；三是无其他原因。[1] 而上述社会科学实验研究的基本逻辑正是通过引入与控制自变量、测量因变量和排除无关变量三个手段来检验上述三个条件是否得以满足，进而对假定的因果关系进行验证。

三、社会科学实验研究的基本要素

社会科学实验研究的基本要素可以从不同角度进行分类，如基本要素包括实验主体、实验对象和实验手段，但从不同的实验设计包含不同要素的角度出发，通常认为实验研究包括如下三方面的基本要素。这三方面的基本要素在不同的实验研究中有不同的组合和呈现的方式，将在下文社会科学实验研究的主要设计部分进行探讨。

（一）自变量与因变量

如上所述，自变量是实验研究所需要验证的因果关系中的原因，是实验中的刺激因素，而因变量则是一种应该由施加自变量所引起的结果，是研究所要解释的内容。自变量与因变量是相对而言的，某个变量在某项实验中是自变量，而在另一项实验中则可能是因变量。一般而言，一项实验中自变量只有一项，并通常是具有两种属性的“二分变量”，即上文所述的“是”与“否”或其他的只有两种可能性的变量，但在较为复杂的多因素实验设计中，自变量则可以是多项，但自变量数量的增加会大大提升实验设计与开展的复杂性和难度。此外，为了能够进行观察与测量，自变量与因变量一般都应当是在经验层面能够被观察和测量到的。

（二）前测与后测

在实施自变量的刺激之前对因变量的测量称为前测（pre-test），在实

---

〔1〕 参见瞿海源等：《社会及行为科学研究法（一）·总论与量化研究法》，社会科学文献出版社 2013 年版，第 131 页。

施自变量刺激之后对因变量的测量称为后测(post-test)。经过前测与后测,因变量前后测量之间的差异被视为受自变量的影响所致。前测与后测实际上就是收集数据的过程,测量的方法通常是量表、问卷调查和现场观察。[1] 在社会科学实验研究中,前测一般都只在实施自变量之前进行一次,但后测则可以根据研究的具体情况多次开展,例如,为了测量自变量对因变量的长期影响,可以在实验结束进行后测的基础上,经过一段时间后再次进行"后后测",这种多次进行后测有时也被称为"回访"。此外,与自然科学实验研究不同,由于社会科学实验研究的研究对象通常是有意识的人,进行前测或后测本身也可能对实验的开展及推论因果关系产生影响。例如,通常实验要求前后测的形式、内容应当完全相同才能进行比较,但实验对象在经过前测后已经熟悉了测量的方式与内容,甚至察觉了研究者的测量目的,这可能导致后测时故意隐瞒或故意迎合导致后测信度大幅下降。再如,前测、后测环境不一致也可能导致测量结果的差异等。因此,社会科学实验研究方法中还有关于如何更为准确地具体开展前测与后测具体方法的探讨。

(三)实验组与控制组

实验组即接受自变量刺激的实验对象的组别,控制组亦称对照组(comparison group),即不接受自变量刺激的实验对象的组别。基于上述分析,想要确立自变量与因变量的因果关系,必须建立在对接受自变量刺激与未接受自变量刺激的结果比较的基础之上,否则是很难排除其他无关变量的影响的。事实上,上文所述的控制外部因素的前两种方法——随机法与配对法,本质上都是如何来选择和形成实验组与控制组的方法。一般而言,实验研究都应当至少有一组实验组和一组控制组,而随着实验技术和设计的发展,具有多组实验组或多组控制组的实验,通常能够更好地验证因果关系,或者能够同时对多个自变量及其交互反应开展研究。

---

[1] 参见仇立平:《社会研究方法》(第2版),重庆大学出版社2015年版,第307页。

四、社会科学实验研究的基本类型

社会科学实验研究可以按照不同的标准进行分类,这些分类有助于了解社会科学实验研究的外延与适用的情形。

(一)真实验设计、准实验设计与前实验设计

真实验设计、准实验设计和前实验设计是从实验设计的复杂程度与效度方面进行的分类。社会科学实验研究受限较多,为了提高实验研究的效度,需要更多地结合实验开展的具体情境采用不同的实验设计。不同的实验设计所能够达到的效度也有所区别,一般而言,相对较为复杂的设计,实验的效度也相对较高。总体而言,社会科学研究方法将实验设计区分为三类:一是严格按照随机分配原则形成实验组与控制组并严格控制自变量与无关变量的真实验设计(true-experimental designs),真实验设计效度较高,其内部还可以按照控制变量的数量和实验对象分组的数量区分为简单设计与多组设计;二是不按照随机分配原则而形成控制组的准实验设计(quasi-experimental designs),准实验设计的效度相对较低;三是一般没有控制组的前实验设计(pre-experimental designs),前实验设计效度更低。严格来说,只有真实验设计可以推论和验证因果关系,因为只有按照随机分配的方式区分实验组与控制组,才可以假定实验组与控制组实验对象的相同性,而准实验设计和前实验设计,尤其是前实验设计无法推断因果关系。关于这三类设计的具体种类与内容将在下文社会科学实验研究的主要设计部分予以探讨。

(二)实验室实验与实地实验

本书第一章科学实验分类中所谈到的实验室实验与实地实验(包括自然实验)的分类对于社会科学实验研究具有特别的意义,社会科学实验研究也可以按照实验开展的环境与场所的不同,分为实验室实验与实地实验。实验室实验指的是在有专门设备并模拟真实社会情境的实验室内进行的实验。当然,对社会科学实验研究的“实验室”应当做广义的理

解，并非专门指空间意义上的房间或者安装相应科学设备的场所，而是指通过人为模拟所制造出来的"人为场景"。实地实验也称为现场实验，指的是在真实社会场景中开展的实验，也包括以自然发生的事件为核心开展的实验研究。鉴于社会科学所研究的社会问题发生在现实社会场景和真实的社会关系之中，从某种意义上来说，社会科学实验研究中更为重要的是实地实验。

实验室实验的优点在于可以在人为模拟的场景中对实验背景和实验变量进行较为严格的控制，更为符合"受控"实验的要求，但同样由于社会现实情境与人为模拟环境之间存在的差异，导致实验室实验在内容上受到很大局限，很多研究者拟进行的研究因为无法在实验室内模拟现实情境或者模拟出来的情境与现实情境差距较大而无法开展实验室实验。另外，同样由于实验室模拟的情境与真实社会情境之间存在差距甚至差距较大，实验室实验的结论在可推广性、普遍性和概括性上通常较差，实验室实验结论的外推与概化难度较大。例如，实验室实验通常通过招募实验对象来进行，而被招募的实验对象中通常大学生、中学生所占比例较大，而实际上学生与社会生活中的普通民众之间存在很大的差别。此外，随着计算机技术的发展，社会科学实验中逐步开始引入计算机，社会科学的实验方法就可以分为人群实验和人机组合实验，而人机组合实验又可以区分为以机为主的模拟和以人为主的实验。以机为主的模拟主要是通过计算机技术进行仿真模拟，而以人为主的实验则把计算机作为实验的一个辅助工具，对人或组织的行为进行研究。[1] 这也是社会科学实验室实验开展的一种新的形式。

实地实验的情况则与实验室实验截然相反，由于在真实社会场景中开展，研究者通常无法对社会生活中可能影响因变量的实验背景和变量进行严格的控制，难以独立出自变量的影响，推论因果关系相对较为困

---

〔1〕 参见盛昭瀚等：《社会科学计算实验理论与应用》，上海三联书店2009年版，第59~60页。

难。但相应地,实地实验由于在真实社会情境中开展,其研究结论更易于外推与概化。实地实验中还存在利用并依托自然发生的事件或改变作为干预手段进行的自然实验。

虽然这一分类的标准是实验开展的环境与场所,但更深层次的意义则在于这两种实验的内部效度和外部效度存在很大的差别:实验室实验由于可控性较强而内部效度较高,但外部效度却相对较低;实地实验则内部效度较低而外部效度相对较高。在选择实验研究的具体方式时,实验实施者需要根据实验的具体内容和实验的目的进行相应的选择,虽然实验室实验较高的内部效度和实地实验较高的外部效度很大程度上不可兼得,但却应当在选择实验室实验时考虑下文所述的影响外部效度的因素而尽量提升实验的外部效度,而在选择实地实验时也需要结合实地开展的具体背景尽量减少下文所述的影响内部效度的因素的影响,并适当地进行“控制”。

(三)非盲实验、单盲实验、双盲实验与三盲实验

非盲实验,又称为开放实验(open trial),是指实验实施者和实验对象都知道自己所处组别的实验。非盲实验便于实施,无须对实验进行相应的隐蔽分组设计,通常适用于有非常客观的测量指标的实验。随着社会科学领域实验研究的适用与拓展,研究者逐渐发现非盲实验中存在两方面的偏差:一方面,在实验实施者知道实验对象属于实验组还是控制组的情况下,其对于实验组实验对象更希望取得预期效果的倾向可能影响实验实施,例如,其可能有意或无意地流露出对实验结果的期望从而会间接引导实验对象,而在非随机分配的实验设计中,实验实施者有可能将其认为更可能产生预期效果的实验对象分配至实验组中;另一方面,在实验对象知道自己属于实验组还是控制组的情况下,也可能产生下文所述的影响实验内在效度的霍桑效应(hawthorne effect)、补偿行为(compensatory effect)与安慰剂效果(placebo effect),即实验对象的主观认识与行为干扰因变量的情况。因此,为了避免这些偏差所导致的实验效度降低,逐渐

产生了隐蔽实验分组的盲实验法(blind experiment),其中又可以根据隐蔽实验分组对象的类别区分为单盲实验、双盲实验和三盲实验。

单盲实验(single blind),是指实验实施者知道但实验对象不知道自己所处组别的实验。单盲实验通过对实验对象隐蔽实验分组,能够避免实验对象自身期望方面的偏差,一般适用于实验实施者知道实验的全部信息并且实验实施者不会对实验结果产生偏差影响的情况,因此没有必要向实验实施者隐蔽实验分组。实际开展实验研究的过程中,也存在因各种客观条件限制没有办法向实验实施者隐蔽实验分组的情形。

单盲实验虽然可以避免实验对象对实验结果的影响,但在一些情况下,实验实施者的影响仍然需要通过实验设计予以避免,因此产生了双盲实验(double blind),即实验实施者和实验对象都不知道实验对象所处组别的实验。在双盲实验中,实验的设计和相应的测量可能由研究者来完成,但实验分组则交由对实验目的与具体情况不了解的第三方来进行处理,或者将实验过程中的前测与后测工作也交由对实验目的与具体情况不了解的第三方来进行。这种设计通过不让实验设计者参与实验分组和测量的过程,能够避免研究者的主观认识和个人偏好对实验效度的影响。

在双盲实验的基础上,为了更为全方面地避免研究者的主观倾向对研究结论产生影响,进而产生了三盲实验(triple blind)。三盲实验实际上是双盲实验的进一步拓展,即除了实验对象和实验实施者不知道分组和处理情况外,对实验前测与后测所获得数据进行分析的人员也不知道实验对象的分组情况,这种更为严格的要求能够减少资料分析过程中的偏差,但同时对于实验研究的要求更高,难度也更大。

五、社会科学实验研究的主要设计

实验设计,指的是开展实验研究的具体计划,是如何在一项具体实验中将上文所述的实验的基本要素组织起来并实现实验的基本逻辑的方法。一般来说,实验设计要解决一项实验研究如下几个方面的问题:(1)建立与需要验证的因果关系假设有关的统计假设,即当实验结束后进行统计分析时,某一假设的统计结论出现时即代表假设的因果关系得到验证;(2)确立实验的自变量以及必须得到控制的无关变量;(3)确定实验中需要的实验对象的数量以及通过抽样获得实验对象的方法;(4)确定将实验条件和实验环境分配给实验对象的方法;(5)确定实验中每个实验对象所需要测量和记录的因变量以及如何对因变量进行统计分析的方法。[1] 通常将社会科学实验研究的主要设计区分为真实验设计、准实验设计和前实验设计,每一种设计又包括多种具体的设计。

(一)真实验中的简单设计

真实验中的简单设计具有两个方面的特征:(1)实验组与控制组按照随机分配的方式产生,并且只有一个实验组和一个控制组;(2)只控制一个自变量和观察一个自变量对因变量的影响。真实验简单设计可以进一步区分为实验组控制组前后测设计和实验组控制组后测设计。

1. 实验组控制组前后测设计

这种设计也被称为经典实验设计(classic experimental design)或双组前后测设计。之所以称为经典实验设计,是因为这种实验设计完整具备上文所述的实验研究的自变量与因变量、实验组与控制组和前测与后测三方面要素,是开展实验研究的最传统、最经典的方式,也是其他实验设计演变发展的基础。实验组控制组前后测设计的一般实施步骤包括:(1)将所有的实验对象随机分配到实验组和控制组。(2)随机分配的同时对两个组的实验对象的相应因变量进行第一次测量,即前测(T1,两组测量的结果分别为Y1/Y2)。(3)对实验组给予实验刺激或施加自变量(X),对控制组不施加自变量。(4)施加自变量结束后,根据自变量对因变量产生效果的时间,对实验组与控制组的实验对象的相应因变量同时

---

〔1〕 参见舒华:《心理与教育研究中的多因素实验设计》,北京师范大学出版社1994年版,第2~3页。

进行第二次测量,即后测(T2,两组测量的结果分别为 Y3/Y4)。当然,这种后测的次数还可以根据实验的具体情况多次进行,即在后测之后一段时间再次进行后测。(5)比较两个组前后两次测量结果之间的差别,即得出自变量对因变量的影响。这一实验设计的模式如表 2－1 所示。

表 2－1　实验组控制组前后测设计(经典实验设计)

随机分配	前测(T1)	施加自变量(X)	后测(T2)
实验组	Y1	X	Y3
控制组	Y2	无	Y4

2. 实验组控制组后测设计(posttest-only control design)

这种设计也称为两组无前测设计,这一设计的基本模式是在实验组控制组前后测设计的基础上去掉前测,其余步骤和要素保持不变,如表 2－2 所示。之所以可以不进行前测,是因为如果实验组与控制组是通过随机分配产生的,即意味着分组排除了人为因素,实验组与控制组之间的任何差异都是随机的,而不会导致实验组与控制组之间存在组间差异。易言之,即认为实验组与控制组在实施自变量刺激之前处于相同的水平和条件。“虽然前测作为一个概念深深地植入研究者的脑海……实际上对于真正的实验设计,前测并不真的必不可少。由于心理学的原因,很难放弃这样的念头,即想要‘确切地知道’……在不同的实验处理之前小组的条件是等同的。然而,最能够保证组间不受初始差异影响的方法是随机化。”[1] 另外,如下文所要谈到的影响效度的因素部分所述,前测作为一种测量,本身也可能对实验对象产生影响进而影响后测的准确性,因此在一些研究内容或测量内容较为敏感的实验研究中,也可能因此而省略前测的步骤,而依赖于随机分配保证实验组与控制组保持相同。

---

〔1〕［澳］戴维·德沃斯:《社会研究中的研究设计》,郝大海等译,中国人民大学出版社 2008 年版,第 30 页。

表 2-2　实验组控制组后测设计

随机分配	前测	施加自变量(X)	后测(T1)
实验组	无	X	Y1
控制组	无	无	Y2

在能够推论因果关系的真实验设计中,简单实验设计是相对较为简单,也相对较为基础的实验设计。研究者认为,简单实验设计只考虑一个因变量与自变量的关系,因而操作简单易行,可以检验和建立明确的因果关系。但是,它将现实生活中错综复杂的关系简化为单一的因果关系,就大大降低了实验结论的概括能力和外部效度,因为现实事物往往是"多因多果"的。简单实验设计的另一个缺点是,它将所有的其他影响因素都作为无关变量加以控制和排除,忽视了各种因素间交互作用的效应,因而降低了实验的内部效度。[1]

(二)真实验中的多组设计

在真实验简单设计的基础上,为了更好地控制其他无关变量对自变量的影响,或者为了在一项实验研究中同时对多项自变量进行研究,通常需要在实验中增加更多的组别进行更为复杂的设计,因而逐步探索形成了更为复杂的多组设计。

1. 所罗门三组设计(Solomon three-group design)与所罗门四组设计(Solomon four-group design)

如上所述,前测本身会对实验对象及相应的自变量的后测产生影响,但在实际开展实验的过程中,前测和实验刺激之间还可能产生某种"交互作用效应"(interaction effect),即两者的交互作用所产生另一种外加的影响。[2] 例如,实验对象可能会通过把前测的内容和施加自变量刺激的具体方式结合起来了解到实验的目的和研究者的倾向性认识,进而干扰后测,使对因变量的后测实际上包含了一部分由前测和自变量刺激的交互

〔1〕 参见袁方主编:《社会研究方法教程》,北京大学出版社 1997 年版,第 371 页。
〔2〕 参见风笑天:《社会研究方法》(第 4 版),中国人民大学出版社 2013 年版,第 195 页。

作用所产生的影响。从更为严格控制无关变量与提高实验效度的角度考虑,还需要通过更为复杂的设计控制这种交互作用。一种办法就是在经典实验两组设计的基础上,通过随机分配再增加一组实验对象,这一组的实验对象不进行前测,只施加自变量并进行后测,这种设计由于是理查德·所罗门(Richard Solomon)最早提出的而被称为所罗门三组设计(如表2-3所示)。由于新增加的第二个控制组没有前测,但有实验刺激,因而不存在前测的影响和交互效应,这个组中因变量的所有变化都只能归因于施加自变量这一刺激的影响。通过所罗门三组设计所增加的一个控制组,能够更好地"提纯"自变量对因变量的影响,因而可以更为科学地推论因果关系。

表2-3 所罗门三组设计

随机分配	前测(T1)	施加自变量(X)	后测(T2)
实验组	Y1	X	Y3
控制组1	Y2	无	Y4
控制组2	无	X	Y5

进一步来说,研究者认为,虽然所罗门三组设计已经能够排除前测及交互效应对因变量的影响,但实际上还是存在缺陷:在整个实验过程中,除了自变量的刺激和前测外,还可能存在研究者所不知道的其他外部因素的影响,在控制组1中,除了前测的影响外,前测与后测的差距还有可能是实施实验过程中的其他因素影响的结果,而在控制组2中,除了自变量的刺激之外,也可能存在其他因素的影响。为了进一步排除可能存在的外在因素的影响,所罗门设计了更为复杂的四组实验设计,即在三组设计的基础上,再增加一个控制组,这个控制组既无前测也不施加自变量的刺激,而是只有一个后测。这种设计称为所罗门四组设计(如表2-4所示)。在四组设计所增加的最后一个控制组中,由于既没有前测,也没有施加自变量的刺激,那么后测的结果就只能归因于实验以外的其他因素的影响了。

表2-4　所罗门四组设计

随机分配	前测(T1)	施加自变量(X)	后测(T2)
实验组	Y1	X	Y3
控制组1	Y2	无	Y4
控制组2	无	X	Y5
控制组3	无	无	Y6

所罗门四组设计被认为是单因素(单自变量)实验中最为严谨的实验设计,实际上是经典实验设计和实验组控制组后测设计的组合,即一共将实验对象随机分为四组,其中两组进行经典实验设计,另两组进行实验组控制组后测设计。所罗门三组设计和四组设计虽然较为严谨,但需要更多的实验对象,大幅增加实验成本,因而适用较少。

2. 多因素设计——因子设计

上述所有真实验设计,无论是简单设计还是多组设计,都是用于检验单一自变量(且只存在两种取值,例如"是/否""男/女")与因变量的关系,如果研究者希望在一次实验研究中同时检验多个自变量或者有超过两种取值的自变量对因变量的影响的,则需要通过多因素设计才能实现。多变量带来的一个问题是,不容易区分自变量与因变量之间的关系。无论设立哪一个因素为自变量,都很难创造一个理想的条件,保持其他所有无关变量恒定,以使该自变量与因变量的关系清晰地显示出来,无关变量的混淆往往导致研究误入歧途,给提高研究的可靠性带来极大的困难。由于影响被试的许多种因素之间本来就是相互关联的,因此很难简单地拆分为多个单变量的问题来研究。[1] 实验自变量数量的增加会使实验设计的复杂程度成倍增长,进而在实验环境、样本数量、组别分配等方面提出更高的要求,并因此在实验研究方法论中发展出多因素实验设计的具体方法。一般而言,如果只是希望分别检验多个自变量或一个自变量

〔1〕 参见舒华:《心理与教育研究中的多因素实验设计》,北京师范大学出版社1994年版,第3~4页。

的多个取值对因变量的影响，只需要在经典实验设计的基础上，根据自变量的数量或取值增加相应的实验组的数量就可以（如表 2－5 所示）。

表 2－5 多因素设计

随机分配	前测(T1)	施加自变量(X)	后测(T2)
实验组 1	Y1－1	X1	Y1－2
实验组 2	Y2－1	X2	Y2－2
实验组 3	Y3－1	X3	Y3－2
实验组 n	Yn－1	Xn	Yn－2
控制组	Y－1	无	Y－2

但在实践中，不同自变量在作用于实验对象时存在两种影响因变量的效应：主效应（main effects）和交互作用（interaction effects）。主效应表示的是某一单独的自变量是如何影响因变量的。如果不同自变量与自变量的不同水平相互作用，在每个自变量单独的主效应之外还产生了效应，就出现了交互作用。[1] 简单增加实验组的数量不能同时验证主效应与交互作用，而需要采用专门的因子设计。因子设计（factorial design）也称为因素设计，适用于同时检验几个自变量或自变量的不同取值（水平）的主效应与交互作用的实验研究。为了验证交互作用，因子设计要求将不同自变量组合在一起构成实验组，即对同一组实验对象组合施加自变量。因子设计最简单的形式叫作 2×2 因子设计，即有两个自变量（X1 和 X2），每个自变量只有两个水平（取值 a 和 b）的实验设计。在 2×2 因子设计中，将两个自变量的不同水平排列组合起来形成四种自变量组合，分别作用于随机分配形成的四个实验组（如表 2－6 所示）。不难发现，因子设计中并没有专门的控制组，而是在不同的实验组中互为对照。因子设计的复杂程度和所需要的组别会随着自变量的数量和自变量水平的数量而不断增加，研究者一般采用简单直接的方法来表述自变量的数量与

[1] 参见［美］劳伦斯·纽曼：《理解社会研究——批判性思维的利器》，胡军生、王伟平译，人民邮电出版社 2015 年版，第 199 页。

自变量水平的数量。例如,“2 ×3 ×3 因子设计”表示有三个自变量,第一个自变量有两个水平,第二个自变量有三个水平,第三个自变量也有三个水平,一共会需要 18 个组别。因此,考虑到实际实施中的困难,因子设计也不宜对很多自变量的组合同时进行研究。

表 2 –6　2 ×2 因子设计

随机分配	前测(T1)	施加自变量(X1 和 X2)	后测(T2)
实验组 1	Y1 –1	X1a 和 X2a	Y1 –2
实验组 2	Y2 –1	X1b 和 X2a	Y2 –2
实验组 3	Y3 –1	X1a 和 X2b	Y3 –2
实验组 4	Y4 –1	X1b 和 X2b	Y4 –2

3. 多因素设计——重复测量设计

另一种多因素设计称为重复测量设计。重复测量设计并不像前述的其他实验设计对不同组别施加不同的实验刺激,而是对每个组的所有实验对象都先后给以相同的实验刺激,实验效果也不是以不同组的测量值的差异来显示的,而是通过每个组对不同刺激反应的差异来反映。重复测量实际上是一种轮换的方法,即每个组都先后接受不同的刺激,然后通过综合比较每一组不同测量的平均值就可以检验不同刺激造成的不同差异(如表 2 –7 所示)。重复测量设计的优点是不需要随机抽取实验组和控制组,而只需选取几组实验对象轮流接受实验刺激即可,因此对实验对象的数量要求相对较低,而且可以在一项实验中同时检验几个假设。[1] 但重复测量设计的缺陷同样明显,可能产生干扰自变量对因变量影响的三种效应:一是滞留效应(carry-over effect),即前面的施加自变量的效应有可能滞留到下一次施加自变量;二是潜隐效应(latent effect),即前面的施加自变量的效应有可能激活实验对象原本以前不活跃的效应;三是学习效应(learning effect),即由于实验对象逐步熟悉实验,其反应能力有可

〔1〕 参见袁方主编:《社会研究方法教程》,北京大学出版社 1997 年版,第 377 页。

能逐步得到提高。因此,对于实验刺激易于引起实验对象敏感或产生较大交互作用效应的情况不宜适用重复测量设计。

表 2 –7　重复测量设计

无须随机分配	第一次施加自变量	测量	第二次施加自变量	测量
实验组 1	X1	Y1	X2	Y2
实验组 2	X2	Y3	X1	Y4

4. 多因素设计——拉丁方格设计(latin square design)

拉丁方格设计也被称为拉丁方设计,同样是一种多因素的设计。但是与上述因子设计不同,拉丁方格设计不是为了考察多个自变量与因变量的关系,而是为了考察多个自变量的引入顺序对因变量的影响。在拉丁方格设计中,每个自变量只有一个取值,所有的自变量按照先后顺序进行排列组合,实验组的数目取决于引入的自变量的数量,每一种顺序的自变量组合按照顺序作用于其中一组实验对象后进行测量(如表 2 –8 所示)。拉丁方格设计能够检验引入自变量的顺序是否会对因变量造成不同的影响,但一般无法测量出单个自变量对因变量的单独影响。拉丁方格设计还必须采用随机分配的方法,确保各个实验组具有同质性。

表 2 –8　拉丁方格设计

随机分配	引入自变量(X1/X2/X3)的顺序	测量
实验组 1	X1→X2→X3	Y1
实验组 2	X2→X3→X1	Y2
实验组 3	X3→X1→X2	Y3

(三)准实验设计

准实验设计与真实验设计的主要区别在于准实验的实验组与控制组不是通过随机分配产生的,而是通过配对等非随机方法产生的,或者索性没有控制组而采用多时间段设计,随着时间的变化观察自变量对因变量的效应而得出相应的结论。准实验通常也不进行前测,而是在实施自变量的刺激之后直接进行后测。准实验虽然并不总是能检验或建立因果关系,但能够检验相关关系。[1] 此外,通过准实验研究,在不能对因果关系进行验证的同时,却一般可以对假设的因果关系进行证伪,即如果通过准实验研究发现,施加自变量并未导致因变量发生预期的变化,因而预设的因果关系不能成立。在社会科学实验研究中,由于实验对象和实验环境的特殊性,常常无法严格地控制各种条件开展实验,尤其是真实验设计所要求的随机分配难以满足,因此,虽然准实验设计的程序严格性和效度相对较低,但其在社会科学实验研究领域仍具有非常重要的价值。准实验设计通常包括非同等控制组前后测设计、时间序列设计和多元时间序列设计等。

1. 非同等控制组前后测设计(nonequivalent control group)

非同等控制组前后测设计很类似于经典实验设计,只是实验组与控制组的形成并非采用随机分配的方式产生(如表 2 - 9 所示)。在社会科学领域开展实验研究常常面临随机分配的困难,因而可以通过其他方式来寻找一个与实验组近似的控制组,并且通过前测观察到实验组与控制组在施加自变量之前的差异。如果可以通过相对较为科学的配对等方法确定尽量接近于实验组的控制组,并通过科学的前测明确实验组与控制组之间的差异,也能够在一定程度上弥补非随机分配所导致的效度降低的问题。因此,非同等控制组前后测设计是准实验设计中运用相对较多、效度也相对较高的实验设计。研究实践中常见的有确定另一个班级、机构等群体或另一地点作为控制组,或者选用与实验研究密切相关的若干指标对实验组实验对象进行一一配对来组成控制组。非同等控制组前后测设计还可以用于进行回溯性的实验设计,即在“实验干预”之后通过配对的方式形成实验组和控制组,以更好地测量施加自变量对于因变量的影响。例如,研究者想要了解有孩子是否会促使人们在政治上更加保守,就需要比较有孩子的家庭组(实验组)和没有孩子的家庭组(控制组)的

[1] 参见袁方主编:《社会研究方法教程》,北京大学出版社 1997 年版,第 380 页。

政治保守水平。研究者需收集这些家庭其他方面的信息以进行配对,进而可以对这两个相似的组现在的政治保守水平进行比较,但这并不能保证实验组与控制组现在的这些差异都是因为有了孩子所导致的,还需要进行相应的前测。而为了进行前测,研究者还需要收集这些参与实验的家庭在没有孩子之前、某个较早的时间点的政治观点这种“回溯性”的数据,这实际上是一种虚构的“前测”。[1]

表 2－9 非同等控制组前后测设计

非随机分配	前测(T1)	施加自变量(X)	后测(T2)
实验组	Y1	X	Y3
控制组	Y2	无	Y4

2. 时间序列设计(time-series designs)

时间序列设计是指对同一组实验对象的相应自变量,在一个较长的时间内,在引入自变量之前在多个时间点进行多次前测,并在引入自变量之后也在多个时间点进行多次后测,从而形成一个较长时间序列的测量值,从而在因变量的变化趋势中发现自变量对因变量的影响的实验设计(如表 2－10 所示)。时间序列设计不仅不存在随机分配的控制组,而且也不存在其他方式的控制组,这种实验设计中自变量对因变量的影响是通过较为长期的时间序列的观察所发现的。时间序列设计适用于在较长时间内人们的态度和价值观念的变化等趋势性的研究,以及需要测量的因变量变化较为缓慢的情形,用于检测某一措施、变化对于因变量的影响。需要说明的是,时间序列设计中的前测和后测都应当保证一定的次数并横跨一定的时间段,以保证可以看到施加自变量前后一段时间的变化趋势。

---

〔1〕 参见[澳]戴维·德沃斯:《社会研究中的研究设计》,郝大海等译,中国人民大学出版社 2008 年版,第 52～53 页。

表 2－10　时间序列设计

非随机分配	前测（T1）	前测（T2）	前测（Tn）	施加自变量（X）	后测（Tn+1）	后测（Tn+2）	后测（Tn+n）
实验组	Y1	Y2	Yn	X	Yn+1	Yn+2	Yn+n

3. 多元时间序列设计（multiple time-series designs）

多元时间序列设计则是在时间序列设计的基础上，增加了一个用于对比的未接受自变量刺激的控制组（如表 2－11 所示）。当然，如果研究需要，也可以增加更多的实验组来检测自变量的不同水平或更多的自变量对因变量的影响。

表 2－11　多元时间序列设计

非随机分配	前测 T1	前测 T2	前测 Tn	施加自变量（X）	后测 Tn+1	后测 Tn+2	后测 Tn+n
实验组（E）	E1	E2	En	X	En+1	En+2	En+n
控制组（C）	C1	C2	Cn	无	Cn+1	Cn+2	Cn+n

（四）前实验设计

前实验设计亦被称为非实验设计，其往往只采用了经典实验方案的一部分，在排除无关变量的影响和确立自变量与因变量的因果关系方面缺乏效度，接近于日常生活中的实验，严格来说是具有比较明显缺陷的实验研究方案。前实验设计主要包括不等同组的仅有后测设计、有前后测的单组设计和仅有后测的单组设计。

1. 不等同组的仅有后测设计

不等同组的仅有后测设计也称为静态组间比较方案（static-group comparison），指的是对于非经随机分配所形成的实验组与控制组，只对实验组施加自变量的干预，并通过后测比较实验组与控制组因变量的差异，以观察自变量对因变量影响的实验设计（如表 2－12 所示）。与经典实验设计相比，不等同组的仅有后测设计缺失了两方面的要素：一是实验组与控制组通过随机分配形成相同组；二是前测。这种实验设计的主要缺陷在于无从知道实验组与控制组的因变量在实验前的情况，或许实验组与控制组的因变量上的差异在实验前即已形成，而不是由于施加自变量所导致的。

表 2－12　不等同组的仅有后测设计

非随机分配	前测	施加自变量(X)	后测(T)
实验组	无	X	Y1
控制组	无	无	Y2

2. 有前后测的单组设计(one-group pretest-posttest design)

有前后测的单组设计指的是对于唯一一组实验对象，通过在施加自变量前后分别对因变量进行前测与后测，以观察自变量对因变量影响的实验设计(如表 2－13 所示)。与经典实验相比，有前后测的单组设计缺失了随机分配的控制组。这种实验设计的主要缺陷在于无法确定自变量之外的其他因素是否也可能引起前后测之间的变化。

表 2－13　有前后测的单组设计

名称	前测(T1)	施加自变量(X)	后测(T2)
实验组	Y1	X	Y2

3. 仅有后测的单组设计

仅有后测的单组设计也称为单次研究设计(one-shot case study)，即只有一组实验对象，在接受自变量刺激之后直接接受有关因变量的测量(如表 2－14 所示)。与经典实验设计相比，这种实验设计既没有前测，也没有控制组，无法确定因变量的变化是由自变量所导致的，而不是受其他无关变量的影响所造成的，因而对实验结果的判断只能是估计和粗略的。这种仅有后测的单组设计虽然效度较低，但却适合于一些制度改革或其他突发性因素对人民价值观念或行为方式的影响。例如，在“非典”(SARS)暴发之后，有研究者调查了“非典”暴发这一自变量对于因变量——人们的行为方式的影响，并得出“非典”改变了很多人的行为方式这一结论。[1]

---

〔1〕 参见仇立平：《社会研究方法》(第 2 版)，重庆大学出版社 2015 年版，第 297 页。

表 2-14 仅有后测的单组设计

名称	前测	施加自变量(X)	后测(T)
实验组	无	X	Y1

六、社会科学实验研究科学性的评价标准

社会科学研究一般使用信度与效度两个标准来判断一项研究及其测量的质量。效度(validity)指的是测量的有效度,是指测量工作或测量手段能够准确测出所要测量的变量的程度,所回答的问题是"我所测量的正是我想要测量的东西吗?"社会科学研究中的测量大多为间接测量,很难完全保证测量的内容与被概念化和操作化之后的抽象概念完全吻合,测量标准和方法的选择应当尽量提高测量的效度,使测量的结果能够尽量展现出研究主题的真实状况。信度(reliability)则指测量的可靠性,是指采取同样的方法对同一对象重复进行测量时其所得结果相一致的程度,所回答的问题是"当我采用这种测量方法进行测量时,是否每一次都能得出相同的结果?"社会科学研究中信度虽然只要求对同一类对象的测量得出相似的结果,但测量的具体方法是否科学同样会对测量的信度产生较大的影响,因此需要尽量提升测量方法的科学性。

实验研究的信度在很大程度上取决于前测与后测的具体方法。一般认为,与其他研究方法相比,实验研究的信度较高,尤其是在测量行为对行为类型加以明确的定义以及测量工作的标准化和精确程度较高时,实验的信度也较高。[1] 而真正评价一项社会科学实验研究科学性的标准则是效度,即根据实验发现来推论因变量与自变量的因果关系的正确程度。正如上文所述,不同实验设计所进行的实验研究能达到的效度是存在很大区别的。有的学者通过实验研究的目的对实验研究的效度进行了较为易于理解的解释:实验研究者从事一项实验研究时,他应该同时考虑

〔1〕 参见袁方主编:《社会研究方法教程》,北京大学出版社 1997 年版,第 386 页。

达到两个目的。第一个目的是,他要设法控制实验情境,安排实验变量,控制其他可能发生影响的变量,以肯定因变量的变化确是由自变量的变化而产生;第二个目的是,他企图将实验研究的结果推广应用,希望能对同类现象进行解释、预测和控制。一项实验研究所能达到第一个目的的程度,实际上就是"内部效度",而达到第二个目的的程度,实际上就是"外部效度"。[1] 内部效度与外部效度就是评价社会科学实验研究的基本标准,而在实验开展过程中又存在很多因素会影响实验的内部效度与外部效度,需要对实验的具体方法进行相应的设计以避免这些因素的影响。

(一)内部效度及其影响因素

所谓内部效度(internal validity),也称为内在效度,是指实验内部的准确度。如果一项社会科学实验研究,除了研究者所控制的自变量以外,还有其他的无关变量也会影响因变量的变化,使研究者无法按照预期推论自变量与因变量之间的因果关系,则这项实验设计的内部效度就相对较差,通常也被称为内在无效度(internal invalidity),即实验本身并没有准确地反映实验所要检验的理论假设。事实上,除了自变量以外,所有能影响因变量的事物都可能削弱实验研究的内部效度,而社会现象与社会行为的因果关系较为复杂,影响因素众多,因此需要通过实验具体方法的设计尽可能地排除、减少其他因素的影响。根据研究者的总结,常见的影响内部效度的因素包括:[2]

一是选择偏差(selection bias),即在对实验对象进行分组时存在偏差,导致实验组与控制组之间缺乏相似性与可比性。选择偏差这一因素常常出现在缺少随机分配的实验设计中。

---

〔1〕 参见杨国枢等:《社会及行为科学研究法》(上册),重庆大学出版社 2006 年版,第 136 ~ 137 页。

〔2〕 参见唐盛明:《社会科学研究方法新解》,上海社会科学院出版社 2003 年版,第 46 ~ 50 页;[美]劳伦斯·纽曼:《理解社会研究——批判性思维的利器》,胡军生、王伟平译,人民邮电出版社 2015 年版,第 205 ~ 206 页;瞿海源等:《社会及行为科学研究法(一)·总论与量化研究法》,社会科学文献出版社 2013 年版,第 136 ~ 137 页。

二是无关事件,即在实验开展过程中发生了不可预料的与自变量无关的事件,但却直接影响了因变量,从而影响了实验的结果。无关事件更容易发生在持续时间较长的实验研究中。

三是成熟(maturation),即由于前测与后测之间相隔了一段时间,实验对象由于自身的生物、心理或情感变化与成长导致了因变量的变化。与无关事件是一种外在的变化相比,成熟指的是实验对象内在的变化。这种情况也更容易出现在持续时间较长的实验研究中。

四是测试效应(testing)与测量工具(instrumentation)。除了上文所述的前测对于实验对象和因变量的影响以外,测量工具以及实施测量的人发生的变化也会影响实验的结果。

五是实验对象的流失,通常也称为实验中的死亡(mortality)。社会科学实验研究以人为主要的研究对象,人具有活动性,可以根据自己的意志选择不同的生活地点以及是否接受研究者的测量,这就导致实验对象的流失在社会科学实验研究中成为难以避免的问题,而样本的损耗,尤其是损耗量较大的情况,则会严重影响实验的内在效度。

六是污染(contamination)或处理扩散,即实验组与控制组的实验对象在实验过程中得到了互相交流的机会,尤其是控制组实验对象在交流过程中知悉了实验组施加自变量的情况,从而导致控制组也间接受到了自变量的影响。一般来说,本干扰因素需要通过隔离不同组的实验对象并要求其承诺不向其他人泄露有关实验的信息来进行控制。

七是统计回归(statistical regression)。一般来说,实验研究设计对同一个实验对象进行前后测的话,第一次前测时的极端分数会在第二次后测时出现往平均数方向移动的倾向,也就是变得不那么极端。由于这种变化实际上不是实验施加自变量所导致的,所以需要留意前测的结果是否属于极端情况,如果是的话就有必要对后测结果的改变进行小心的解释。

八是来自实验对象的主观认识与行为。作为有思维的人,实验对象的主观认识与行为可能对实验的内在效度产生影响：一方面，被分配到实验组的实验对象可能会感到自身受到了特殊的对待，因而在实验过程中按照实验的目的来改变自己的日常行为或表现，这种表现通常称为霍桑效应，即本书第一章所述霍桑实验发现的一种效应；另一方面，被分配到控制组的实验对象也可能因为未得到与实验组相同的对待而改变自己的日常行为或表现，这种表现通常被称为补偿行为。这种来自实验对象主观认识与行为的干扰因素通常需要采用上文所述的单盲、双盲或三盲实验，通过向实验对象隐蔽分组来进行控制。此外，实验对象的期望也可能影响实验的内在效度，即实验组实验对象在后测时因变量的变化可能并非来自于施加自变量这一干预本身，而是源自实验对象对于干预效果的期望。这种干扰因素通常称之为安慰剂效果，即在医院实验中，病人常常因为服药而感到病情缓解，即使他们服下的不过是维生素之类的安慰剂。

九是实验者的期望。毫无疑问，实验研究者开展实验研究的目的绝大多数在于验证假设，希望实验结果与理论假设相符。实验设计和实施者在与实验对象的接触时，可能会有意或无意地流露出对实验结果的期望并传递给实验对象，最终可能影响自变量的测量。对于这一方面的因素，通常通过上文所述的双盲实验或三盲实验来进行控制。

(二)外部效度及其影响因素

所谓外部效度(external validity)，也称为外在效度，是指将实验结论外推到实验以外的正确程度。如果某项实验研究的结论只在实验环境里有效或仅适用于实验内部，而不能适用于外部的现实世界，通常称为外部无效度(external invalidity)。一个不具有内部效度的实验研究，自然不具备将结论外推的可能性，因而也不存在是否具有外部效度的问题，但具有内部效度的实验研究，也不必然具有外部效度。虽然实验在限定的范围内开展，但研究者开展实验研究的最终目的是对解释变量之间的因果关系提供普适性的理论，而非仅满足于实验范围之内。正是基于这种强烈的结论外推与概化的倾向，研究者才特别关注实验在特定范围内得出的结论能否“照亮”实验之外的其他角落。“所有实验都有一个根本不足，即该实验是在特定的地点和特定的时刻，由实验设计规定的具体条件下完成的。实验就像探照灯，亮度很高却只能照亮很小的一块地方。”[1]根据研究者的总结，常见的影响实验研究外部效度的因素包括：[2]

一是不具有代表性的实验对象。虽然从理论上来说，随机抽样是使样本具有代表性的最重要手段，因为随机抽样使总体中的每一个元素被选中成为样本的机会在理论上是相同的。但实际上，在实验研究的实际开展过程中，实验对象的选择很难做到随机抽取，有时即使是采用随机抽取和分组的方式，但由于被抽样的研究总体（study population）与实际总体（population）之间存在差异或者研究总体本就不能代表实际总体，即对实验结论进行推论时超越了实验对象的层次，同样会大幅降低实验的外部效度。例如，对于中学生群体进行随机抽样和分组开展实验所得出的结论推论到大学生群体时，其外部效度就会显著降低。

二是实验情境与实验处理过于“人工化”。实验通常在“受控”的情境中开展，控制下的情境以及自变量的引入这一实验处理通常都带有“人工化”成分，尤其是实验室实验更是如此。如果这种受控的“人工化”情境与真实情境差距过大，对实验对象的影响过大，都会严重削弱实验的外部效度。

三是反应性（reactivity），即实验对象意识到自己是研究的一部分从而会做出不同于他们在真实生活情境下的反应，实验室实验尤其如此。事实上，实验室的环境及其区别于真实情境的设置，无处不在地告诉实验对象这是一种“实验”，实验对象在实验过程中的行为很难与真实生活情境下的行为保持一致。上文所述的霍桑效应实际上也是这种反应性的一

---

〔1〕［美］汉斯·采泽尔、戴维·凯：《用数字证明——法律和诉讼中的实证方法》，黄向阳译，中国人民大学出版社2008年版，第9页。

〔2〕参见［美］劳伦斯·纽曼：《理解社会研究——批判性思维的利器》，胡军生、王伟平译，人民邮电出版社2015年版，第208页；杨国枢等：《社会及行为科学研究法》（上册），重庆大学出版社2006年版，第138～139页。

种体现。

（三）内部效度与外部效度的关系

从某种意义上来说，实验研究的内部效度与外部效度具有此消彼长的关系：如果排除其他因素的影响进而对自变量与因变量之间的关系进行精确的测量，就需要对实验情境和自变量的引入进行严格控制，可能导致实验情境的人工化并缺乏代表性，即内部效度高而外部效度低；如果使实验在尽量接近真实的情境下开展，就可能很难控制其他因素的影响，即外部效度高而内部效度低。上文论及的实验室实验与实地实验即在内部效度和外部效度上各有所长。因此，如何根据实验的目的和实际情况在内部效度和外部效度中选择其一作为评价的首要标准，是每一项实验研究都必须予以考虑的问题。一般而言，主要目的在于验证理论假说的实验应当首先确保其内部效度，在内部效度较高并能在实验环境中验证理论假说的情况下再来考虑外部效度，也可以通过在不同情境下多次进行实验来提高其外部效度；而当实验的主要目的在于验证某一改变或方案是否能够产生预期效果并需要尽快将这种改变或方案付诸实施于更大范围时，外部效度则是首要的考虑。当然，在首先确保内部效度或外部效度的基础上，也应当根据实验的具体情况和实际条件来尽量提高另一方面的效度。

七、社会科学实验研究的基本步骤

本部分主要对社会科学实验研究开展的基本步骤作一概述，关于刑事司法改革中实验研究的具体开展将在本书第七章予以详述。社会科学实验研究基本可以分为准备、实施和资料整理总结三个步骤。

在准备阶段，主要需要完成以下几个方面的工作：一是通过查阅相关理论文献进一步明确研究的核心问题和研究的目的。二是形成明确的研究假设，即假设哪一或哪些自变量与哪一或哪些因变量之间存在因果关系需要通过实验进行验证，建立起变量之间的因果关系模型。三是进行实验的设计。实验设计围绕确定的因果关系假设展开,除了要从上述实验设计的基本设计类型中进行选择从而确定一项实验研究的总体框架外,还需要对实验如何开展和如何测量进行一系列的设计,包括但不限于:实验的地点和时间,实验对象的招募和分组方式,自变量的引入方式,测量因变量的具体指标、工具、测量方式和测量人员,等等。在准备阶段,还有可能为了实施阶段的更顺利开展而进行预实验和试测,即在实验的环境下在一个更小的样本中先尝试开展实验。易言之,实验设计就是要按照实验的基本逻辑,配置实验的基本要素,为实验的实施做好全方位的准备,从这一角度来说,实验的设计是实验最为核心的步骤之一。

在实施阶段,需要按照实验的设计开展实验,通常包括以下几个方面的工作:一是选择和分配实验对象,这一方面的工作有的在实验实施前就已经确定,有的则是在实验实施过程中随着实验对象的依次进入而顺序开展的;二是控制实验环境以达到实验设计的要求,避免其他无关变量对因变量的影响;三是施加自变量的刺激,自变量如何具体引入需要根据实验的具体情况来进行相应的设计,即使是同样的自变量也存在不同的引入方式;四是对因变量进行测量,采用问卷、量表和仪器等测量工具对因变量进行前测与后测,同时还应尽量避免测量本身对因变量的影响。

在资料整理总结阶段,通常包括以下两方面的工作:一是整理汇总实验材料,对测量结果进行统计分析,得出实验结果,以检验之前的假设是否成立,并提出理论解释和能否概化的推论;二是撰写实验研究报告,对实验的理论假设、实验的方法和具体开展过程和实验的发现进行系统的整理和展示。

第三章　刑事司法领域实验研究的引入与发展

在社会科学的应用学科中,实验研究在法学中的引入要相对晚于经济学、管理学等学科。在法学的各个分支学科中,刑事司法领域由于与心理学、犯罪学等更早开展实验研究的学科有着更为密切、交叉的关系,属于法学领域尝试实验研究相对较早且相对较为充分的领域。这一点通过观察域外刑事司法实验研究的发展可以得到更为明确的结论。但是,刑事司法属于相对更为封闭和专业的领域,在其中开展实验研究不仅要遵循社会科学实验研究的基本原理,而且需要根据刑事司法的特殊性进行相应的调整,常常受制于刑事司法领域研究对象的特殊性、法律背景的特殊性等因素而难以开展。本章将在概述刑事司法领域中实验研究所面临的特殊背景的基础上,考察刑事司法实验研究在域外的源起与发展,并对我国尚处于起步阶段的刑事司法实验研究的状况进行初步的总结与思考。

一、实验研究与刑事司法

(一)刑事司法的特征:围绕"犯罪"这一核心概念构筑

刑事司法是一个相对较为笼统的概念。一般认为,在现代法治体系中,为了预防、发现、侦查、起诉、审判犯罪以及对已经被确定为实施了犯罪的人施加惩罚并促使其重新回归社会的活动都属于刑事司法活动，参与其中的国家机关都属于国家的刑事司法机关。虽然不同法域和国家的刑事司法制度之间存在差别，但现代刑事司法无疑是围绕着“犯罪”这一由国家法律所确定的核心概念而构筑起来的，通常具有以下几个方面的特征：[1]

第一，刑事司法的基本目的与功能在于处理犯罪和防控犯罪。在犯罪被认为短期内尚不可能被完全消灭的情况下，刑事司法的基本目的与功能包括两个方面：一是如何更为及时、高效、公正、权威地发现并处理已经发生的犯罪，使对犯罪的处理符合公平正义的要求，避免犯罪及其处理对社会造成更大的影响，恢复被犯罪破坏的社会关系；二是控制和防止尚未发生的犯罪以降低犯罪率，既包括一般性的针对潜在对象的犯罪预防，也包括针对已经实施犯罪的人进行特殊预防，防止其再次实施犯罪。

第二，刑事司法活动围绕刑事司法的上述两个方面的基本目的与功能展开，主要包括三种类型的活动：一是通过相应的警务、社区等活动，经由作用于可能实施犯罪的主体和可能发生犯罪的环境来预防犯罪的发生；二是通过刑事诉讼程序来甄别已经发生的犯罪和无辜者，并给予适当的处遇；三是针对被认定为罪犯的人通过刑罚的执行及相关支持活动来实现社会公平正义，并减少犯罪者的再犯。

第三，在处理和防控犯罪的过程中，刑事司法活动的主要参与者包括四种类型：一是国家的刑事司法机关及其具体代表，如法官、检察官、警察、缓刑官等；二是作为相对方的仍处在刑事诉讼程序内的犯罪嫌疑人、被告人以及已经被定罪和执行刑罚的犯罪者；三是直接受到犯罪侵害的被害人；四是其他人员，包括证人、律师、参与法庭审理等刑事司法活动的民众、受到犯罪影响的社区代表等主体。这四类主体在刑事司法活动中

---

[1] 刑事司法的外延与内涵可以从更多方面进行更为精确和多层次的界定，但这并非本书研究的目的，此处的界定主要是为了呈现刑事司法与其他社会科学研究领域存在哪些差异，进而会对实验研究的具体开展产生哪些影响。

有其各自的立场和目的,但同时又通过各种具体活动互相关联。

第四,刑事司法活动开展的“场域”较之其他社会科学领域有其自身的特点:一方面,国家法律界定了刑事司法活动的边界以及刑事司法活动的基本规范和准则,国家刑事司法机关及其具体代表一般不得超越法律规定的边界开展刑事司法活动,亦不能违反刑事司法活动的基本规范和准则,同时国家法律所确定的刑事司法活动的基本规范和准则又必须全面、平等地覆盖适用于所有参与刑事司法活动的主体;另一方面,刑事司法活动开展的具体场景相对更为隐秘和不公开。例如,刑事诉讼过程在公安机关、检察院和法院三个国家机关之间流转,犯罪嫌疑人则可能处于被羁押的状态之中,而监禁的刑罚执行过程则可能更不为普通公众所知晓。

刑事司法围绕“犯罪”这一核心概念而具有的上述四个方面的特征实际上基本划定了刑事司法领域开展实验研究的“空间”:刑事司法领域的实验研究归根结底是为了更好地处理和防控犯罪,而这又与刑事司法改革具有相同的目的;刑事司法领域的实验研究主要围绕或者说需要对接甚至“嵌入”上述刑事司法的三种主要的活动中;实验研究的对象或者参与者是上述刑事司法活动的主要参与者;实验研究同样需要在国家法律确定的刑事司法活动边界之内开展。

(二)刑事司法领域开展实验研究的特殊性

社会科学实验研究所追求的验证因果关系以及所遵循的从形成原因与结果之间的假设,到引入与控制原因(自变量)、系统观察原因引入后的结果(因变量)和排除其他变量的影响,以及在多数实验对象上进行重复的基本逻辑运用于刑事司法领域并无本质区别,但上述刑事司法围绕“犯罪”这一核心概念而具有的特征则会对实验研究的具体开展产生影响,主要包括如下几个方面:

1. 刑事司法领域的实验研究重在检验效果

刑事司法实验研究对因果关系的验证集中体现于对刑事司法政策与实践在处理和防控犯罪方面效果的验证。刑事司法的基本目的是处理与防控犯罪,刑事司法领域中的实验研究在很多情况下也同样围绕着如何更好地实现处理与防控犯罪这一目的而展开,即通过实验研究来验证处理和防控犯罪的手段、措施、方案及相应的改变是否会产生预期的良好效果。例如,通过改变警察巡逻的方式是否有可能降低犯罪率、刑事诉讼程序上的改变能否提高诉讼的效率以及对服刑人员提供相应的教育和支持能否降低他们的再犯率等。在刑事司法领域的实验研究中,自变量(原因)常常表现为对原有处理与防控犯罪措施的完善、修正或引入一种新的措施,而相应的需要系统观察的因变量(结果)则是研究者希望在处理和防控犯罪方面达到的良好效果,如犯罪率或再犯率的下降、刑事诉讼程序效能在某一方面的提高等。换一个角度来说,如果将视野放到刑事司法领域内的实验研究源起与发展历程之中,我们恰恰能发现,作为验证因果关系最佳途径的实验研究,尤其是随机分配的真实验设计,是形塑建立在科学证据基础之上(evidence-based)的刑事司法政策和刑事司法实践的重要基础,刑事司法实验研究的运用与发展在很大程度上改变了刑事司法完全依赖于有关主体的经验和主观判断的状况。“虽然传统和经验常常用于指导刑事司法实践工作者,但是越来越多的学者、实践者以及政策制定者意识到犯罪控制的实践与政策也需要尽可能的科学研究结论的指导。支持基于实证的刑事司法政策,其实也是许多领域里运用科学研究来建立理性的行之有效的实践和政策大趋势的部分体现。”〔1〕有的学者则认为,事实上,刑事司法领域的实验研究的通常目的主要在于评估刑事司法和犯罪控制实践的效果,而不是建立因果关系的定律,虽然这两个方面有些时候是重合的。〔2〕这一点将在下文对域外刑事司法实验研究进行的考察中予以进一步呈现。

另外,刑事司法领域中与实验研究如影随形的另一种研究——“评估

〔1〕 刘建宏主编:《青少年犯罪评估系统回顾研究》,人民出版社2015年版,第10页。

〔2〕 See Peter B. Kraska & W. Lawrence Neuman, *Criminal Justice and Criminology Research Methods*, Pearson Allyn and Bacon, 2008, p. 239.

研究”(evaluation research)也充分说明了刑事司法领域实验研究重在验证处理和防控犯罪方面的效果。评估研究是一种对现有的政策或新的政策方案的一种评价研究,尤其关注于对政策的预期目标是否得以实现的测量。[1] 评估研究虽然并不专门针对实验开展,但一般都认为,如果对于某一刑事司法政策的实施状况采用实验设计的方法,通过实验组与控制组的比较来进行评估,其结论的科学性和说服力均更高,尤其是随机分配的实验设计。虽然仍有一定争议,但是随机分配的受控实验被称为实验研究的“黄金标准”(gold standard),因为随机分配的受控实验可以帮助评估者使评估研究的内在效度最大化,并产生足以信赖的研究发现。[2] 关于评估研究如何具体与实验研究相结合,将在本书第七章予以探讨。因此,通过实验设计进而随后进行评估是验证刑事司法政策与实践在处理和防控犯罪方面效果的绝佳路径,这也充分说明了刑事司法领域的实验研究重在检验刑事司法政策与实践及相应的改变在处理和防控犯罪方面的效果。

2. 刑事司法领域的实验研究主要表现为法律与政策改革导向和理论导向两种类型

如第一章所述,法学领域的实验研究主要呈现为三种导向:司法实务导向、法律与政策改革导向和理论发展导向,而刑事司法领域的实验研究则主要呈现为后两种导向。事实上,鉴于刑事司法的基本目的是处理和防控犯罪,而处理和防控犯罪的刑事司法活动的边界和基本规范又由国家法律所确定,如何来提升处理和防控犯罪的效果无疑需要经由法律与政策改革这一路径。因此,通过实验研究验证某一改革方案与输出的效果之间的关系,进而推动刑事司法的法律与政策改革,是实验研究的一个

[1] See Eugene McLaughlin & John Muncie, *The Sage Dictionary of Criminology* (*3rd edition*), Sage Publication, 2013, p. 164.

[2] Boruch R, Snyder B, DeMoya D., “The importance of randomized field trials”, *Crime & Delinquency*, 46(2), 2000, pp. 156 - 180.

重要导向。实践中,常常表现为在法律或政策进行全方位大范围的改革之前,需要通过小范围与局部的实验研究以及评估研究来验证是否能产生预期效果。这一点与上述刑事司法领域的实验研究重在检验刑事司法政策与实践的改变在处理和防控犯罪方面的效果实际上是一个事物的两个方面。

同时,刑事司法领域中又存在很多理论导向的实验研究,即为了验证或否定某一刑事司法与犯罪学理论。任何理论的提出都需要经由实践的检验,尤其是在刑事司法这种应用性和目的性极强的领域,而实验研究在检验因果关系方面的独特与显著优势无疑使之成为验证理论的最佳方案之一。例如,社会控制理论认为,犯罪预防措施能够通过改善社区环境来实现,这种措施能直接增加罪犯对犯罪风险的感知和减少犯罪利益;社区理论则强调,增强和改善社区条件能起到增强社区自信、社区凝集力和社会控制的作用。如果改善街道照明,作为一种高度可见的信号,能在从物理上改善社会环境的同时增强街区住户对街道管理等有关部门的信任,进而减少犯罪。为了验证上述理论是否成立,很多研究者在不同的地点通过引入改善街道照明状况这一自变量来观察对减少犯罪的效果。[1]

当然,法律与政策改革导向和理论导向的实验研究很多情况下很难绝对区分开,相反,两种导向的实验研究相辅相成:法律与政策改革本身就建立在一定的理论基础上,这一导向的实验研究在验证是否达到预期目标的同时也是在证成或证否理论;在刑事司法领域中,刑事司法与犯罪学的理论绝大多数都是为了达到更好地处理和防控犯罪的目的而服务的,理论导向的实验研究在证成或证否理论的同时也毫无疑问有助于法律与政策的改革。

---

〔1〕 参见 Brandon C. Welsh,David P. Farrington:《改善街道照明状况对减少犯罪的效果》,夏一巍译,载刘建宏:《犯罪干预与预防评估系统回顾研究》,人民出版社 2015 年版,第 183 ~ 203 页。

3. 刑事司法领域的实验研究以实地实验为主

鉴于刑事司法活动开展的特殊场域,刑事司法领域的实验研究以在真实社会场景中进行的实地实验为主,而在实验室内进行的模拟实验的适用范围较为有限。上文所述的三种类型的刑事司法活动实际上也是刑事司法实验研究开展的"活动空间",即刑事司法实验研究应该"嵌入"这三种类型的刑事司法活动中才能实现通过实验研究更好地处理和防控犯罪的目的。而刑事司法参与主体的专业性、特殊性和刑事司法活动开展具体场景的隐秘性和不公开性使之"距离"日常社会生活相对较远,人为模拟出这三种类型的活动十分困难,或者人为模拟出的场景较之真实场景差距较大,这都会使在模拟场景中开展刑事司法实验研究外部效度较低。简单来说,犯罪不会发生在实验室里,或者说实验室的模拟场景很难"制造"出"真实的"犯罪来。因此,刑事司法领域的实验研究以实地实验为主,对于在实验室以外的诸如监狱、法庭和社区这样的真实情境中开展实验研究时,常常也被称为实地试点(trials)。

但是,以实地实验为主并不完全排除在这一领域内开展模拟实验研究的可能性。一般而言,如果实验研究的实验对象更多的是作为普通人的身份而非刑事司法中犯罪嫌疑人或司法人员此类特殊的参与主体,是可以在模拟的情境下开展实验研究的。例如,普通民众作为陪审员参与审判和普通民众作为目击证人参与刑事诉讼等主题都常常采用模拟出相应场景开展实验室实验的方法。由于英美国家陪审团评议过程不得公开,采用模拟的方法收集模拟数据进行模拟实验几乎是研究陪审团评议过程与规则的唯一方法。[1] 刑事司法活动中一些相对公开的领域,如法庭审理以及社区中的犯罪预防等也可以采用模拟实验的方式。而在另一些情境下,由于无法对同一对象或案件适用两次不同的处理措施,因而必须采用模拟的方法。例如,对于同一个案件,由陪审团审理和法官审理是

〔1〕 See Dennis J. Devine et al., "Jury Decision-Making: 45 Years of Empirical Research on Deliberating Groups", *Psychology, public policy, and law*, 2001, 7(3), p. 622.

否会得到不同的结果,理想的实验方案是将案件随机分配给陪审团审理或法官审理,或者一个案件先由陪审团审理后再由法官进行审理,但在真实的刑事司法情境中对一个案件审理两次是不可想象的,将案件随机分配后采用两种审理制度也违反法律适用的平等性,所以只能通过模拟的方式来进行实验。当然,进行模拟实验必然遇到能否保证外部效度的问题。例如,模拟陪审团研究大量招募大学生进行,但真实司法情境中陪审团组成人员中学生仅占很小一部分,从尽量缩小与真实情境的差距出发,在客观条件允许的情况下,研究者应当将招募的实验对象从学生扩展至社区居民,以使模拟参与者尽量接近于真实主体。

4. 随机分配的真实验设计难度较大

刑事司法领域的实验研究中开展随机分配的真实验设计遭遇一系列困难而难度较大,较之其他社会科学领域,准实验设计的重要性得到提升。如本书第二章所述,准实验设计与真实验设计的主要区别在于准实验设计的实验组与控制组不是通过随机分配产生的,而是通过配对等非随机方法产生的,严格来说,只有真实验设计可以推论和验证因果关系。在刑事司法领域的实验研究中,对实验对象的随机分配会遭遇一系列的困难。有的研究者结合自身开展实验研究的经验归纳出在刑事司法领域开展随机分配实验可能遭遇伦理问题、政治障碍和实践操作三大困难。[1] 一般而言,刑事司法领域进行随机分配实验所可能遭遇的最大的困难来自法律适用的平等性和研究伦理的要求。"在社会问题中,受控实验的实质或者形式往往会遭遇各种道德甚至法律障碍,所以其中大部分悬而未决的因果关系很难通过受控实验方法解决。"[2] 简单来说,当把实验对象随机分配到实验组与控制组后,实验组接受新的处理和防控犯罪

〔1〕 David Weisburd, "Randomized Experiments in Criminal Justice Policy: Prospects and Problems", *Crime & Delinquency*, 46(2), 2000, pp. 181 – 193.

〔2〕 [美]汉斯·采泽尔、戴维·凯:《用数字证明——法律和诉讼中的实证方法》,黄向阳译,中国人民大学出版社 2008 年版,第 13 页。

的方法、措施，而控制组实验对象却仅因为被随机分配到控制组而无法适用这一新的方法或措施，是否符合法律平等适用的原则？区分适用的对象究竟应当是按照法律确定的标准，还是按照研究者的随机分配的需要？随机分配是否可能侵犯实验对象的基本权利？〔1〕此外，随机分配还可能遭遇一些实践操作方面的困难。例如，随机分配需要获得刑事司法实务人员的支持与配合，但要求实务人员改变日常操作习惯是一件很困难的事情。有的研究者指出，在法庭研究中进行实验设计是很难的，因为法律工作人员可能不愿采用新的程序进行实验。还有的研究者指出，对预防少年犯罪的方案进行评估时，采用传统的实验组控制组设计几乎是不可能的，因为这会对方案的执行人员产生不必要的压力，甚至会对研究者产生敌意。〔2〕因此，研究者在研究刑事司法的问题时很难对实验组和控制组进行随机的分配，相对而言，准实验设计则是一个更具有可操作性的实验方案。〔3〕

5. 刑事司法领域实验研究的实验对象具有特殊性

社会科学实验研究的实验对象最主要的是具有主观意识和个性特征的人，因而有别于自然科学的实验研究，而在刑事司法实验研究中，实验对象通常是前述四种刑事司法活动的主要参与者，与其他社会科学实验对象相比，他们是更为特殊的"人"，除了具有主观意识和个性特征外，还

---

〔1〕笔者参与的在2012年刑事诉讼法修改之前的刑事和解试点是这一方面的例证。这一试点参考实验研究的设计试图采用按照案号随机分配的方式产生实验组与控制组：将奇数组案件划入实验组，尽量尝试刑事和解（自变量）；将偶数组案件划入控制组，不适用刑事和解。但在试点过程中，控制组案件的当事人也要求适用刑事和解。考虑到仅以案号为标准，会造成适用上的不平等并导致部分案件的当事人无法享受到刑事和解所带来的利益，有违法律面前人人平等的原则，因此最终调整为控制组符合条件的案件如当事人申请也可以适用刑事和解，但这实际上已经改变了随机分配后只在实验组施加自变量的实验设计。参见宋英辉等：《公诉案件刑事和解实证研究》，载《法学研究》2009年第3期。

〔2〕［美］Frank E. Hagan：《犯罪行为研究方法》，刘萃侠等译，中国轻工业出版社2009年版，第72页。

〔3〕Richard D. Hartley（ed.），*Snapshots of Research：Readings in Criminology and Criminal Justice*，Sage Publication，Inc.，2011，p. 183.

具有刑事司法领域的特殊性,而这些特殊性又会对实验研究的具体开展与方法产生影响,其包括但不限于以下几个方面:

首先,在很多刑事司法领域实验研究中,在研究开始时尚不能确定哪些人会成为实验对象,因此无法如同其他社会科学实验研究招募实验对象一样在实验开始前就"圈定"所有的实验对象并进行相应的分组,而是需要"守株待兔"式地等待案件的发生和实验对象的出现,这很大程度上是因为真实司法情境下案件和相关实验对象或实验参与者的出现都是"日积月累"的。例如,要进行一项有关酒驾案件处理程序的实验研究,通常在实验开始前只能确定哪一时间段内的酒驾案件及犯罪嫌疑人被纳入实验成为实验对象。这种实验对象产生的特殊性使得批量分配(batch process)这种常见的随机分配方式不适用,因而产生了滴流分配方式(trickle-process)。批量分配是指一次性对大量研究对象进行组别分配的分配方式,滴流分配是与批量分配相对应的一种随机分配程序。在许多刑事司法领域的研究中,很难一下召集大量研究对象(被试)并一次性完成分组。更常见的情况是今天来一个研究对象,就分到 A 组,明天来一个则分到 B 组,后天来一个又分到 A 组。这种随机分配分组的时间周期特别长,类似于细水长流,因此称为滴流分配。滴流分配的方法会对实施分配的主体以及分配标准的清晰度和明确性等提出更高的要求。在刑事司法领域的实验研究中,两种分配方式都可能适用。例如,在监狱等研究对象相对明确并处于封闭状态的情形下,可以适用批量分配;而在刑事司法程序过程中开展实验研究,则常常需要待案件逐个发生后进行分配,因此更多地需要适用滴流分配。

其次,刑事司法领域的专业性和隐秘性要求实验研究通常必须得到司法人员的支持与配合,有时还需要司法人员深度参与甚至承担起选择实验对象、随机分配和施加自变量的任务,实验本身和实验目的无法对司法人员实现遮蔽,开展单盲或双盲实验较为困难,这无疑会影响实验的内部效度。例如,一项关于家庭暴力的实验研究需要由到达现场的警察根据案件具体情况和实验确定的方案决定某一案件是否纳入实验并将其随机分配到三种处理措施之中,包括非正式的调解、隔离8个小时或立即拘捕。[1] "研究人员与司法人员之间在一些实验研究中合作程度如此之高,以至于这些实验研究都可以被正当地视为一种行动研究(action research)。"[2]要求司法人员支持、配合甚至深度参与实际上对刑事司法领域实验研究的开展提出了更高的要求。研究者需要在司法人员这种"准研究者"理解并支持的情况下才能较好地开展实验,否则可能导致自变量的实施无法贯彻到底、分组混乱、司法人员的主观认识影响实验结果等问题。

最后,被害人、犯罪嫌疑人和罪犯作为实验对象也具有特殊性。如果将被害人作为实验对象,就必须考虑其敏感和易受伤害的特殊性,避免参与研究给其带来额外的伤害有违"参与者无害"的研究伦理原则。例如,在进行有关恢复性司法会谈对被害人的效用的实验研究时,为避免多次测量(对被害情况的多次提起)对被害人造成多次伤害,就必须考虑是否需要在恢复性司法会谈之前对被害人被犯罪伤害的程度进行前测。如果将犯罪嫌疑人、被告人或罪犯作为实验对象,就必须考虑其在刑事司法中属于与国家刑事司法机关相对的弱势一方,其对于是否参与实验研究本身并没有太大的选择权或者不敢不参与,甚至可能存在迎合研究者与办案人员的倾向,因此必须考虑如何在实验过程中保障其自愿性和基本权利,并在可能的情况下考虑如何对其遮蔽实验目的和实验分组开展单盲实验。此外,无论是被害人还是作为被追诉一方的犯罪嫌疑人与罪犯,他们都存在一种倾向:当案件处理完毕或刑罚执行完毕后,都希望能尽快脱离国家刑事司法体系,避免与之产生更多的联系,这就使刑事司法实验研

---

〔1〕 Lawrence W. Sherman and Richard A. Berk, "The Specific Deterrent Effects of Arrest for Domestic Assault", *American Sociological Review* Vol. 49, No. 2, 1984, pp. 261 – 272.

〔2〕 See Peter B. Kraska & W. Lawrence Neuman, *Criminal Justice and Criminology Research Methods*, Pearson Allyn and Bacon, 2008, p. 239.

究的样本存在更大“死亡”(流失)的可能性,因而需要采取相应的措施维持研究人员与实验对象的联系,尤其是需要进行较长时间的跟踪回访的情况。

(三)实验研究与刑事司法改革

如上所述,刑事司法领域的实验研究重在检验刑事司法政策与实践在处理和防控犯罪方面的效果,而法律与政策改革导向的实验研究又是其中非常重要的类型。可以这么认为,在刑事司法领域中,实验研究经由引入某一犯罪处理与防控的政策或措施作为自变量,系统观察和测量作为因变量的相应效果是否产生,并检验二者之间的因果关系,在这一过程中实际上已经实现了对法律改革方案的小范围的事先检验,因而实验研究天生就具有助推刑事司法改革并促使改革方案更为科学可行的属性与功能。而且,鉴于实验的“受控”性质,在不违背伦理或公平正义的前提下,实验研究对于改革方案的事前检验还可以设计更多的备选方案并进行检验。此外,经由实验研究验证和展示法律改革方面的效果,也能为改革本身提供更多的支持与信任。“我们的要点是公众对法律的信任不能再只是指望异想天开的争论和政治运动的诱人力量。用实验方法证明法律的效力可以为这种信任提供更为坚实的基础。在实验观察表明法律的某个方面无效或者有反作用,并对此加以改变的同时,法律自身也会随之得到改进。”〔1〕

具体到我国刑事司法改革的现实语境下,实验研究的意义更为重大。很长一段时间以来,我国的法学研究和法律制度的构建都以法律移植为中心,即以引进西方国家法律制度为主要内容。但问题的关键在于究竟应当采用什么样的移植方式,是“照搬照抄”还是“选择性、修正性引入”?事实上,是“照搬照抄”还是“选择性、修正性引入”不可一概而论,对于某些问题来说,“照搬照抄”可能是正确的,而“选择性、修正性引入”则可能

---

〔1〕[英]C. I. 豪沃思、M. J. 冈恩:《实验立法》,洪戈力译,载《环球法律评论》1986 年第 6 期。

是错误的。[1] 对于某一具体问题，究竟哪种方式更为适宜，需要用事实来检验。实验方法为检验法律移植和法律修改的真实效果提供了一个简便易行的方式，还可以通过不断修正实验方案来尝试、验证该制度引入我国的最佳方案。而对于一些源于我国司法实践的新的制度、措施，也可以首先通过实验的方法检验其在其他地区的真实功效，然后再予以推广甚至上升为国家层面的政策或法律。此外，限定范围的实验还可以避免大规模法律变动带来的风险。总而言之，在刑事司法领域运用实验方法不仅是一种研究方法上的改进，而且对于刑事司法改革的效度也有巨大的推进作用。诚如左卫民教授所指出的，“在未来改革时应注意理性地建构与改革实验建设相结合以形塑真正成熟的刑事诉讼制度”，“应当允许与鼓励在不妨害最为根本的基本法律原则的前提下，允许各主体进行改革之试点，以便发现某改进方案，如何为有效、如何为成功以及如何为改革之最佳途径”。[2]

还需要说明的是，刑事司法改革过程中所进行的试点，虽然也具有事先检验改革方案的功能，但并不能完全等同于实验研究。两者在共享“改变带来效果”的基本逻辑之上还有很多差异，而如何更好地发挥试点在推进刑事司法改革方面的功能，也需要在很多方面借鉴实验研究的基本原理，这也是实验研究之于刑事司法改革的另一个功能。这一内容将在本书第五章“刑事司法改革试点与实验研究的比较与启示”中予以详述。

二、刑事司法实验研究在域外的源起与发展

一门学科的发育状况在很大程度上可以从其运用的研究方法上观察

---

〔1〕 1996年《刑事诉讼法》将起诉案卷的移送方式从“全卷移送”修改为“复印件主义”是一个很好的例子。立法者正是在看到日本等国家的“起诉状一本主义”优势的情况下，“选择性”地部分引入而规定了在开庭前移送主要证据复印件这种做法。事实证明，“复印件主义”脱离中国实际，这种“选择性、修正性引入”是不适当的。

〔2〕 左卫民：《在权利话语与权力技术之间：中国司法的新思路》，法律出版社2002年版，第119页。

到。如同本书第一章所论及的，在域外，经济学、管理学等社会科学借鉴运用自然科学的实验方法已经进行了较长时间的探索并取得了长足的进步，刑事司法领域的实验研究同样源起于域外并进行了八十余年的探索，呈现出各种丰富的实践种类和样态。

(一)初期尝试

与实验经济学、实验管理学等学科都起源于美国一样，美国也是刑事司法领域实验研究的“大本营”和“主战场”。一般认为，犯罪预防和青少年越轨行为的矫治是刑事司法中较早开展实验研究的领域，其中最早开展随机分配实验研究的是在美国马萨诸塞州(Massachusetts)的剑桥市(Cambridge)和萨默维尔市(Somerville)进行的“剑桥萨默维尔青少年研究”(Cambridge-Somerville Youth Study)。这一研究项目由理查德·卡博特(Richard Cabot)于1939年开始，共包括了500多名存在越轨行为(delinquency)的男孩，其中一半被分配到实验组，另一半被分配到控制组。实验组接受专业的医疗、教育及社会救助措施，而控制组则没有采取任何措施。[1] 后续又有研究者对纳入这一实验研究的男孩进行跟踪研究，最终发现实验组实施的干预措施并未取得预期的效果，甚至与控制组相比，实验组的男孩在后续实施了相对更多的犯罪行为。[2] 这项研究被公认为是刑事司法领域最早的随机分配实验研究，也是影响最大的早期实验研究。[3]

应当认为，刑事司法和犯罪学研究者尝试实验研究的目的无疑是借鉴自然科学中更为系统、科学的研究方法以便为刑事司法的政策与实践提供更为扎实、科学的证据，但早期很多实验研究的结论都并不乐观，即

---

〔1〕 See Powers E, Witmer H., *An experiment in the prevention of delinquency*, New York: Columbia University Press, 1951.

〔2〕 McCord J, “A thirty-year follow-up of treatment effects”, *Am Psychol*, 1978, 33(3), pp. 284-289.

〔3〕 Weisburd D, Petrosino A, “Experiments, criminology”. In Kempf-Leonard K (ed) *Encyclopedia of social measurement*. Academic, San Diego, 2004, pp. 877-878.

经过实验研究发现很多的干预措施和方法都并未取得预期的防控犯罪的效果。整个刑事司法领域整体也处于一种"没有什么措施是有用的"(nothing works)的悲观氛围之中,即之前的很多被认为能够有效处理和防控犯罪的措施经过实验研究发现没有实现预期的效果,甚至出现相反的效果。[1] 在这种很多研究都呈现出消极研究结果的情况下,刑事司法领域的实验研究并未出现跨越式的发展,而是经历了初期的相对平稳的发展阶段。大卫·法灵顿(David P. Farrington)教授于1983年对"剑桥萨默维尔青少年研究"之后25年间用英语发表的刑事司法领域的实证研究成果进行了综述,他在100多项刑事司法实证研究中发现了37项实验研究,其中绝大部分的研究结果都未显示出积极的效果:在4项由警察开展的未成年人转处项目的实验研究中,2项研究报告了积极的效果,而另外2项研究的结论则显示这些转处措施呈现出适得其反的效果(backfire effect);6项预防犯罪的干预项目实验研究的结果都不乐观,其中只有1项基于社区开展的干预项目呈现出显著效果,实验组实验对象重新被逮捕的比率远低于控制组;在12项关注为罪犯提供咨询服务的矫正项目实验研究中,只有3项显示干预措施显著降低了重新犯罪率;3项与法院有关的实验研究也只有1项显示出积极效果;12项社区导向的干预措施中也只有1项显示了犯罪率的显著降低。[2]

在实验研究的具体方法上,大卫·法灵顿教授还发现,在犯罪与刑事司法领域实验研究的早期发展阶段,大部分实验研究的设计都相对简单,典型的表现是只有一个自变量,而这个自变量通常也只有两个水平,而且

---

〔1〕 1974年,社会学家罗伯特·马丁森基于对多个帮助罪犯回归社会项目评估的元分析(meta-analysis)发表了一篇影响很大的文章,其结论是并没有明确的证据显示这些回归社会的项目对于重新犯罪率产生了影响。虽然很多学者随后对这一研究结论进行驳斥,但对于改变犯罪者的行为"没有什么措施是有用的"的观点产生了持续性的影响。See Robert Martinson, "What Works? Questions and Answers about Prison Reform", *The Public Interest*, 1974(35), pp. 22-54.

〔2〕 David P. Farrington, "Randomized Experiments on Crime and Justice", *Crime and Justice*, Vol. 4, 1983, pp. 257-308.

这些实验研究都在北美、英国、澳大利亚、新西兰、荷兰以及斯堪的纳维亚国家开展。他还根据已经开展的实验研究中存在的问题进一步归纳提出了实验研究开展过程中自变量和因变量的选择等一系列研究者实际操作中遇到的问题,包括:不清楚自变量即干预措施本身的属性;研究成果对于干预措施本身的介绍不充分导致无法复制实验;干预措施在实验的初期和后期的不同阶段会发生变化,无法保持自变量的始终同一不变;干预措施在不同地点和由不同的人员实施会发生变化;很少有研究者去关注实验中可能存在的"霍桑效应";施加干预措施的司法人员如果特别有热情并且专业可能会导致实验的外部效度降低;保证所有的实验组实验对象都接受干预措施和保证所有的控制组实验对象都不接受干预措施经常是困难的;对于实验对象拒绝接受实验刺激的情况虽然可以通过在随机分配前征求同意的方式进行处理,但一项全部实验对象都是自愿参与的实验研究的结论可能很难概化到真实情境中的全部对象;实验中将干预措施完全隔离开来经常遭遇障碍,如有的负责实施某一干预措施的司法人员也可能被其他干预措施所吸引;很少有实验研究能够真正"制造"出一个不接受任何干预措施的控制组,因而也无法通过实验组与控制组的比较来完整测量干预措施的效果;如果经过实验发现,一项干预措施的效果优于另一项干预措施,但却不能确定采取干预措施和不采取干预措施相比哪种效果更好;控制唯一的自变量其实很困难,因为在刑事司法体系中改变一个因素通常会导致其他因素的改变;在因变量的测量方面,回访的期间长短和开始的时间是非常重要的问题;等等。[1]

(二)与循证犯罪政策运动同步的后续发展

经过初期的发展之后,刑事司法领域实验研究的后续发展,尤其是在美国的发展,其实与一场关于应该提倡什么样的犯罪政策的运动同步展开。力主并推动实验研究方法运用的美国著名犯罪学家劳伦斯·谢尔曼

---

〔1〕 David P. Farrington, "Randomized Experiments on Crime and Justice", *Crime and Justice*, Vol. 4, 1983, pp. 257 – 308.

(Lawrence Sherman)教授认为，长期以来，犯罪防控政策的制定和实施并没有要求将科学证据作为必不可少的基础，许多政策和项目的实际效果都没有经过严格、科学的评估，一直到20世纪90年代中期，大部分实践活动仍然是由传统习惯、个人经验、教科书内容和主观判断所主导。[1]这种形成犯罪防控政策的途径由于缺乏科学的证据作为依据，因而是无效甚至是有害的，前述初期的刑事司法实验研究的结论很多都证明这一点。与此同时，源自循证医学(evidence-based medicine)的循证实践(evidence-based practice)思想开始兴起。循证医学就是“医生严谨、清晰、明智地运用当前最佳的证据来为患者个体进行医疗决策”。循证医学的出现彻底改变了以往“经验医学”的实践方式。它试图摆脱个体经验的偏见，使治疗实践完全基于严格的科学证据的基础之上。循证医学除了提出遵循最佳证据的原则之外，还提出了一种确保人们遵循最佳证据的方法，即将所有的研究证据进行分级，把当前所能得到的级别最高的证据当作治疗的最佳证据。一般而言，随机对照实验研究、系统综述获得的研究证据级别最高；准实验研究、相关研究、病例研究得来的结论级别次之；教科书建议、个人经验、专家意见等级别最低。[2]循证实践很快开始影响很多社会科学的应用学科，如心理学与教育学等，形成了一场循证实践的运动(evidence-based practice movement)。刑事司法领域同样受到循证实践运动的影响，犯罪防控政策需要从之前依赖于传统、感觉、习惯和主观判断转向为依据来自实践的最佳证据，即转向为循证犯罪政策(evidence-based crime policy)。循证犯罪政策的提出从某种程度上可以视为是对罗伯特·马丁森(Robert Martinson)提出的“没有什么措施是有用的”悲观判断的一种回应：帮助复归社会和矫正罪犯的各种干预措施并

---

〔1〕 Sherman, Lawrence W. (1999). "Evidence-based policing", in Ideas in American Policing, Washington, DC: Police Foundation, available at: https://www.policefoundation.org/publication/evidence-based-policing/.，最后访问时间：2019年10月9日。

〔2〕 参见杨文登、叶浩生：《社会科学的三次“科学化”浪潮：从实证研究、社会技术到循证实践》，载《社会科学》2012年第8期。

不是都没有用处,之前的很多干预措施经研究被认为无效,是因为其并非源自于刑事司法实践中的最佳证据,那么如果今后对刑事司法实践进行更为科学的评估研究并产生级别更高的研究证据,是可以发现、识别那些能在处理和防控犯罪方面产生预期或更佳效果的干预措施的,并进而可以形塑科学有效的循证犯罪政策。[1] 因此,随着循证犯罪政策的提出,之前关于“没有什么措施是有用的”的悲观判断需要推进至发现和识别“哪些措施是有用的”(what works)的阶段,确立哪些研究所获得的证据可以作为循证的依据以及严格程度不同的研究所获证据的不同级别。在这一过程中,实验研究,尤其是随机分配实验由于其在推断因果关系方面的独特优势被视为评估研究的“黄金标准”(gold standard)而有更多的用武之地。1998 年,劳伦斯 · 谢尔曼教授和他所在的马里兰大学(University of Maryland)的研究团队向负责资助全美国刑事司法研究的美国国家司法研究所(National Institute of Justice)提交了一份名为《防控犯罪:哪些有效,哪些无效,哪些有希望?》的研究报告。[2] 这份研究报告在对一系列防控犯罪项目的评估研究进行系统梳理和分析的基础上,根据研究方法的科学性与严格程度的不同,主要考虑某项研究控制了其他变量、是否存在测量的错误和数据的统计功效三方面的因素,将所有的研究分为高低不同的五个等级,形成了马里兰科学方法等级表(The Maryland Scale of Scientific Methods,详见表 3 - 1)。同时,这一报告在确定不同研究等级的基础上,根据已有相关研究的等级与研究发现,归纳出判断犯罪防控项目哪些有效、哪些无效、哪些有希望以及哪些尚不清楚的标准。所谓项目有效,是指在真实情境下项目确实能够预防犯罪或降低

---

〔1〕 此外,同样一方面由于在帮助罪犯复归社会方面“没有什么措施是有用的”的悲观判断,美国刑事司法在 20 世纪下半叶也呈现出从强调“复归社会”(rehabilitation)的理念到强调“惩罚”(punishment)理念的转变。从某种意义上来说,循证犯罪政策的提出也是为了应对这种刑事司法整体指导理念的变化,试图重塑复归社会理念在现代刑事司法理念中的指导地位。

〔2〕 Sherman L, Gottfredson D, MacKenzie D, Eck J, Reuter P, Bushway S, *Preventing crime: what works, what doesn't, what's promising: a report to the United States Congress*, Washington, DC: National Institute of Justice, 1997.

犯罪的风险因素，而且这一结论可以外推至类似设置的其他时间或地点，而认定项目有效，必须至少有两项第三及以上等级的研究经过统计显著性检验说明其有效，并且在其他所有的可以获得的研究结论中，认为其有效的应占据多数。认定项目无效，必须至少有两项第三及以上等级的研究经过统计显著性检验说明其无效，并且在其他所有的可以获得的研究证据中，认为其无效的应占据多数。所谓项目有希望，是指基于现有的研究证据而得出的项目有效的确信度较低而无法支持概化的结论，但已经有一些实证的依据来预测将来的研究可能支持这一有效的结论，认定项目有希望，只要有一项第三及以上等级的研究说明其有效，并且在其他所有的可以获得的研究证据中，认为其有效的应占据多数。其他不能归类于上述三类的项目则属于尚不清楚的项目。

表 3－1 马里兰科学方法等级

等级	方法的具体内容
1 **最弱**	在同一个时间点上就犯罪预防项目和对犯罪或犯罪风险因素测量结果进行的相关性研究
2	对犯罪预防项目的效果进行时间序列的清晰观察，或者将接受预防项目干预的实验组与不具有可比性的未接受干预的控制组进行比较
3	在两个或更多的具有可比性（comparable）的组别中进行比较，其中有的组别接受了预防项目干预，有的组别没有接受预防项目干预
4	在具有可比性的多个组别（有的接受干预，有的没有接受干预）中进行比较，并对其他无关变量进行控制或者有证据显示这些组别之间只有细微的差别
5 **最强**	随机分配，并比较具有可比性的实验组与控制组

这种依据研究方法的科学程度对不同研究进行分类的方法，体现了循证犯罪政策对最佳证据的追求，即并非所有的研究在证明某一犯罪干预措施的有效性方面都具有同等的效力，犯罪政策的制定应当追求来自

等级最高的研究的证据。而其中源自随机分配实验研究的证据即属于最高的等级，对于论证某一干预措施是否有效具有最强的效力；其中 2 ~4 等级的研究实际上也属于本书第二章所探讨的准实验设计。因此，经由循证犯罪政策运动，实验研究被视为实现循证犯罪政策的基本途径，其在刑事司法领域中的重要性得到了很大的提升，在很大程度上促进了实验研究适用的扩展。有的研究者认为，在循证犯罪政策运动和劳伦斯·谢尔曼教授等力主实验研究的学者的努力之下，美国国家司法研究所和其他一些联邦拨款的机构开始资助一些较大规模的真实验设计研究，形成了一股新的运用大规模实验研究的浪潮，开始对很多措施的有效性进行研究，包括：对家庭暴力行为的强制逮捕；通过儿童时期的早期干预来预防将来的犯罪；诸如抵制滥用毒品教育项目（D. A. R. E）的毒品教育[1]；犯罪热点（hot spot）以及问题驱动型警务（problem-oriented policing）；未成年人的干预项目；成年人罪犯的复归社会项目；矫正训练营（correctional boot camps）；等等。[2] 随后，一些力主实验研究的学者又于 1999 年在美国犯罪学协会（American Society of Criminology）之下成立了实验犯罪学研究会（Academy of Experimental Criminology），并于 2005 年开始出版《实验犯罪学期刊》（Journal of Experimental Criminology），这些都为刑事司法领域的实验研究提供了进一步发展的平台。[3]

（三）总结与争议

虽然实验研究在刑事司法领域的独特功能和重要价值已经得到公

---

〔1〕 关于抵制滥用毒品教育项目（D. A. R. E）的具体情况可参见[美]格雷格·伯曼、奥布里·福克斯：《失败启示录——刑事司法改革的美国故事》，何挺译，北京大学出版社 2017 年版，第六章。

〔2〕 See Peter B. Kraska & W. Lawrence Neuman, *Criminal Justice and Criminology Research Methods*, Pearson Allyn and Bacon, 2008, p. 239.

〔3〕 David Weisburd, Lorraine Mazerolle & Anthony Petrosino, "The Academy of Experimental Criminology: Advancing Randomized Trials in Crime and Justice", available at: http://www.asc41.com/Criminologist/2007/2007_May-June_Criminologist.pdf.，最后访问时间：2017 年 10 月 11 日。

认,但总体而言,刑事司法领域的实验研究的开展仍然相对偏少,尤其是随机分配实验。“随机分配实验更多的是因为其稀少性而被注意到,而不是因为其在犯罪学研究与实践中的实质重要性。”[1] 大卫·法灵顿(David Farrington)教授也将随机分配实验的适用状况称为“微薄的盛宴”(meager feast)。[2] 当然,围绕实验研究同样也存在一些争议。例如,随机分配实验设计是否是评估研究中的“黄金标准”?[3] 关于随机分配实验与其他实验研究的区别也存在一些争议。例如,有的学者认为,即使是非随机分配的实验研究,如果设计得当,其与随机分配实验之间的差距并不大。[4] 但具体到刑事司法领域,有的研究者通过对大量研究的系统回顾发现,非随机分配设计的实验研究存在过高估计项目效果的很大可能性。[5] 有的研究者还发现,至少在刑事司法评估研究领域,如果评估研究采用相对更为严格的设计(如随机分配实验),就越可能发现干预措施无效,甚至产生适得其反或者有害的效果。[6] 还有的学者认为,实验研究的逻辑是毫无瑕疵的,但实验研究的前提条件在刑事司法领域中很难得到满足。真实情境中的实验研究很难测量干预措施的效果:当研究发现确实有“某个事物”(something)导致效果时,但通常都很难确定

---

〔1〕 David Weisburd, “Randomized Experiments in Criminal Justice Policy: Prospects and Problems”, *Crime & Delinquency*, April 2000, pp. 181 – 193.

〔2〕 David Farrington, “A short history of randomized experiments in criminology: a meager feast”, *Eval Rev* 27(3), 2003, pp. 218 – 227.

〔3〕 例如,刑事司法领域著名的学术刊物“Criminology & Criminal Justice”曾于2010年第1期刊发一系列文章,对劳伦斯·谢尔曼教授等人所提出的将随机分配实验研究视为评估研究的最高标准和“黄金标准”进行争鸣与讨论,很多研究者发表了不同的观点。

〔4〕 Lipsey, Mark W., David B. Wilson, “The efficacy of psychological, educational, and behavioral treatment: Confirmation from meta-analysis”, *American Psychologist*, 1993, p. 48.

〔5〕 David Weisburd, Cynthia Lum & Anthony Petrosino, “Does Research Design Affect Study Outcomes in Criminal Justice”, *The Annals of the American Academy of Political and Social Research* 2001, pp. 578: 50 – 70.

〔6〕 McCord J., “Cures that harm: unanticipated outcomes of crime prevention programs”, *The Annals of the American Academy of Political and Social Science*, 2003, 587(1): 16 – 30.

“这个事物”是什么。[1]

三、中国刑事司法实验研究的初步发展

与域外刑事司法实验研究已经有八十年的发展历史相比,我国刑事司法领域的实验研究仍处于极为初步的发展阶段。除了在法证技术等领域基于其自然科学的本质属性开展实验研究外,刑事实体法、刑事程序法、犯罪学以及刑事司法制度等方面的实验研究至今只有十余年的发展历程,并具有以下几个方面的发展特征。[2]

(一)刑事程序是开展实验研究的重点领域

域外刑事司法实验研究起源并大量集中于犯罪防控与干预等犯罪学领域,而犯罪学领域中基于理论假设的各种犯罪预防和干预手段也非常适宜作为自变量,并通过实验设计来测量相应的犯罪率等因变量,以验证这些犯罪预防和干预手段的实际效果。与此不同的是,我国刑事司法领域中开展实验研究较多的却是刑事程序领域,如关于讯问时录音录像和律师在场的实验、隔离式量刑程序实验和刑事和解实验等。虽然这些实验研究不可避免涉及与犯罪学相关问题,例如,被不起诉或刑事和解分流后犯罪者是否回归社会与重新犯罪的情况即属于犯罪学研究的核心问题之一,但这些实验研究却是由刑事程序法学者推动,其中有些甚至对推动中国刑事诉讼法的修改完善发挥了重要的作用。在犯罪学领域中,除了一些由心理学研究者所主导的对犯罪者通过心理量表测量干预前后变化的实验研究外,由犯罪学研究者主导的并围绕犯罪学核心问题的实验研

---

〔1〕 See Eugene McLaughlin & John Muncie, *The Sage Dictionary of Criminology* (*3rd edition*), Sage Publication, 2013, p. 170.

〔2〕 发表于《法学译丛》1986 年第 6 期的《实验立法》一文可能是 20 世纪 80 年代法学教育与研究重建后发表的第一篇引介域外法学实验研究的文献。参见[英]C. I. 豪沃思、M. J. 冈恩:《实验立法》,洪戈力译,载《法学译丛》1986 年第 6 期。而在中国本土上进行刑事司法领域实验研究并发表研究成果的则迟至 21 世纪初。

究却较为少见。[1] 造成这种现象的原因可能包括以下两个方面：

一方面原因是中国犯罪学整体上实证研究相对匮乏。"刑法学采用的是法学的解释方法，犯罪学采用的是社会的实证方法，更准确地说，刑法学研究犯罪是用法律逻辑的方法，而犯罪学研究犯罪是用社会实际的方法（也可以称为社会学方法）。"[2]犯罪学本就接近于甚至属于社会学，应当更多地运用实证方法进行研究，但在中国却由于长期被归类于"刑法学"之下的三级学科、研究队伍结构不良和缺乏外部支持等原因而丧失其独立属性，并使其运用社会学的实证或经验方法的特征被湮没不显。正如研究者所指出的，中国犯罪学研究成果理论水平低、实践价值不大的整体状况仍无实质性改善的主要原因，正在于实证意识的严重缺乏，而且犯罪学研究对实证方法的认识和把握仍显幼稚。[3] 我国犯罪学研究还存在实证研究方法单一的问题，我国学者提及实证研究就以为是调查研究，通过调查研究对得出的结论夸夸其谈。事实上，实证研究的具体方法有很多，比如观察、实验、调查、比较等。[4] 而实验研究作为实证研究中较为复杂的方法，本就无法在实证研究意识尚未普及、方法尚未得到科学掌握的情况下，在犯罪学领域得以广泛运用。

另一方面原因则在于刑事程序法学者在多种因素的作用下积极尝试实验研究。首先，中国刑事诉讼法采取"宜粗不宜细"的立法方针，对于

---

〔1〕 从某种程度上来说，心理学研究者在刑事司法领域开展的实验研究实际上是将刑事司法领域的特殊对象——犯罪者或被害人等作为实验对象而开展的心理学实验，而实验方法在心理学研究中无疑属于最为重要和最为常见的研究方法。这一方面的研究成果包括：何艳丽、赵山明：《心理剧对未成年违法犯罪人员人际信任干预的研究》，载《中州大学学报》2012 年第 2 期；孙越异、杜文东、袁黎梦：《青年男性在押犯罪嫌疑人大五人格、应对方式的对照研究》，载《中国健康心理学杂志》2008 年第 12 期；刘晓明、陈秀敏、曾天德：《重刑犯悔罪心理干预的实证研究》，载《闽南师范大学学报》（自然科学版）2014 年第 4 期；等等。

〔2〕 王牧：《犯罪学与刑法学的科际界限》，载《中国法学》2004 年第 1 期。

〔3〕 参见张远煌、林德核：《中国犯罪学实证研究匮乏之表现及成因分析》，载《河南公安高等专科学校学报》2010 年第 4 期。

〔4〕 参见刘晓梅：《我国犯罪学实证研究的现状和困境》，载《江苏警官学院学报》2010 年第 1 期。

刑事程序的规定较为原则，为开展实验研究提供了较多的立法空间。[1] 其次，中国《刑事诉讼法》于1996年修订后，在实践中遭遇了一系列问题，法律修改脱离司法实践以至于未达预期目的甚至造成很多新的问题，这促使研究者反思之前主要基于比较和价值判断的研究范式，希望能够在法律的大规模修改之前事先在中国司法实践中检验改革方案的效果。再次，中国持续进行的司法改革和改革过程中惯常运用的“试点”方法为刑事程序和刑事司法制度领域的实验研究提供了相对宽松、积极和鼓励的整体氛围。最后，域外实验研究方法，尤其是通过实验推动司法改革的方法在21世纪初开始影响中国刑事程序法研究者，并恰好切合了中国研究者的上述需求。在福特基金会(The Ford Foundation)的资助下，中国刑事诉讼法领域的一些学者开始和在美国刑事司法改革领域负有盛名的维拉司法研究所进行交流与合作，受到其通过小范围试点及评估推动制度改革方法的影响。事实上，中国政法大学刑事法律研究中心于2004年开始的两个试点项目——在浙江永康开展的未成年人取保候审和酌定不起诉的试点和在四川成都开展的证人出庭作证的试点，都是在福特基金会的资助和维拉司法研究所研究方法的影响下开展的，而这两个试点项目可以被视为我国最早进行的具有部分实验研究因素的刑事司法研究(具体情况及文献见表3-2)。虽然中国刑事诉讼法研究者在之前同样缺乏实证研究方法的训练与实践，实验研究“摸着石头过河”地开展，其科学性与上述域外刑事司法实验研究尚有较大的差距，但这种完全迥异于比较研究和价值研究并能在中国实践中检验改革方案效果的研究方法很快获得了研究者的青睐，一系列刑事程序领域的实验或试点研究得以开展(见表3-2所示)。

---

[1] 关于实验与试点是否具有合法性曾经引起争议与讨论，详见本书第五章第二部分“有关刑事司法改革试点的研究与争议”的讨论。

表 3－2　我国刑事程序法领域初期开展的主要实验研究

实验内容	地点	主持人	呈现实验研究的主要文献
讯问时律师在场、录音、录像	北京市、甘肃省白银市、河南省焦作市	樊崇义教授、顾永忠教授	樊崇义、顾永忠主编:《侦查讯问程序改革实证研究——侦查讯问中律师在场、录音、录像制度试验》,中国人民大学出版社 2007 年版
未成年人取保候审与酌定不起诉	浙江省永康市	宋英辉教授	宋英辉等:《未成年人案件取保候审、酌定不起诉问题的实证研究》,载陈光中主编:《中国司法制度的理论基础专题研究》,北京大学出版社 2005 年版
证人出庭作证	四川省成都市	左卫民教授	左卫民等:《刑事证人出庭作证试点调研报告》,载左卫民等:《中国刑事诉讼运行机制实证研究》,法律出版社 2007 年版
羁押巡视制度	B 省 S 市	陈卫东教授	陈卫东:《羁押场所巡视制度实证研究报告》,载《法学研究》2009 年第 6 期
隔离式量刑程序	安徽省芜湖市	陈卫东教授	陈卫东、程雷:《隔离式量刑程序实验研究报告——以芜湖模式为样本》,载《中国社会科学》2012 年第 9 期
刑事和解	江苏省南京市、无锡市、河北省石家庄市	宋英辉教授	宋英辉等:《公诉案件刑事和解实证研究》,载《法学研究》2009 年第 3 期
辩诉交易	八个基层检察院	张智辉教授	张智辉主编:《简易程序改革研究——辩诉交易制度研究结题报告》,中国检察出版社 2010 年版
青年律师刑事辩护培训与示范	北京、合肥	顾永忠教授	顾永忠等:《青年律师刑事辩护(法律援助)实证研究报告》,载顾永忠主编:《刑事法律援助的中国实践与国际视野:刑事法律援助国际研讨会论文集》,北京大学出版社 2013 年版

观察这些在刑事程序法领域开展的实验研究,可以发现主要具有如下几个方面的特征:第一,问题解决导向突出,即这些刑事程序领域的实验研究发轫于司法改革大背景与解决转型时期实际问题的现实需要,较为关注实验研究解决实际问题的价值,意在为法律改革提供对策和方案。

第二，实验设计方案各有差别，但基本没有完全随机分配的真实验设计，有的采取时间序列设计或配对的方法进行准实验设计，也有的实验研究缺乏比对，实验的内部效度相对较低。第三，由于与司法改革的背景紧密结合和问题解决导向突出，所有这些实验研究都是在真实的司法实践中开展的，全部属于实地实验，研究的外部效度相对较高。

（二）实地实验研究与司法改革试点交叉并行

在法律或政策的大范围颁行之前，先进行局部地域的试点，是我国包括司法领域在内的很多领域推动改革的常用路径。如果从 20 世纪八九十年代开始起算，司法改革已历经三十余年，而其中通过一定地区的试点再行推开已经逐渐成为我国司法改革的典型特征，这一特征在 2013 年十八届三中全会召开后启动的这一轮司法改革中表现得尤为明显。总体而言，我国从 21 世纪初开始的刑事司法领域的实验研究与司法改革试点整体呈现交叉并行的状况，呈现为两种不同的情况：一种情况是研究者选择了符合司法改革方向或精神的制度、机制或程序开展了初步的实验研究，将这种新的制度、机制或程序视为自变量，观察与测量相应因变量的变化，以判断这一新的制度、机制或程序在实践中是否能起到预期的作用，为法律改革或政策调整提供依据。另一种情况则是由实务部门主导进行司法改革试点，并邀请研究者参与，共同按照实务部门拟开展的司法改革试点的内容进行研究设计，研究者更多的是扮演了试点的观察者与评估者，通过事先的设计和事后的评估，在试点的基础上进行研究和评估，从而从一种单纯的试点“进化”为一种具有一定实验研究要素的研究。必须说明的是，在中国的司法改革试点中，如果缺乏对试点过程与结果的评估，无法呈现自变量引入后对因变量的作用，不能满足实验研究的基本逻辑要求，就不能称为一项实验研究。应当说，实验研究与司法改革试点的交叉并行是互补互益的：研究者主导的初步的实验研究借助司法改革试点扩大了影响，并使研究发现与结论有用武之地；司法改革试点借助于参考和引入实验研究的部分要素摆脱了之前的封闭和“自说自话”的状态，科学性有所提升,并使之后大规模的法律改革和政策调整建立在一定的实证数据基础之上。关于刑事司法改革试点的发展以及其与实验研究的异同将在第五章中予以详述。

(三)实证研究具体方法与技术尚未普及

从某种意义上来说,实验研究是实证研究中较为高级甚至最为高级的研究方法。实验研究过程中同样涉及抽样、问卷调查、访谈、观察等其他实证研究中收集数据的方法以及推断统计等数据分析方法。更为重要的是,本书第二章所述的社会科学实验研究的基本原理、实验研究的各种设计以及可能影响实验内部与外部效度的各种因素需要与实验具体开展的环境和条件在深度结合的基础上进行选择适用。因此,实验研究对研究者掌握实证研究方法要求更高。

考察我国法学领域实证研究方法的发展可以发现,受制于传统的思辨研究模式、法科生研究方法训练缺失等原因,实证研究在法学领域同样是一个"新生儿",同样只有十余年的发展历程。通过对中国期刊网(www. cnki. net)的期刊数据库进行相应检索,可以从一个角度观察到我国法学实证研究的发展状况。选定法理与法史、宪法、行政法及地方法制、民商法、刑法、经济法、诉讼法与司法制度和国际法作为学科领域,检索篇名包含"实证研究"的文献可以发现,在2000～2004年,年均仅有4篇文献,而从2005年开始,每年发表的篇名包含"实证研究"的文献数量才开始逐步增长,到2012年达到119篇,篇名包含"实证研究"的文献数量占全部法学文献的比例也逐步增长。可见,抛却具体研究中实证研究方法的科学性不谈,实证研究在法学领域中的"流行"也不过是十余年的时间。

如果具体到刑事司法领域,除了犯罪学研究者较早地开展过一些零星的调查研究以及一些更为随意和常见的"调研"以外,刑事司法领域中实证研究的兴起几乎是与实验研究同步进行的,很多研究者实际上是先接触或开始了实验研究之后再行学习、了解其他更为基础的实证研究方法。易言之,很多开展实验研究的研究者其实是在并未进行相对更为简单的其他种类的实证研究,或者在未曾掌握其他更为基础的实证研究方法的情况下,即在实证研究具体方法与技术尚未普及这一基础上直接开始尝试实验研究的。这种"先高后低"和"研究方法基础不扎实"的状况导致了两方面结果:一方面是由于对实证研究方法的整体把握不足导致实验研究具体方法的科学性不高进而威胁到研究的效度和研究结论的说服力,包括实验对象的选择、自变量的引入、对无关变量的控制、因变量的测量工具与测量方法、数据如何分析以及对研究设计的整体展示等方面都有待提高;另一方面则表现为经过初期的尝试后,刑事司法领域实验研究数量的下降,尤其是在真实司法情境下进行的实地实验。由于在初期的尝试中发现在真实的司法情境中开展实验研究遭遇一系列困难以及在实验研究过程中开始了解其他实证研究方法,很多研究者转而开展其他种类难度相对较低的实证研究,近年来刑事司法领域的实地实验研究总体呈现减少的趋势。

(四)特定领域内尝试随机分配的模拟实验

除了与司法改革试点交叉并行的实地实验研究外,近年来一些研究者也在一些特定的领域内开始尝试一些小样本的模拟实验研究。基于模拟实验可控性较强的特点,这些模拟实验很多采取了随机分配产生实验组和控制组的方法。总结来看,这些模拟实验开展的领域包括:第一,有关证人作证,尤其是目击证人辨认的领域,这一部分实验研究实际上是引入了心理学的相关成果和结论在目击证人作证领域进行验证。[1] 第二,有关公众舆论与民意对于法官裁判的影响,这一部分研究通常采用"真实主体"+"模拟事项"的方式,即由真实的法官对研究者提供的案例进行

---

〔1〕 代表性文献包括莫然、刘婷:《实证视角下我国目击辨认程序中的暗示行为及其规制》,载《中国人民公安大学学报》(社会科学版)2016 年第 3 期;陈晓云:《证人描述能够告诉我们什么——基于模拟实验的分析》,载《证据科学》2016 年第 1 期;陈晓云:《证人描述对辨认结果的影响研究——言语遮蔽抑或言语促进》,载《中国刑警学院学报》2015 年第 1 期。

审判,并适时引入反映公众舆论与民意的材料作为自变量,而将法官的模拟裁决结果以及对相关问题的评价作为因变量。[1] 第三,有关司法裁判过程与结果的研究,这一部分通过"模拟主体"+"模拟事项"的方式,通过其他情境模拟出类似于司法裁判的场景,对司法裁判形成的过程与依据、司法裁判能否实现公正、民众对司法的公信力等问题进行研究。[2] 第四,有关陪审团或公众参与审判的研究,这一部分同样采用"模拟主体"+"模拟事项"的方式,通过招募普通民众模拟审判过程,对陪审团的合议过程与模式、普通民众参与审判的特点等进行了研究。[3]

与上述在司法改革试点过程中进行的实地实验相比,这些模拟实验具有如下特征:第一,理论驱动性相对更为明显,有的实验研究建立在心理学或社会学的理论基础之上,而有些研究则旨在从实验发现和结论来验证甚至归纳出一个具有普遍解释效力的理论;第二,大部分采用随机分配的方法,将招募来的实验对象按照实验的要求分成实验组(有的甚至有多个实验组)与控制组,通过对照分析明确自变量对因变量的影响;第三,基于模拟实验的性质与特征,实验过程的控制性更强,包括实验对象的招募与选择、其他无关因素的控制,自变量引入时间点的控制以及对因变量的测量都基本能够按照研究者的研究需要进行设计与开展;第四,对于数据的收集和分析更为深入和科学,定量数据大多采用了推断统计的方法和统计学上对显著性的检验来比较实验组与控制组的区别;第五,研究成果中对于实验的过程和设计的展示更为充分;第六,研究的领域相对较为

---

〔1〕 代表性文献包括李奋飞:《舆论场内的司法自洽性研究:以李昌奎案的模拟实验分析为介质》,载《中国法学》2016 年第 1 期;陈林林:《公众意见影响法官决策的理论和实验分析》,载《法学研究》2018 年第 1 期。

〔2〕 代表性文献包括孙皓:《司法文牍主义与开庭日——关于刑事办案模式的实验性研究》,载《环球法律评论》2018 年第 2 期;吴旭阳:《"第三方裁判被收买"对司法公正的影响》,载《学术月刊》2015 年第 11 期。

〔3〕 代表性文献包括吴旭阳:《陪审团模式之行为实验比较研究》,载《学术月刊》2017 年第 1 期;李维维等:《法律基本原则与普通公民的量刑决策——来自实验的证据》,载《杭州师范大学学报》(自然科学版)2014 年第 3 期。

狭窄,样本的总体规模也相对较小。

总体而言,由于模拟实验的可控环境以及研究者对于实证研究方法更为深入地掌握,这些模拟实验研究的规范性和科学性相对更高,学科交叉性更强,这在某种程度上也代表着中国刑事司法领域实验研究向多元化和科学化的方向发展。

(五)对实验研究方法论进行了初步的探讨

随着刑事司法领域实验研究的渐次开展,具体实验开展过程中遭遇的一系列问题促使研究者开始尝试从实验研究方法论中寻求解答与支持,并结合中国刑事司法的具体场景思考实验研究的具体方法,进行了一些初步的探讨。有的研究者总结了在中国通过试点与评估推进法律改革的路径与方法,提出了包括立项、实验前调查与文献研究、实验地点的选择、实验方案的制定、实验人员及其培训、实验的运行、实验数据收集、实验效果评估、研究报告和项目推广的一整套流程。[1] 有的研究者参照美国维拉司法研究所的方法对中国刑事司法改革试点项目的经验进行了总结。[2] 有的研究者从宏观上分析了法学研究为什么要进行实验以及如何进行实验。[3] 有的研究者在分析实验研究基本原理的基础上,对在法学领域开展实验研究的局限性以及如何克服进行了初步的分析。[4] 有的研究者指出,中国刑事司法领域的实验研究应当从"问题导向"走向"理论驱动"。[5] 有的研究者则专门对司法改革实验如何开展有效的比

---

〔1〕 参见宋英辉等:《法律实证研究本土化探索》,北京大学出版社 2012 年版;宋英辉、何挺:《刑事司法改革中适用实证研究方法的初步探索》,载崔敏:《刑事诉讼与证据运用》(第 5 卷),中国人民公安大学出版社 2009 年版,第 183 ~ 200 页。

〔2〕 参见郭志媛:《中国经验:以刑事司法改革试点项目为蓝本的考察》,北京大学出版社 2011 年版。

〔3〕 参见朱全景:《法学实验论纲》,载《比较法研究》2013 年第 4 期。

〔4〕 参见何挺:《法律实证研究中的实验方法》,载《国家检察官学院学报》2010 年第 2 期。

〔5〕 参见何挺:《刑事司法实证研究:从"问题导向"到"理论驱动"》,载《中国社会科学报》2014 年 7 月 16 日,第 B1 版。

较进行了分析。[1] 有的研究者还对刑事司法实验研究中涉及的伦理问题进行了探讨。[2] 还有的研究者参考实验研究的各种设计，指出今后的司法改革试点应当参照实验研究进行类型化的设计。[3] 总体而言，这些有关实验研究方法论的探讨仍属初步，这也折射出中国刑事司法实验研究仍然处于极为初步的阶段。缺乏对实验研究方法本身是否科学的充分探讨以及对实验具体方法和过程的忽视，可能导致实验的科学性和效度降低，从而使结论不再建立在扎实科学的数据基础之上。[4] 虽然这些有关实验研究方法论的探讨仍处于起步阶段，但也在一定程度上反映了中国刑事司法实验研究逐步走向更为科学与规范的发展方向。

---

〔1〕 参见宋英辉、向燕：《关于司法改革实验项目中开展有效比较的思考》，载《国家检察官学院学报》2011 年第 1 期。

〔2〕 参见郭云忠：《法律实证研究中的伦理问题——以刑事法为视角》，载《法学研究》2010 年第 6 期。

〔3〕 参见李奋飞：《司法改革的实验方法——以试点方案的类型化设计为研究对象》，载《法学》2017 年第 8 期。

〔4〕 例如，有的研究者在采用模拟实验对公众意见是否影响法官决策进行研究时，在未分实验组与对比组的情况下，用相同的问卷对作为实验对象的法官多次进行测量，实际上导致了第二章所述的"前测"或"测量工具"这种可能在很大程度上影响实验内部效度的因素。参见陈林林：《公众意见影响法官决策的理论和实验分析》，载《法学研究》2018 年第 1 期。还有的研究者在采用模拟实验对舆论是否影响判决结果时，选择了社会影响极大并且已经做出生效裁判的案例作为实验中的案例，这无疑使作为实验对象的法官早已经接受了来自这一案件真实处理结果的"污染"或影响，因而也会大大降低实验的内部效度。参见李奋飞：《舆论场内的司法自洽性研究：以李昌奎案的模拟实验分析为介质》，载《中国法学》2016 年第 1 期。

第四章　刑事司法实验研究的实践种类与样态

在刑事司法领域，实验研究常常被用于检验有关犯罪的政策或法律、对罪犯的干预措施、犯罪预防项目或机构化的流程是否能减少或预防犯罪、降低再犯率或者调和对犯罪的恐惧感。实验研究也可以用于检验某项干预措施在法律的正当程序和司法的外部效果方面是否能产生效果，具体包括区别对待、合法性、工作人员的工作满意度或司法机关的腐败问题等。[1] 在刑事司法领域这一特殊背景之下，社会科学实验研究的各种设计在具体实施中也渐次呈现出不同的样态，本章将以一些域外刑事司法领域的典型实验研究为例，微观展示刑事司法领域实验研究的不同类型与不同设计、自变量的引入与因变量的测量的具体方式以及实验组与控制组等要素在具体实验研究中的表现方式，力图呈现社会科学实验研究基本原理在刑事司法领域中的具体表现与相应调整。[2]

---

〔1〕 Bruinsma G.，Weisburd D.（eds），*Encyclopedia of Criminology and Criminal Justice*，Springer，New York，2014，p. 2288.

〔2〕 需要说明的是，为了更好地展现刑事司法领域实验研究的不同样态，本章从不同角度对实验研究具体案例进行分类介绍，即对每一个实验研究案例的介绍主要围绕其最典型的特征来展开，但该实验研究案例也可能同时属于另一种分类。之所以选择域外刑事司法领域实验研究为例进行微观展示，一方面原因在于我国刑事司法领域实验研究尚处于极为初步的阶段，实验研究的科学性与域外研究相比仍有较大差距；另一方面重要原因在于，与国内研究文献相比，域外研究文献对于研究方法细节与过程的展示较为深入全面，更适宜呈现实验研究各方面要素在操作中的实际状况。

一、随机分配实验研究

如前所述,刑事司法领域内进行随机分配实验难度非常大,但同时随机分配实验作为“黄金标准”,又对研究者具有极大的吸引力,在能够克服客观障碍并适当考虑伦理问题的前提下,还是有很多研究者开展了随机分配的实验研究。力主并积极推动随机分配实验研究的劳伦斯·谢尔曼教授就曾经主持开展了多项刑事司法领域的随机分配实验,其中“会商型”恢复性司法对于刑事案件被害人效果的随机分配实验研究是其中的典型代表。[1]

(一)基本情况

这项有关恢复性司法的研究实际上包括四组随机分配实验。较早的两个随机分配对照实验,是自 1995 年 7 月到 2000 年 6 月在澳大利亚堪培拉(Canberra)进行的,与澳大利亚联邦警察局(Australian Federal Police)合作开展。这两个实验分别为青少年财产犯罪案件(Juvenile Personal Property crime,JPP)随机分配对照实验和青少年暴力犯罪案件(Juvenile Violent Crime,JVC)随机对照实验。这两个实验按照相同的机制运作:所涉罪行符合研究筛选条件、同时承认罪行的被警察拘留者(arrestees)将会被随机进行分配,控制组案件按照常规程序进入法庭审判,实验组案件分流进入一项与被害人及双方亲友共同参与的面对面的恢复性司法协商会谈。另外两项实验则在伦敦举行,开始于 2002 年 7 月,与伦敦警察局(London Metropolitan Police)合作开展,分别是盗窃案件(London Burglary, LOB)随机分配对照实验和抢劫案件(London Robbery,LOR)随机分配对照实验。这些实验所包括的案件都相对更为严重并应由刑事法院(Crown Court)管辖,而且绝大多数参与实验的涉案

---

〔1〕 下文关于这一实验研究的介绍主要参见[英]劳伦斯·谢尔曼等:《“会商型”恢复性司法对于刑事被害人的效用:四个随机分配对照实验的分析》,何挺、刘思佳译,载何挺等编译:《外国刑事司法实证研究》,北京大学出版社 2014 年版,第 1 ~ 33 页。

加害人都在量刑之前被移送羁押场所羁押。加害人当庭认罪后,案件经随机分配被分为两组,进入控制组的案件按照常规方式进入量刑程序,进入实验组的案件则在量刑前参加面对面的恢复性司法协商会谈。就后一种情况而言,量刑法官可以将恢复性司法协商会谈及达成的结果协议纳入考虑量刑的因素范围,将其视为潜在的可缩短刑期的"减轻因素"。

(二)理论背景与研究假设

作为一种迥异于传统司法的全新的理念与实践,恢复性司法在孕育、发展并逐步为大多数人所接受的过程中,一直面对着各种质疑,其中最重要的一点就是,理论上所归纳的恢复性司法在修复社会关系、平复被害人所受伤害和减少加害人重新犯罪等方面的积极效果是否真实存在?如何使恢复性司法建立在实证证据基础之上,使之成为一种循证的犯罪政策正是研究者需要回答的问题。有关恢复性司法效果的理论假设通常包括两个方面:第一项假设是恢复性司法在减少重新犯罪方面比传统司法做得更好;第二项假设是恢复性司法在平复犯罪对被害人造成的伤害方面比传统司法更为成功。总体而言,本项研究主要对其中的第二项假设进行了检验,即通过随机分配实验检验恢复性司法与修复被害人所受伤害的效果之间的因果关系。进一步来说,这一方面的假设又建立在心理学和社会学的两项理论之上。在心理学上,关于"认知行为疗法"(Cognitive Behavioral Therapy)的研究文献表明,被害人可以通过将犯罪这一高压事件的背景和参与人"通常化"(normalizing)来减轻受到的伤害,并降低其通常存在的一种倾向:责备自己在某些方面导致了犯罪发生。从社会学角度来看,一个最新阐释的关于"互动仪式"(interaction ritual)的理论表明,刑事被害人可以通过成功的恢复性司法协商会谈使自己的情感能量和自我认知得到恢复,并使自身对社会群体价值观的认可得到再次肯定。建立在这两项理论之上,本项研究进一步将需要进行验证的假设细化为两个:

假设一:与不涉及恢复性司法的传统司法程序相比,恢复性司法会谈更能产生成功的互动仪式,这种互动仪式能够在加害人与被害人之间培养社会连带关系,并重新确认他们共同的群体道德观。

假设二:被随机分配参与恢复性司法会谈的被害人,与未被分配参与恢复性司法会谈的被害人相比,在未来更能显示出心理方面受益于恢复性司法程序。

这两项需要进行验证的假设各自对应相应的自变量进行检验。同时,由于这四组随机分配的对照实验会依据犯罪类型(暴力犯罪与财产犯罪)、刑事司法程序的运作阶段(审前分流与判决前分流)、会谈举行地点(监狱内或者警局内的私人房间)以及国家的不同(澳大利亚与英国)而有所变化。因此,本研究还对上述假设的进一步推论进行检验:如果会谈本身的方式方法保持一致,即使社会背景和法律背景有所区别,会谈作用于被害人的效果也将保持不变。除此之外,本项研究还检验了不同性别被害人会谈效果区别不大这一假设,因为大多数案件加害人是男性,而被害人则既有男性也有女性。

(三)实验组与控制组的随机分配

为了保证实验组与控制组的随机分配,避免受到其他因素的影响,本项研究采取多种措施予以保障。

首先,采用计算机随机函数(random number function)生成的、较为简单的随机分组方法来将案件分配到预定的区组(block)。每个区组又可以平均地分成实验组和控制组。在堪培拉进行的财产犯罪实验(JPP),从一个包含150个案件的区组开始。之后,这项实验又在其原始序列分布结束时附加了五个额外的区组,每个区组包含10个案件。总共200次的分配方法中共计使用了173次。堪培拉的暴力犯罪实验(JVC)只设计有一个包含100次分配方法的区组,并全部都得到了运用。伦敦的两个实验,都使用了单一的区组,每个区组中包含300个案件的分配方法,尚未全部使用。

其次,在堪培拉和伦敦的实验中,虽然具体操作方法有所差异,但作为办案人员和恢复性司法协调员的警察均不负责进行随机分配,在遇到符合条件的案件时,需要将案件的情况告知研究人员,由研究人员按照计算机随机函数来生成。由于警察或研究人员在深入了解一个案件之前不可能事先知晓如何分配这一案件(对于研究人员来说,如果违反这一规定将被解雇),所以关于是否将案件分配至实验组这一决定的作出,完全独立于将要被分配进行的实验措施。这在很大程度上避免了研究人员和办案人员的主观认识对随机分配的影响。

最后,在本项研究中也不存在开展双盲或单盲实验的可能性。所有的四个实验中,一旦随机分配结束,让警方清楚地知悉哪一个案件属于实验组或控制组是必需的,因为只有如此才能对实验组案件适用恢复性司法协商会谈这一自变量,所以分配结果对警方保密是不可能的。同样,对实验组案件适用恢复性司法会谈,这对包括被害人和加害人在内的所有人来说都是清楚明了的,因为他们都直接参与其中,无法对其隐蔽分组。随机分配的结果对研究团队保密也是不可能的。对于那些需要对加害人和被害人在接受实验措施后的状况与态度进行追踪回访的研究人员来说,为了评估实验措施的影响并进行实验组与控制组之间的比对,也有必要让他们知道随机分组的情况。

(四)自变量与干预措施

实践中,恢复性司法的实践类型繁多,通常包括:被害人换位模式(victim empathy programme)、被害人—加害人和解模式(victim-offender mediation)、会议模式(restorative conferencing)、防范模式(restorative cautioning)、家庭团体会议模式(family group conferencing)和量刑圈模式(sentencing circle)等。[1] 在一项实验研究中,需要对自变量和干预措施始终保持一致,而不能同时适用多种干预措施。本项研究确定的在实验组实施的自变量与干预措施是一种会议模式的"会商型"恢复性司法:由加害人和被害人及作为支持者的他们各自的家庭和朋友参与面对面的会

---

[1] See Shali Tickell and Kate Akester, "Restorative Justice: the Way Ahead", *Criminal Justice Matters*, 2004, pp. 21 – 23.

谈与交流,会谈必须是由经过统一特殊培训且熟悉案情的警官主持,所有参与人都被允许进行圆桌会谈。与此同时,所有控制组完全区别于实验组,他们缺乏在监督之下的被害人与加害人的面对面互动。需要说明的是,在堪培拉开展的实验与在伦敦开展的实验在干预措施即恢复性司法会谈存在一些细微的差别。例如,在堪培拉的实验中,恢复性司法会谈的协调员只是与会谈的参与人通过电话进行简单的交谈;而伦敦实验中的协调员则在会谈前至少与每一位被害人和加害人会面一次,有时见面的次数更多,他们会经常通过多方的电话交流对会谈进行补充;会谈的地点也存在区别,在堪培拉的两个实验中,会谈都在警察局召开;在伦敦的两个实验中,会谈召开地点大多是在羁押场所内。虽然存在一些细微的差别,但四个实验中最重要的因素——恢复性司法会谈的形式、时间安排以及会谈中的互动结构需要高度一致,才能保证自变量与干预措施的统一,并进而能对四个实验的自变量进行比较。在所有的四个实验中,恢复性司法会谈的平均时长为1.5~2小时,在此期间参与人进行圆桌会谈并轮流发言。讨论的议题包括:(1)犯罪发生时究竟发生了什么?(2)究竟给每位受影响的人——被害人、加害人及他们的支持者造成了怎样的后果?(3)现在应该怎么做来修复所造成的伤害?会谈往往涉及极其情绪化的交锋,尤其是犯罪行为涉及暴力行为的情况。协调员经过培训,要妥善处理这些情形,既要允许表达愤怒,同时也要保持足够的礼貌以寻求达成某种解决方案。在会谈的末尾阶段一般会采用达成“结果协议”(Outcome Agreement)的形式,所有参加人都会参与其中。协议通常包括加害人承诺对被害人或社区进行弥补,或者承诺进行自我改造,或者两者兼有。协议的具体内容包括对被害人的金钱赔偿、社区服务(如果加害人未被判处监禁刑)、参与戒毒治疗、文化教育或者其他用于降低再犯罪风险的项目。

(五)因变量的选择与测量

针对上述两个需要验证的假设,本项研究选择了五个因变量来进行验证,其中用于验证假设一的自变量包括两个:加害人是否向被害人道歉与道歉的诚挚性;用于验证假设二的自变量包括三个:被害人对犯罪发生的自责程度、被害人事后对加害人的报复欲望与被害人对加害人的宽恕。除了加害人是否向被害人道歉这一自变量以外,其他自变量均采用李克特量表(Likert-scaled)[1]问题进行测量,具体问题如下:(1)加害人向您道歉了吗?(2)(如果道歉)您觉得这种道歉真诚吗?(3)您会为本次犯罪感到自责或者将责任归咎于自己吗?(伦敦实验的问题)您有时会不会认为如果自己更小心一点或不那么挑衅(provoking),这次犯罪就能被避免?(堪培拉实验的问题)(4)如果您有机会,您会亲自对加害人进行报复性伤害吗?(堪培拉实验的问题)您现在希望能对加害人进行肢体性报复吗?(伦敦实验的问题)。[2]

本项研究并未采用经典实验设计中对因变量进行前测与后测的做法,而是仅仅进行了后测,即在被害人接受实验干预措施(参与面对面的恢复性司法协商会谈)后通过访谈进行测量。之所以未进行前测主要是基于两方面的考虑:一是进行前测可能没有必要。本项研究的四个实验对随机分配进行了严格的设计,采用由专门的研究人员(而非由办理案件的警察)按照随机序列公式进行,保证了随机分配的严格性,基本可以保证实验组与控制组在接受实验刺激之前的可比较性,进而保证后测中发现的两组之间的差异可以归因于自变量的刺激,而不是两组本来就存在的差异所导致的。二是进行前测可能会对实验的效度产生影响并有违“参与者无害”的研究伦理。如果进行前测,就需要使用与后测相同的问题在实验之前了解实验组和控制组的被害人的相关认识,可能导致本书第二章所谈及的测试效应与测量工具这一影响实验效度的因素,同时也

---

〔1〕 李克特量表属于评分加总式量表最常用的一种,是由美国社会心理学家李克特在原有的总加量表基础上改进而成的。该量表由一组陈述组成,每一陈述通常有“非常同意”“同意”“不一定”“不同意”“非常不同意”五种回答,分别记为5、4、3、2、1,相邻两个选项之间的距离是相等的,因此,该量表有时被称为等距量表。每个被调查者的态度总分就是他对各道题的回答所得分数的加总,这一总分可说明他的态度强弱或在这一量表上的不同状态。

〔2〕 对加害人的宽恕这一自变量仅在伦敦实验的控制组中适用,问题是:“你原谅罪犯了吗?”

会多次勾起被害人对于被害的痛苦回忆而对被害人造成伤害，进而违背开展实证研究所应当遵循的“对参与者无害”的原则。各组实验的具体情况详见表 4 –1 所示。

表 4 –1　“会商型”恢复性司法对于刑事案件被害人效果的随机分配实验的基本情况

实验要素	堪培拉青少年暴力犯罪实验（JVC）	堪培拉青少年财产犯罪实验（JPP）	伦敦抢劫犯罪实验（LOR）	伦敦盗窃犯罪实验（LOB）
实验对象的筛选准入标准	加害人年龄 <30 岁，中等严重程度的犯罪，通常被起诉至法院		加害人系成年人，起诉至刑事法院的严重犯罪	
干预手段（自变量）	实验组案件在起诉前分流至恢复性司法会谈并达成协议；控制组案件运用传统司法程序起诉		认罪后量刑前的恢复性司法会谈；控制组没有恢复性司法会谈	
研究假设	进入恢复性司法程序的被害人会在短期内比进入传统司法的被害人恢复得更好			
结果测量指标（因变量）	验证假设一：1. 加害人是否向被害人道歉；2. 被害人认为道歉的诚挚性 验证假设二：3. 被害人对犯罪发生的自责；4. 被害人事后对加害人的报复欲望；5. 被害人对加害人的宽恕			
实验样本量	以统计的功效确定样本数量 目标：300 个案件 结果：100 个案件（$N=100$）	以统计的功效确定样本数量 目标：300 个案件 结果：173 个案件（$N=173$）	以统计的功效确定样本数量 目标：100 个案件 目前中期报告已有 125 个案件（$N=125$）	以统计的功效确定样本数量 目标：100 个案件 目前中期报告已有 216 个案件（$N=216$）
分组方法	警察征得加害人同意后进行分组；对被害人则在达成恢复性司法协议后征得其同意		警察就随机分配征得加害人和被害人同意后进行分组	
随机分配的具体方法	警察全天 24 小时致电当地的研究热线；用于随机分配的密封的信封由研究人员打开，由研究人员决定分配并告知警察		警察致电位于美国的每天持续 11 小时的研究热线；由研究人员根据电脑随机分配程序自动进行分配	

（六）主要研究发现与结论

针对两项假设和五个自变量，本项随机分配实验研究发现：

第一，假设一得到了充分的验证。恢复性司法会谈更能显著地促使加害人向被害人道歉，而被害人也认可这种道歉的真诚性，这也对加害人遵守群体道德观作出了确认。从互动仪式理论上看，堪培拉和伦敦实验的恢复性司法仪式都成功地产生了为被害人所认同的结果——成功地对群体道德观进行了再次的确认，这方面的效果是未进行恢复性司法程序的十倍至一百倍。

第二，假设二并未完全得到验证。首先，道歉的真诚性并不足以使被害人对加害人在很大程度上予以宽恕，支持这一点的数据薄弱很多，而且一致性较低；其次，与控制组的被害人相比，随机分配进行恢复性司法会谈并没有使实验组的被害人显著降低其对导致犯罪的自责程度，这一点在所有的八个检验中都是如此——恢复性司法会谈在这一方面的合计效果（summary effect）为零，这与标准的认知行为疗法的目标与常见结果是矛盾的；最后，被害人对于向加害人暴力报复的欲望通过随机分配进行恢复性司法会谈得以持续、大量地降低，达到显著的差异。

总体而言，本项研究虽然并未完全验证恢复性司法会谈在修复被害人所受伤害两个方面的效果，尤其是未能降低被害人对犯罪发生的自责这一点令人惊讶仍待进一步的研究进行解释，但恢复性司法能产生成功的互动仪式，这种互动仪式能够在加害人与被害人之间培养社会连带关系，重新确认他们共同的群体道德观，并能通过有效降低被害人的报复欲望来降低未来被害人实施犯罪的可能性，这无疑使恢复性司法的实践与政策建立在标准较高的循证证据基础之上，并能为归纳有关被害人对恢复性司法反应的理论添砖加瓦。

二、准实验研究

如本书第二章所述，准实验与随机分配实验的主要区别在于准实验的实验组与控制组不是通过随机分配产生的,而是通过配对等非随机方法产生的,实验组与控制组不能完全视为同等,或者索性没有严格的控制组而采用多时间段设计,随着时间的变化观察自变量对因变量的效应而得出相应的结论。虽然准实验的效度不如随机分配实验,但在刑事司法领域中受制于各种客观条件,准实验的运用更为常见。刑事司法领域开展准实验研究通常采用配对以形成非同等控制组的方法,或者采用多时间段的时间序列设计的方法。

(一)配对形成非同等控制组的准实验研究

一般而言,刑事司法领域通过配对形成非同等控制组的方法包括两种:一是按照实验对象(人或者案件)进行配对,即寻找与实验对象在很多方面(尤其是与实验研究相关的方面)具有相同特征的人或者案件组成控制组;二是按照实验开展的地域或者办案单位进行配对,即寻找与开展实验(实验组)的地域或者办案单位相类似的地域或办案单位,由这些地域或办案单位办理案件中的人或案件组成控制组。当然,按照实验对象进行配对能够更好地确保实验组与控制组在很多特征与指标上尽量保持一致,因而其效度更高。美国维拉司法研究所于 20 世纪 90 年代开展的邻里辩护人(Neighborhood Defender Service)项目即是按照实验对象进行配对的典型代表。[1]

1. 研究背景与目的

美国宪法第六修正案规定了被告人获得律师帮助的权利,而美国最

---

〔1〕 关于邻里辩护人项目的介绍主要参见 Susan Sadd & Randolph Grinc, "The Neighborhood Defender Service of Harlem:Research Results from the First Two Years", available at: https://www.vera.org/publications/the-neighborhood-defender-service-of-harlem-research-results-from-the-first-two-years,最后访问时间:2019 年 10 月 9 日;Michele Sviridoff, Susan Sadd, "Randolph Grinc & Alexander Wright", Developing and Implementing a Community-Based Defense Service: Pilot Operations of the Neighborhood Defender Service of Harlem, available at: https://www.vera.org/publications/developing-and-implementing-a-community-based-defense-service-pilot-operations-of-the-neighborhood-defender-service-of-harlem,最后访问日期:2019 年 10 月 9 日;[美]吉姆·帕森斯等:《试点与改革:完善司法制度的实证研究方法》,郭志媛译,北京大学出版社 2006 年版,第 62 ~ 83、136 ~ 152 页。

高法院对相关案件的裁决也确立了需要向无力聘请律师为其辩护的被告人提供免费辩护服务的义务。在美国的司法实践中,存在各种各样的制度和操作,以帮助被告人获得免费的律师帮助。虽然形式多样,但不论是基于私人律师组织还是基于领薪公设辩护人办公室,这些提供辩护服务的制度和操作中的大多数在实践中都遭到了普遍的批评。一般来说,被告人常常抱怨,与从"真正的律师"那里所能得到的相比,他们得到的法律服务质量很低。而提供辩护服务的律师们则抱怨,过重的案件负担、恶劣的工作条件以及较窄的职能界定都妨碍他们开展工作并耗尽了他们的精力。虽然之前已经有很多研究者对公设辩护人的辩护质量等问题开展了研究,但能否从根本上创设一种区别于现存的公设辩护服务,使之以政府所能接受的代价更好地服务于当事人、社会公众以及司法的利益?基于这一问题,维拉司法研究所选择在美国纽约市曼哈顿北部犯罪较为多发的哈莱姆区(Harlem)开展邻里辩护人服务项目。[1]

邻里辩护人服务也是一种公设辩护服务,但区别于已有的公设辩护机制,围绕三个原则进行设计:一是邻近代理原则,即基于贫穷被告人所居住的某一特定区域而不是他们在某一特定法庭出庭而提供法律援助,邻里辩护人服务的主要办公场所设在邻近社区里。通过代理某一地区的居民,邻里辩护人应该对当地社区更为熟悉,这可以帮助辩护人更早、更全面地调查案件以及更早地接触被告人。二是集体代理原则,即被告人由辩护人小组而不是单个律师来代理,每个小组由一名高级律师(组长)、一名中级律师、一名初级律师、两名社区工作者、一名实习生以及一名行政助理组成,这种小组的工作效率应该比传统的公设辩护人办公室

〔1〕 之所以选择哈莱姆区作为实验地区,主要基于以下三个方面的原因:(1)哈莱姆的地形更便于适当对提供服务的地区进行扩大或缩小;(2)哈莱姆的当地被告人最为集中,哈莱姆的居民在纽约市违法犯罪的案件只有10%是在哈莱姆区之外的地方被起诉的,这样可以降低实验和研究所可能遇到的一些跨区域的工作,提高可行性;(3)住在哈莱姆而在曼哈顿以外被传讯的被告人几乎都在纽约市的布朗克斯(Bronx)区进行,而布朗克斯与曼哈顿都属于同一上诉法庭管辖的区域。

的效率要高。三是以当事人为中心的代理原则,即为刑事案件的当事人提供法律代理,而不考虑案件数量、案件类型或者案件的审判地点。而传统的辩护机构是以案件为中心的:如果一个被告人面临三项在不同法院审理的指控,通常需要三名不同的律师代理。

基于上述这些不同于传统公设辩护服务的设计,邻里辩护人项目希望提高司法公正,保障律师能够更好地了解其当事人与案件并乐于利用这些信息,以帮助被告人获得公正的结果。此外,早期介入、充分准备、当事人的信任以及对当事人社区的了解还会有助于当事人更早地获得审前释放,减少未决羁押;使更多的案件得到迅速解决,减少庭审数量;减少法庭审理的拖延;提升刑罚替代措施的适用等。

2. 自变量与因变量

在本项研究中,自变量毫无疑问是对被告人提供邻里辩护人服务,即通过对试点范围内申请公设辩护的被告人提供邻里辩护这种新型的辩护服务,形成实验组,并最终通过下文所述的配对方式形成控制组,而所有纳入实验组的案件都接受了邻里辩护人服务这种干预。基于上述研究目的以及对邻里辩护人服务可能带来的效果的预期,研究者设计了一系列的因变量,并在配对形成的实验组与控制组之间进行比较,具体包括:(1)法院聆讯阶段(arrangement)被告人被具结释放的案件比例;(2)审前羁押的天数;(3)被驳回或者裁定无罪的案件比例;(4)在被定罪的被告人中,被判处监禁刑的比例;(5)在被判处监禁刑的被告人中,刑期的长短;(6)从聆讯到结案(或者判刑)的出庭次数;等等。

3. 控制组的配对产生

研究者将邻里辩护人服务处理的案件与数据库中所有的在曼哈顿处理的刑事案件进行比较,以确定与其他辩护方式相比,邻里辩护人项目在哪些方面取得了效果。建立在一个统一、强大的曼哈顿刑事审判案件数据库的基础之上,研究者在数据库中采用了九项指标来将实验组中接受邻里辩护人服务的案件与曼哈顿地区的非邻里辩护人案件进行匹配,从而形成可以互相比较的实验组(接受邻里辩护人服务)与控制组(非邻里辩护人服务)。这九项指标包括:(1)性别相同;(2)种族相同;(3)年龄相仿;(4)之前因重罪而被定罪的次数相同;(5)之前因轻罪被定罪的次数相同;(6)其他未决案件的数量相同;(7)曾经因同样严重程度的犯罪指控而被逮捕;(8)曾经因为同一类型的犯罪而被逮捕;(9)曾经因严重程度相同的其他指控而被逮捕。非邻里辩护人服务的被告人必须同时符合这九项指标才能与接受邻里辩护人服务的被告人进行配对。上述九项标准在具体配对时也进行了分类与标准化,例如,年龄分为三类:小于19岁、19~30岁以及大于30岁,凡是属于同一类的即视为年龄相仿;种族则分为黑人、白人、拉丁裔和其他;之前的重罪定罪记录、轻罪定罪记录和其他未决案件的数量都分为没有、一次、两次或两次以上三类。以上配对的规则和标准则是通过反复尝试制定出来的,需要考虑到配对的严格性和配对数量的优化。同时,配对的标准也考虑到相应因变量测量的需求,即从理论上或经验上有可能影响到因变量的指标,应保证实验组与控制组的尽量保持相同或相近,因而将其作为配对的标准之一。

按照上述标准,研究者为每一个邻里辩护人服务处理的案件在那些匹配的案件中随机选取一个作为控制组的对比案件,如果找不到匹配的案件,则相应的邻里辩护人服务处理的案件也将被排除而不被纳入实验组。最终,研究者在1991年的案件中选择了425个邻里辩护人服务的案件和420个与之配对的非邻里辩护人服务的案件,在1992年的案件中选择了306个邻里辩护人服务案件和296个与之配对的非邻里辩护人服务案件,实验组与控制组的样本总数为1447个。[1]

4. 主要研究发现与结论

通过对配对产生的实验组与控制组因变量的测量与比较,研究者发

---

〔1〕 如果与某一邻里辩护人服务案件相匹配的案件已经与另一邻里辩护人服务案件配对了,那么这两个邻里辩护人服务案件都纳入实验组,而与之配对的非邻里辩护人服务案件只纳入控制组一次。这是控制组案件数量少于实验组的原因。

现:首先,辩护类型(邻里辩护或其他辩护)与获得具结释放的可能性之间不存在关联,邻里辩护服务的案件中有41%获得具结释放,非邻里辩护服务的案件中39%获得具结释放,但由于前述邻里辩护的特殊设计,在刑事法院聆讯时,邻里辩护案件中实际上只有其中一半的案件已经由邻里辩护人服务机构正式受理;其次,邻里辩护人服务当事人审前羁押的天数与其他辩护人代理的被告人没有显著区别;再次,邻里辩护案件被告人结案前出庭的次数多于其他辩护案件,且存在较大差异;复次,邻里辩护人服务的律师在为其当事人获得撤销案件或者无罪释放、为有罪当事人获得非监禁刑,或者在刑事法院审结当事人的案件方面并不比其他辩护人更成功;最后,邻里辩护人服务的当事人被判处的刑期比控制组的被告人被判处的刑期短,邻里辩护人服务的当事人一共被判处78153天监禁,非邻里辩护人服务的当事人一共被判处117913天监禁,相差39760天。

(二)时间序列设计与多元时间序列设计准实验研究

1.时间序列设计

一般而言,时间序列设计是指在一个较长的时间内,对某一或某些变量在多个时间点进行测量以判断相应变化趋势的研究设计,也可以适用于非实验研究。在实验研究中,由于关注于自变量与因变量之间的因果关系,需要观察自变量或干预的引入会对相应的因变量产生什么样的效果,时间序列设计通常也被称为中断的时间序列设计(interrupted time-series design),即时间序列因为自变量的引入而在形式上发生了中断,分为干预前的阶段和干预后的阶段。时间序列设计准实验的基本逻辑是在引入干预或自变量的前后对相同因变量进行多次测量,以判断自变量对因变量的影响。虽然时间序列设计在推断自变量与因变量之间因果关系方面在内部效度和外部效度等方面都存在一些缺陷,甚至可能误读因变量变化的真正原因,但由于其可以利用开展实验之前较长时期的数据以及相对较高的可操作性,可以在一些历时性和应用性的研究中适用较多。

例如,美国底特律市(Detroit)于1977年1月1日实施一项有关枪支犯罪的新法律——密歇根重罪枪支法案(Michigan's Felony Firearm Statute),对持枪实施重罪的被告人强制性地增加两年有期徒刑。为了评估这一新的法案对于底特律市持枪实施重罪的控制效果,研究者采用了准实验研究中的时间序列设计进行了评估。研究者收集了新法案实施前后各一段时间内底特律持枪杀人与非持枪杀人、持枪抢劫与非持枪抢劫、持枪伤害与非持枪伤害案件的数量以评估新法案的实施这一自变量对持枪杀人、持枪抢劫与持枪伤害发案量这些因变量的影响。其中对于杀人案件,研究者收集了引入自变量之前的八年(1969~1976年)和引入自变量之后的二年(1977~1978年)的数据,形成了长达十年的时间序列以评估新法案的引入是否会导致持枪杀人案件发案量的下降(如图4-1所示)。[1]

一般而言,时间序列设计需要在较长的期间内进行较多次数的测量,以使研究建立在对较长时间趋势发展的观察基础之上。但与此同时,较长期间内的多次测量也会导致本书第二章所述的可能影响研究内部效度的因素之一——测量工具影响研究的内部效度。一方面,由于测量绵延的期间较长,有可能提高测量工具本身变化的可能性;另一方面,时间序列设计中的数据通常来自于警察、法院、缓刑官等办案部门,而这些部门在较长的时间内收集数据的方式也可能发生一些不可控制的变化。[2]

---

〔1〕 Colin Loftin, Milton Heumann & David McDowall, "Mandatory Sentencing and Firearms Violence: Evaluating an Alternative to Gun Control", *Law & Society Review*, Vol. 17, No. 2, 1983, pp. 287-318.

〔2〕 Micheal G. Maxfield & Earl R. Babbie, *Research Methods for Criminal Justicie and Criminology*(*international edition*), Wadworth Cengage Learning, 2011, p. 208.

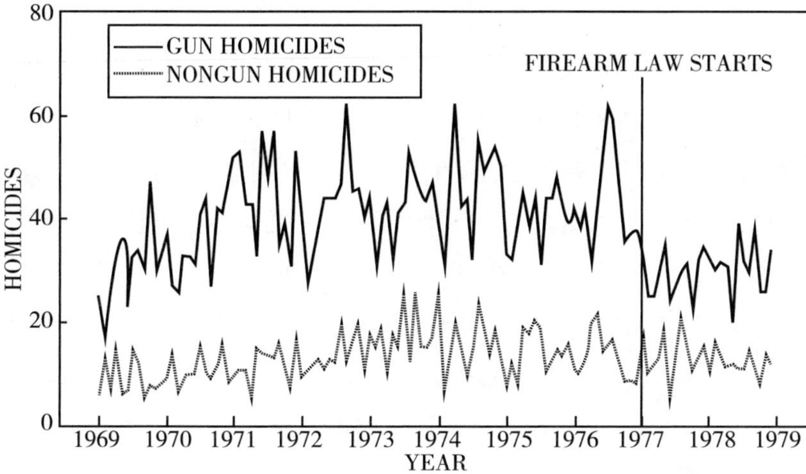

图 4-1　底特律市杀人案件数量十年变化情况

2. 多元时间序列设计

时间序列设计在推断因果关系的内在效度方面存在较大的问题，无法确定实验或试点地区因变量的变化究竟是否系引入自变量所致，还是存在其他的影响因素，或者即使不引入自变量，因变量的变化趋势也会同样如此。因此，在时间序列设计的基础上，为了更好地进行对比，又进一步发展形成了多元时间序列设计，即在时间序列设计对实验组（通常是某一地区或某一部门办理的案件）的因变量进行长期观察的基础上，增加一个或多个非随机分配也非同等的控制组（通常是具有一定相似性的另一地区或另一办案部门），在不引入干预或自变量的情况下，同样对控制组的因变量进行长期的观察，以通过实验组与控制组的比较更好地体现出自变量对因变量的影响。事实上，从提升实验研究的内部效度来说，纯粹的时间序列设计在实验研究中已经很少运用，更多的则是采用多元时间序列设计，尤其是选择另外一些未引入干预但可以对因变量进行测量的其他地区或办案部门。例如，美国康涅狄格州（Connecticut）1955 年对超速行驶的行为开始进行制裁，结果由于交通事故造成的死亡人数下降，而邻近的未实行此法案的州的交通死亡人数却没有减少。[1] 大量的犯罪防控的干预实验研究,包括改善街道照明状况是否可以减少犯罪发生、开展邻里守望项目(Neighborhood Watch)是否可以减少犯罪发生、增加闭路电视监控是否可以减少犯罪发生等都大量采用多元时间序列设计,即在改善街道照明、开展邻里守望和增加闭路电视监控的地区之外另行选择未进行干预的地区作为对比,选择相同的时间序列对犯罪发生情况等因变量进行测量和比较。有的多元时间序列设计实验还采取将引入干预措施的小范围地域与包括引入干预措施的小范围地域在内的大地域进行比较的方法。例如,研究者对美国辛辛那提市(Cincinnati)的学院山地区(College Hill)进行了邻里守望的实验和评估,评估使用警方记录的犯罪数据,将学院山地区实验前后一年的盗窃率与整个辛辛那提市进行比较,发现开展实验的学院山地区盗窃率下降11%,而整个辛辛那提市的盗窃率只下降2%,因此,研究者认为学院山地区实施邻里守望措施期间的犯罪率有所降低。[2]

3. 对时间序列设计研究发现的审思

无论是时间序列设计还是多元时间序列设计,研究者通过干预前后因变量的变化可以发现在引入自变量和干预措施后所可能出现的变化。如果变化符合研究者的预期并且在数据分析上达到显著的程度,是否就可以推断出自变量(干预措施)与因变量之间的因果关系了呢?答案是否定的。一方面,即使是多元时间序列设计也并非随机分配实验组与控制组,无法将实验组与控制组视为同一;另一方面,研究者通过时间序列设计可以发现变化,但这只能说明因变量的变化确实产生了,即使是多元时间序列设计增加比较后,也无法就此推断这些变化完全就是由于引入

---

〔1〕［美］Frank E. Hagan:《犯罪行为研究方法》,刘萃侠等译,中国轻工业出版社2009年版,第68页。

〔2〕参见刘建宏主编:《犯罪干预与预防评估系统回顾研究》,人民出版社2015年版,第155页。

干预措施所导致的,因为仍然可能存在一些未知或未曾体现出来的因素影响变化的产生。这一方面有很多研究的例子。在一项研究中,研究者在一个专司盗窃案件侦办的特殊机构成立(干预措施)后没多久就立刻发现了盗窃犯罪的数量大幅下降。这种迅速的变化与研究者的认识存在差异,因为一般来说,即使设立专司侦办盗窃犯罪的机构能够降低盗窃案件的数量,但通常这种效果也需要一段时间才能显示出来。研究者进一步深入研究后发现,真正导致盗窃犯罪数量"下降"的原因是警察记录数据的方式发生了变化,没有证据显示,实际上盗窃犯罪的数量有所下降。[1] 上述有关密歇根重罪枪支法案的研究,虽然从数据上来看,持枪杀人案件数量发生了一些变化,但研究者也同样不认为密歇根重罪枪支法案在减少持枪犯罪方面的目的已经实现。[2]

因此,对于时间序列设计研究的发现应当进行多方面的审思:首先,需要考虑办案机关收集和提供数据的方式在较长的时间段内是否存在变化;其次,如果不引入干预措施,相应因变量本身的变化趋势如何;再次,测量工具本身是否存在变化的可能性;最后,对于因变量的变化是否可能存在其他的替代原因。对于上述问题,都需要结合不同来源的各种数据进行判断,而不能仅仅根据实验中获得的不同时间段的变化数据简单得出结论甚至推断因果关系。有的研究在这一方面提供了可资参考的范例。研究者通过对官方数据的分析发现,美国对未成年人的性虐待犯罪数量在 1990 年至 2004 年期间发生了大幅的下降,降幅达到 49% 。虽然对儿童的虐待在 20 世纪 90 年代成为社会关注的热点,但研究者仍然对这种大幅下降存有怀疑,担心是其他的原因导致官方数据的大幅下降,而

---

〔1〕 See Richard McCleary, Barbara C. Nienstedt & James M. Erven, "Uniform Crime Reports as Organizational Outcomes: Three Time Series Experiments", *Social Problems*, Volume 29, Issue 4, 1982, pp. 361 – 372.

〔2〕 See Colin Loftin, Milton Heumann & David McDowall, "Mandatory Sentencing and Firearms Violence: Evaluating an Alternative to Gun Control", *Law & Society Review*, Vol. 17, No. 2, 1983, pp. 287 – 318.

非性虐待儿童的犯罪实际上大幅下降。是否可能是对性虐待犯罪的界定或官方数据的收集程序发生了变化？是否侦查人员对性虐待儿童案件采用了更为严格的筛选程序？是否性虐待儿童犯罪的报案率下降了？研究者通过对不同州的不同来源的数据进行深入比对，最终得出了结论：官方数据中性虐待儿童犯罪数量的下降确实有一部分是真实的下降。[1]

三、模拟实验与实验室实验研究

无论是被称为模拟实验还是实验室实验，这一类实验研究的本质特点在于其开展情境不完全等同于真实情境，而具有人为模拟的成分。如上所述，刑事司法领域的实验研究以实地实验为主，但并不排除模拟实验的运用，甚至在特定领域必须开展模拟实验研究。根据一项实验研究中人为模拟成分的多少，可以进一步将模拟实验分为三类：一是“真实主体”+“模拟事项”，即由真实的刑事司法参与者处理模拟出来的刑事司法事项而开展的模拟实验；二是“模拟主体”+“真实事项”，即由模拟出来的刑事司法参与者处理真实的刑事司法事项而开展的模拟实验；三是“模拟主体”+“模拟事项”，即主体和事项都系模拟的实验研究。一般而言，模拟实验研究的外部效度，在很大程度上取决于模拟的情境与其所代表的真实情境之间的差距，差距越小则外部效度越高。上述三类模拟实验中，前两种由于具有一半的真实因素，其与真实情境之间的差距通常要小于第三种模拟实验。而且，即使是同一种模拟研究，也应当在具体细节上尽量缩小其与真实情境之间的差距。

（一）“真实主体”+“模拟事项”的模拟实验研究

德国著名刑事法学者贝恩德·许乃曼（Bernd Schünemann）教授所开展的一项关于案卷信息是否可能导致法官偏见的模拟实验研究即属于“真实主体”+“模拟事项”的模拟实验，而且这项研究是利用计算机技术

---

〔1〕 David Finkelhor & Lisa Jones, "Why Have Child Maltreatment and Child Victimization Declined?" *Journal of Social Issues*, Vol. 62, No. 4, 2006, pp. 685 – 716.

来模拟刑事司法中的情境。[1] 本项实验研究的目的在于通过模拟出近似于德国刑事诉讼程序的场景,来研究法官事先了解案卷信息以及在法庭审理中有机会主动询问证人是否会对案件的最终裁判造成影响。在本项研究之前,没有一项实验营造出了近似德国刑事诉讼程序的场景,即做决定的法官能以积极方式对程序进行干预。之前实验的参与者(实验对象)也多次强调实验场景让他们有不真实感,不符合他们作为法官的实践,因为他们被要求仅根据案卷材料做出最终决定,而不能通过亲自提问来补足在他们看来存在漏洞的证人证言。因此,本项研究采用计算机模拟的方法,一方面在实验对象"知道案卷信息"之外再营造一个"不知道案卷信息"的情境,同时还能够通过人机互动的方式给予实验对象主动干预程序(询问证人)的机会。从这一方面来说,本项研究充分体现了模拟实验在补足真实情境无法满足实验所需场景方面的功能。

本项实验的实验对象是刑事司法领域的真实主体,一共 58 位刑事法官和检察官参与了此项研究(其中刑事法官 35 人,检察官 23 人),他们被随机分配了不同的实验条件。此项研究主要在位于特里尔(Trier)的德国司法学院中进行,所以参与实验的法官和检察官来自整个联邦。与此同时,本项实验的具体内容则是一种模拟事项:需要实验对象做出判断的案件以计算机信息的形式呈现出来,试图模拟和代替法官在真实情境中获取案卷信息和询问证人的过程。当然,为了使模拟事项更为接近于真实情境,模拟的案例源自 20 世纪 70 年代末慕尼黑区法院审理的一个真实案件。被告是一个律师,因涉嫌私放犯人未遂而依据《德国刑法典》第 120 条、第 22 条和第 23 条被提起公诉。这一案件以一审宣判无罪告终。选择该案作为实验材料的原因如下:这是一个难以做出判决的案件,被告否认对其不利的案情,判决仅仅建立在证人证言基础上,没有其他物证。

---

[1] 关于本项实验研究的介绍主要参见[德]贝恩德·许乃曼等:《案卷信息导致的法官偏见:关于与英美模式比较下德国刑事诉讼程序优缺点的实证研究》,刘昶译,载何挺等编译:《外国刑事司法实证研究》,北京大学出版社 2014 年版,第 74 ~ 102 页。

对仅有的证人证言的评判很困难,因为证言中存在矛盾,且其中的五位证人(所有不利证人以及主要的有利证人)是被羁押人,他们有时会给彼此造成压力。为了实验,研究者对该案的侦查案卷和审判记录做了匿名处理,并在保留"真实"案件核心特征的前提下精简了材料篇幅:受试者获得的侦查案卷有46页,审判记录的长度相当于约30页打字机制作的文档。实验时,通过和微型电脑相连的显示屏单独向每个实验对象呈现同样的审判记录,信息全都是以书面方式出现的。虽然这种书面呈现信息的方式与真实的庭审存在很大区别(例如,无法观察证人的外表、手势和谈吐),但研究者认为,本项实验研究中具有根本重要性的是信息加工及其在审判过程中的意义,重视的是营造能够可靠模拟德国刑事诉讼程序的实验场景,从这一方面来说,这种模拟基本能够符合这一要求。

由于本项实验研究同时也是一种多因素的实验设计,关于实验的分组、自变量与因变量的选择与测量、实验发现等将在下文的多因素实验部分予以详细展现。

(二)"模拟主体"+"真实事项"的模拟实验研究

在韩国确立陪审制度的试行阶段,为了检验陪审员评议的质量,了解韩国陪审员是如何参与有关事实认定与量刑的讨论,确定陪审员评议中是否真的进行了有意义的讨论,以为韩国陪审制度的进一步完善提供依据,韩国首尔大学(Seoul National University)法学院的李哉协教授主持进行了一项利用影子陪审团进行的模拟实验研究,而这种利用影子陪审团进行的研究是典型的"模拟主体"+"真实事项"的研究。[1]

1. 研究背景

模拟实验经常运用于陪审制度和与陪审团审理有关问题的研究上。但在英美国家对于陪审团的实证研究中,通常都是采用虚拟的陪审团与虚构案件的方法(下文"模拟主体"+"模拟事项"的方法),并通常都招募

---

〔1〕 以下对韩国影子陪审团模拟实验研究的介绍主要参见[韩]李哉协等:《韩国影子陪审团评议过程实证研究》,何挺译,载《国家检察官学院学报》2016年第1期。

大学生担任模拟陪审员。很多批评意见认为，这种虚构的陪审团和虚构案件的研究方法距离真实情境较远，实验研究的外部效度相对较低。在此基础上，一些研究者试图采用影子陪审团(shadow jury)的研究路径。所谓影子陪审团，是指由与真实的陪审团组成人员相似的人组成的一种模拟陪审团。与实际的陪审团一致，影子陪审团的陪审员通常在审判过程的每一天都坐在法庭里，观察法庭上所发生的一切，听到双方的辩论和证人的证词并接受法官的指示。影子陪审团产生于20世纪70年代的美国，最初的目的在于通过对影子陪审团成员的观察与分析，来为律师在法庭上的举证、辩论提供指导，使律师的意见能更好地影响真实的陪审团。影子陪审团较少被用于对陪审团评议过程的研究，之前只有极少数的研究利用了法庭审理中真实在场的影子陪审团，例如，美国学者通过比较真实陪审团的裁决与因无因回避而被排除的"陪审员"组成的影子陪审团的裁决展开研究。[1] 与虚构陪审团与虚构案件的方法相比，影子陪审团因为人员组成基本等同于真实的陪审团且听审的案件为真实的案件，其方法的科学性更高，但这一方法能否适用实际上受制于是否存在真实的影子陪审团。

韩国于2007年6月1日通过《国民参与刑事审判法》，决定于2008年1月至2012年年底开始为期五年的陪审制度试行期，并拟于试行结束后决定最终的适用模式。韩国陪审制度的基本情况是，3名职业法官和陪审员共同组成合议庭，法定刑为死刑、无期徒刑的案件由9位陪审员参与裁判，其他案件由7位陪审员参与裁判。若在准备程序中认罪，可由5位陪审员参与裁判。特别情形下，若检察官和辩护人同意，也可选定7至9名陪审员参与裁判。陪审员不但需要评议定罪问题，还需要评议量刑问题。陪审员与法官分别单独评议表决，陪审员的评议表决结果对于法官仅有建议的效力，若法官的判决与陪审员表决结果不一致，则必须在判

〔1〕 Shari Diamond and Hans Zeisel, "A Courtroom Experiment on Juror Selection and Decision-Making", *Personality and Social Psychology Bulletin*, 1974, p. 276.

决书中说明理由。在韩国陪审制度下试图研究陪审员的评议过程也是非常困难,因为陪审员秘密评议,并且陪审员们并不被要求为他们的裁决说明理由。但韩国法院自行开展的“影子陪审团项目”(shadow jury program)为利用影子陪审团开展陪审团评议过程的研究提供了机会。2010年9月开始,韩国各地的地方法院兴起影子陪审员项目,通过自愿参加的方式让民众真实体验司法程序。法院的目的在于通过此项目提高司法公信力的公众认知。影子陪审团项目运转良好,例如,首尔地方法院自2011年以来举办影子陪审团三十多次,四百多名民众自愿担任影子陪审员。

2. 研究目的与基本假设

本项研究开始于韩国陪审制度试行五年的末期,其目的毫无疑问在于为韩国陪审制度的修改完善与正式施行时的制度选择提供实证依据。在五年试行期间,关于陪审制度的效果与具体的制度设计存在很多的争议,其中的核心争议在于,在陪审制度正式施行时,是否应当赋予陪审员对案件的最终裁决权,而不是如试行期间仅具有向法官建议的权力。对这一问题的回答必须建立在对陪审员评议质量进行研究的基础之上,如果经过研究发现,陪审员的评议裁决具有合理性和公信力,符合立法设立陪审制度的初衷,就有可能赋予陪审员对案件的最终裁决权。因此,本项研究的首要目的在于通过影子陪审团这一外部效度相对较高的研究给出陪审员评议裁决质量究竟如何的结论,其基本假设在于陪审员评议和裁决的质量较高,并因此可以赋予陪审团对案件的最终裁决权。除此之外,一些具体制度设置上的问题也需要通过影子陪审团研究予以回答,主要包括三个方面:一是检验陪审员的人数即陪审团的规模是否会影响评议质量,并因此需要对陪审团的规模设置提出建议;二是检验陪审员在裁决定罪问题时受量刑问题影响的程度,并因此需要对是否应当让陪审员对量刑问题进行评议和裁决提出建议;三是法官的介入是否有助于陪审团的评议和作出裁决,还是会妨碍陪审团独立裁决,并因此就法官是否应当介入及如何介入提出建议。

3. 研究样本

正是利用韩国法院开展的影子陪审团项目的便利,并在韩国最高法院的帮助下,研究者对纳入研究范围的影子陪审团的评议过程进行了全程的直接观察并进行录像,对评议过程进行了分析。共有发生于 2010 年 11 月至 2011 年 7 月 18 件真实的陪审团参与审判的案件的影子陪审团评议过程被作为研究的样本。其中 10 件案件发生在大首尔地区(Seoul Metropolitan Area),其余案件发生在韩国其他地区。出现频率最高的三类案件为:抢劫造成的身体伤害(bodily injury resulting from robbery),占 23%,杀人未遂(attempted murder),占 19%,惯窃(habitual larceny),占 19%。大部分案件的被告人做无罪答辩(62%),被告人做有罪答辩案件,陪审团仅就量刑问题进行评议。

4. 自变量与因变量

本项研究中的因果关系并非如其他实验研究那么明确,研究者更多的是想要通过影子陪审团的这种形式来模拟真实的陪审团评议过程,检验陪审团评议过程在上述几个争议问题的实际情况如何。总体来说,陪审制度及其具体程序制度设置可以视为一个整体的自变量和干预措施,研究者所关注的评议过程的各方面具体表现可以视为输出的因变量。这种将制度创新或引入新做法视为自变量与干预措施,并在之后将相应的效果视为因变量进行观察与评估,尤其是将实际输出的效果与立法者或制度设计者拟实现的目标进行对比,是在司法改革领域运用实验研究的惯常做法。

在具体的因变量方面,则根据上述基本假设和需要回答的三个问题进行选择和测量。

首先,在陪审员的评议质量方面,设计了七个主要变量,包括:第一,发言频次,陪审员发言超过 5 秒钟且内容有意义的记为一次发言;第二,对证据的讨论,即陪审员对证据发表意见的次数;第三,援引他人发言,即在评议中陪审员有时会援引其他陪审员的发言,或者援引庭审中公诉人、辩护律师或者法官的发言来发表意见支持或者反对他们的观点;第四,逻辑推理,即发言是否有逻辑基础;第五,奇闻逸闻论据,即陪审员讨论问题时发言依据也可能是个人了解到的轶事、谣言、没有根据的故事或者案件;第六,无礼发言,即陪审员对其他陪审员发起情绪化的攻击、使用辱骂性的语言或者进行嘲笑;第七,强势干预,即陪审员突然打断其他人的发言,或者发言阻碍进一步的讨论。[1] 后续又进一步将讨论证据的次数、援引其他陪审员的发言的次数以及依据逻辑推理发言的次数进一步整合为“辩论质量”这一变量,辩论质量的平均值为4.75次,将无礼发言、强势干预发言次数的总和整合为“无礼辩论”来描述,无礼辩论的平均值为0.37,无礼辩论很少发生。最终以发言频率、辩论质量和无礼辩论三个指标测量评议质量。

其次,在陪审员的人数和规模问题上,同样以上述发言频率、辩论质量和无礼辩论三个指标测量作为因变量,将陪审员的人数作为自变量,来测量5~6名陪审员、7名陪审员和8~9名陪审员三种情况(水平)对评议质量的影响。

再次,在陪审员在裁决定罪问题时受量刑问题影响的程度方面,将陪审员合并考虑定罪与量刑(具体包括混淆定罪量刑、提及犯罪记录两方面)的频率作为自变量。

最后,在法官介入的问题上,将法官介入的类型分为“传递信息型”“介绍观点型”“强加观点型”作为自变量进行测量。[2] 同时,还以法官的三种介入类型作为自变量,以陪审员是否改变立场作为因变量,考察法官介入类型与陪审员是否改变立场之间的关系。

---

[1] 此外,还测量了评议时间、首次就被告人是否有罪进行表态的时间、首席陪审员的角色等自变量。

[2] 如果法官只是提供与手头的案件有关的信息或者指出相似的案件法庭如何处理,这种类型的法官就被视为“传递信息型”。如果法官介绍自己的观点使用“我认为……”或者“在我看来……”,我们则将其归入“介绍观点型”。如果法官强势地介绍自己的观点,那么就视为“强加观点型”,有一个例子是这样的,法官说“如果在这种情况下被告人被判决无罪,可以说在这个案子中正义没有得到伸张”。

5. 主要研究发现与结论

本项实验研究发现,陪审员评议质量较高,韩国陪审员评议有望成为有力的裁决模式。总的来说,陪审员轮流发言,积极参与评议程序,在辩论中尊重其他陪审员。首席陪审员积极扮演自己的角色,公平分配陪审员的发言机会,并且能够良好地组织讨论。误解法律以及混淆定罪事实和量刑事实的情况的发生并不如许多人想象的那么频繁;出现上述问题时,绝大部分情况下可以通过其他陪审员或者法官的介入进行修正。大部分法官有助于陪审员在评议室内达成裁决。虽然仍然需要进一步研究其相关性,但陪审团规模与评议质量之间并没有明确的联系。如果有适当的引导和监督,陪审员不恰当的混淆定罪情节和量刑情节的情况会有所减少,相反,陪审员参与量刑评议可以将普通民众的常识引入法官的裁决中。在量刑和一些案件的定罪中,由陪审员和法官进行合作的评议,将会使双方受益。陪审员将提升司法公信力,而法官在作出裁决时则会考虑普通民众的法律意识。

(三)"模拟主体"+"模拟事项"的模拟实验研究

如上所述,模拟实验经常被运用于研究陪审团的相关问题之中,其中虚构主体和虚构案件的方法虽然外部效度相对较低,但因其相对较高的可行性和可操作性而被较多运用。这种研究方法的历史已有五十多年,也得出了一些较为公认的结论,包括:(1)陪审员很少按照法官指示所希望的方式来作出裁决;(2)陪审员的个性特征并不是一个影响裁决作出的重要因素;(3)在证据并不明显支持有罪或无罪时,陪审员非常容易受到证据以外的其他因素的影响;(4)评议的过程有时确实会影响到裁决的作出。[1] 在其他国家确立陪审团审理制度和其他类型公民参与审判制度的过程中,这一类的模拟实验研究也被大量运用以检验本国民众是否能够开展有效的评议工作。类似于上述韩国的影子陪审团研究的开展

---

〔1〕 Dennis J. Devine et al., "Jury Decision-Making: 45 Years of Empirical Research on Deliberating Groups", *Psychology, public policy, and law*, 2001, 7(3), p. 622.

背景是讨论是否及如何正式在韩国确立陪审制度,而日本在确立裁判员制度的过程中,也对裁判员的评议过程开展了模拟实验研究,并采用了虚构主体评议虚构案件这种相对较为可行也更为常见的模拟路径,采用招募大学生的方式进行研究。[1]

日本于2001年开始酝酿设立裁判员制度,经历了三年的准备和讨论,最终于2004年5月通过相关法案,决定于2009年5月开始实施裁判员制度。在准备和实施裁判员制度的过程中,一个核心的争议问题是由法官和代表民众的裁判员一起进行评议是否适当,作为法律专业人士的法官是否会不当影响非法律专业人士的裁判员。藤田政博博士于裁判员制度的酝酿准备期2001至2003年间开展了一系列有关裁判员制度的实证研究,其中包括若干项模拟实验研究。

在首先进行的一项模拟实验中,藤田政博博士针对日本人的国民性(如对权威的服从和集体意识)可能对裁判员制度产生消极影响的观点,采用招募普通市民与法律专业人士(律师和法官)的方法,组成法律专业人士和普通市民共同评议的"裁判员型"和普通市民自行进行评议的"陪审团型"两种评议组织。具体的研究方法则是通过前测及观看模拟审判剧和评议之后的后测,比较法律专业人士和普通市民在参与模拟审判前后对裁判员制度及评议方法认识上的差别,以及参与"裁判员型"评议组织(法官与裁判员一起评议的形式)的市民与参与"陪审团型"评议组织(作为民众代表的裁判员自行进行评议而法官不参与的形式)的市民之间在认识上的差别。这一部分模拟实验的自变量和干预措施为参与不同类型的评议组织观看模拟审判剧并进行评议,因变量为法律专业人士与普通市民对裁判员制度及评议方法的认识。本项实验一共设置了两个实验组(裁判员型/陪审团型),没有设置专门的控制组,两个实验组互为对

---

[1] 下文关于日本裁判员制度的模拟实验研究,主要参见[日]藤田政博:《日本裁判员制度的实证研究》,肖萍译,载何挺等编译:《外国刑事司法实证研究》,北京大学出版社2014年版,第123~137页。

照。这一部分实验研究得出的结论是,不能认为日本人的国民性为要素的集体主义倾向与社会权力结合的程度和主体参加评议的程度有关系,而是得到了这一结果:集体主义倾向与社会权力结合的程度会影响市民对自己能够多大程度参与评议的预期。

虽然第一部分模拟实验亦属于“模拟主体”+“模拟事项”的模拟实验方法,其招募的法律专业人士和非法律专业人士并非真实的案件审理者,其观看的模拟审判剧与真实庭审过程毫无疑问存在很大的差异,但其中仍含有一些真实的成分,即招募了一些真实的法官作为实验对象。正是因为第一部分实验招募对象是真实的法官和律师,由于实施上的局限,未能对评议过程进行详细记录并分析,因而无法对评议过程中作为法律专业人士的“法官”与作为非法律专业人士的“裁判员”的互动关系进行研究。为此,研究者另行组织了一项模拟实验,全部通过招募在校大学生来进行,通过让法学专业的学生和非法学专业的学生组成小组,以模拟法官与裁判员两种存在明显法律知识差异的主体共同进行评议,并按照实验研究的需要对实验过程进行了较为复杂和细致的设计。

实验于2001年6月18日至7月9日在北海道大学文学部进行,招募的实验对象是北海道大学的学生150人(男性100人、女性50人)。其中,50名是法学院三、四年级学生及研究生院法学研究科硕士课程的学生(法学专业学生),其余100名是其他各院系的一、二年级学生(非法学专业学生)。实验中6人一组,包括2名法学专业学生和4名非法学专业学生,共分为25组。实验对象到集合地点报到后,被带进教室。教室里准备了相对而放的桌子,从里面的桌子的右侧开始按顺序放置了1至6号。法学专业学生坐1号和2号,非法学专业学生坐3~6号,分别按号码顺序坐下。参加者接受实验主持者关于实验内容的说明。此后,实验主持者向参加者发放册子。册子由一起刑事案件裁判的记录概要、记录了判断要点的纸张和记录用的草稿纸构成。在接受了关于裁判记录的简单说明后,参加者通读裁判记录。然后,实验主持者参照“判断要点”进行口头说明。各参加者参照上述册子,在不与任何人商量的情况下在回答用纸上回答有罪/无罪的判断及其自信度。实验主持者回收该回答用纸后,发放一份小组回答用纸。随后,实验主持者告知参加者中有法学专业学生和非法学专业学生,并明确指出谁是法学专业学生,谁是非法学专业学生。最终,参加者听取有关说明,包括进行评议后做出有罪/无罪的判断,并就关于自信度及评议的进行方法填写小组回答用纸。关于评议的进行方法要求采用“全体一致”的评议决定方式。实验主持者宣布评议开始后退出教室。评议的状况在征得参加者的同意后用摄像机进行摄像。评议时间为35分钟,可以延长5至15分钟。如果还是无法做出判断的小组则以未决作为结果。参加者填写完小组回答用纸后,实验主持者回收全部小册子,发放事后问卷。事后问卷的主要内容为案件内容的理解确认、小组回答后的个人判断、关于小组评议的内容、意见重视度、专业性评价、关于裁判员制度的知识及意见等。参加者全部回答结束后实验结束。

实验过程对相应的因变量进行了测量,包括法学专业学生与非法学专业学生发言的次数、发言的内容、法学专业学生对于非法学专业学生有关法律内容的提问与回答、评议决定以及事后问卷中收集的有关建立裁判员制度是否适当、市民的意见是否能够被反映等。经过分析并将结论从模拟的情境推演到真实情境中,可以得出如下结论:市民在评议中能够发言,在评议中也能够和法官一起协商;实际的裁判员制度中,在法官协助市民的过程中,在根据需要提供法律知识的同时进行评议;领导评议的发言较多,在地位差异更大的现实的裁判员制度中,有必要在评议中考虑区分陈述意见的法官和担任主持的法官等,以及法官有意识的要求市民发言;裁判员制度“教育市民”的功能可能很难期待其即时产生效果等。

综合以上所述可以发现,本项模拟实验研究的模拟程度较之第一部分实验和前述韩国影子陪审团实验研究更高,进而会影响到实验研究结论的概化与推广。研究者本人也从三个方面反思了本项模拟实验在模拟程度上的三方面不足：首先，在学生之间的评议中能够观察到其与实际上法官和市民的评议存在不同。但研究者也认为，本项研究的模拟核心在于评议组织构成人员的法律知识存在差异，而作为具有法律知识的人员在进行评议的过程中处于优势地位，法学专业学生与非法学专业学生的组合可以认为与裁判员制度中设定的评议组织相似。其次，本部分研究中使用的“裁判记录”是根据实际的刑事案件的裁判记录制作的审判剧（证人与检察官、辩护人之间的互动）的概要，是关于被告人是否成立敲诈共同正犯的问题。本实验中评议的案件与裁判员制度预定适用于“重大案件”可能存在不同。最后，作为实验对象的法学专业学生的平均年龄较高（法学专业学生平均21.2岁、非法学专业学生平均19.1岁），与真实情境存在差距，可能存在法律知识的因素与年龄的因素共同影响评议的可能性。

与此同时，也正是因为模拟的程度较高，研究者可以抛开实地实验中各种真实情境的限制，转而根据研究的需要进行较为复杂、深入同时也更符合实验本身科学性要求的设计，从而提升实验研究的内部效度。例如，与第一项招募普通市民和法律专业人士进行的模拟实验测量的因变量较为单一而且不能对评议过程进行测量相比，招募大学生的模拟实验完全可以根据实验需要对干预前、评议过程和干预后运用多种测量工具进行反复测量。从这个角度来说，模拟实验如何实现外部效度与内部效度的平衡是提升研究科学性必须予以考虑的事项。

四、多因素实验研究

如本书第二章社会科学实验研究的主要设计部分所述，社会科学领域中的变量常常互相关联，有时很难创造出理想的条件将多个互相影响的变量简单拆分为多个单变量的实验来进行研究，而且不同变量对实验对象的影响除了各自的主效应之外，还存在交互作用，需要开展专门的多因素实验。在刑事司法领域中同样如此，当需要同时检验几个自变量或自变量的不同取值(水平)的主效应与交互作用时,就需要进行因子设计的多因素实验。为了验证交互作用,因子设计要求将不同自变量组合在一起构成实验组,即对同一组实验对象组合施加自变量。前文模拟实验部分所述的在德国进行的案卷信息是否可能导致法官偏见的模拟实验研究属于最简单的 2×2 因子设计,即有两个自变量,每个自变量只有两个水平或取值,将两个自变量的不同水平排列组合起来形成四种自变量组合,分别作用于随机分配形成的四个实验组,并采用计算机模拟的方法开展实验。[1]

(一)理论背景与研究假设

在德国,关于刑事诉讼构造与实现"实体真实"这一公认的刑事诉讼主要目标之间的关系存在争议,具体包括两个方面的问题:(1)德国刑事诉讼程序允许职业法官审前获知案卷信息,而且法官需要评价侦查程序中收集的材料,在判断有很大可能性证明被告人有罪的情况下启动审判程序,这是否会妨碍法官在审判程序中不带偏见地加工法庭审理中提供的证据信息,而不是以不利于被告人为导向;(2)法官的消极地位已经在美国刑事诉讼程序中实现,再加上法官事先不知道案卷信息这一点,是否能使法官无偏见地将所有注意力集中到检察官和辩护人的论点上,最终产生客观的证据评价。

同时,社会心理学的两项理论也对上述问题提供解释。一方面,认知失调理论认为,人们致力于实现自身认识系统的平衡与协调。法官根据侦查结果决定启动审判程序,可以把这一决定看作法官内心已经形成了被告有罪的强假设。如果审判程序中证人做出的证言会引起对被告有罪的怀疑(与开启审判程序的决定不协调的信息),这一证言倾向于被法官低估,而强化法官有罪假设的证言(协调信息)则倾向于被高估。审判程

〔1〕 关于本项实验研究的介绍主要参见[德]贝恩德·许乃曼等:《案卷信息导致的法官偏见:关于与英美模式比较下德国刑事诉讼程序优缺点的实证研究》,刘昶译,载何挺等编译:《外国刑事司法实证研究》,北京大学出版社 2014 年版,第 74 ~ 102 页。

序前法官就存在有罪预测，由于减少失调的过程在审判程序中被进一步强化，作出“存疑时有利被告人”决定的裁量空间相比不经过预先评价程序直接进行审判程序的情况更小。

另一方面，概念驱动的信息加工理论认为，情景信息对于理解文本有着决定性的意义，给定信息中的因素激活了记忆中的一般知识贮存，这些贮存与给定信息相结合，才使给定信息可以被理解。这一理论可以用来解释在法官做出判决的过程中，对审判程序中信息的理解和解读是如何受到是否存在以及存在何种前知识——审判程序前法官通过阅卷获得的关于案件的知识——的影响的。因此，只要法官知道（通常不利于被告人的）侦查案卷的内容，在解读审判中出现的重要信息时就会受到这些信息的影响，导致在审判程序最后作出“存疑时有利被告人”决定的裁量空间相比法官根本不知道案卷信息时要小。此外，从心理学的一般假设出发，在询问证人等场合中更高的活跃程度会伴随更高的关注度，更高的关注度又会导致信息被更好地记忆。由此可以得出结论，给予法官更多参与权力的设计通常会导向“更客观”的信息加工，但这一预测的有效性是受到限制的，其适用条件是审判程序要在法官不知道案卷内容的前提下进行。如果知道案卷内容，就会出现上文所述的信息失真；当法官具备广泛的参与权力时，这种失真甚至可能加剧：法官根据案卷信息建立了被告很可能有罪的前假设，在其影响下，法官的注意力会被引向某些在他看来对假设至关重要的事件上。

因此，根据上述（社会）心理学理论，目前的两种设计（法官知道案卷信息和能主动询问证人）都不能保证“客观中立”的信息加工。在此基础上，本项实验研究要验证：为了实现实体真实的目标，法官拥有广泛的参与权力，但不具备源于侦查案卷的前知识是否是最佳的设计。在这一整体假设之下，本项研究具体设计了五个假设，并通过相应的因变量的测量来进行验证：假设一，如果刑事法官在审判程序开始前就知道侦查案卷的内容，那与不知道案卷信息的情况相比，他在审理后更少作出“存疑时有利被告人”的决定。法官在审判程序中的参与权力(询问证人的机会)越多,这一效应就越强。假设二,在知道案卷信息的情况下,刑事法官会比处于审判长位置上的检察官更少认识到侦查工作中可能的缺陷,因此刑事法官比检察官更少在审理后作出“存疑时有利被告人”的决定。假设三,在知道案卷信息的情况下,对于审判程序中信息的记忆会发生更多错误。假设四,在不知道案卷信息的情况下,如果存在询问证人的机会,那么与不存在这种机会的情形相比,记忆审判程序中的信息时发生的错误更少。假设五,在知道案卷信息的情况下,法官会在审判程序中对有利被告的证人提出更多问题。〔1〕

(二)组别分配与实验中自变量(干预措施)的施加

本项研究中实际上存在两个自变量:“是否在审理前知道案卷信息”和“是否有机会询问证人”。〔2〕 两个自变量的组合形成了四种实验条件并相应需要四个组别:(1)知道案卷信息/有机会询问证人;(2)不知道案卷信息/有机会询问证人;(3)知道案卷信息/没有机会询问证人;(4)不知道案卷信息/没有机会询问证人。第一种实验条件大致上模拟了德国刑事诉讼程序,第四种实验条件则模拟了英美刑事诉讼程序;剩下两种实验条件是检验假设所必需的混合形式。作为实验对象的58位刑事法官和检察官是招募而来,并非从德国的刑事法官和检察官中随机抽取产生,这58名实验对象被随机分配到四个不同的组别之中,随机分配的具体方式是将写有受试者名字的纸条放到口袋里,由实验组织者抽签决定每一位受试者会被分配到哪一组。本项研究不设专门的控制组,四个组别之间实际上互为对照。最终分配的结果如表4-2所示。

〔1〕 本项研究还有假设六,即如果告诉一些法官,其他受试者判决的刑罚平均来看处于“价格区间”的上半部分,同时告诉另一些法官,其他受试者的量刑平均处于“价格区间”的下半部分,那么前者判处的平均刑罚会比后者更高。但这一假设在本项研究中并未得到验证。

〔2〕 事实上,本项实验还存在第三个自变量,即实验对象是法官还是检察官,这一自变量并未作为本项实验研究的重点,因此也并未按照这一自变量进行分组,只是在检验假设二是否成立时区分实验对象的主体进行了验证。

表4-2　案卷信息是否可能导致法官偏见的模拟实验研究2×2随机分配结果

单位：人

项目	具备询问证人的机会	不具备询问证人的机会
审理前知道案卷信息	14	14
审理前不知道案卷信息	17	13

如前所述，本项研究属于模拟实验，采用计算机技术向实验对象呈现案件审理所需要的信息，并由实验对象做出最后的判断，在这一过程中，两个自变量也被相应地嵌入模拟的过程之中。对于是否在审理前知道案卷信息这一自变量，如果实验对象被分配到“知道案卷信息”的组别，那他们会在实验前几天收到侦查案卷；案卷最后一页是一位实验对象不认识的法官作出的开启审判程序的裁定。对“不知道案卷信息”的实验对象来说，实验直接以在电脑显示屏上呈现的审判程序开始。

对于是否有机会询问证人这一自变量，有询问证人机会的实验对象可以在显示屏中从出庭的7位证人中选择两位，在他们做完陈述后对他们提出有关案情的问题；但实际上实验对象可以询问的永远是案件中的第一位和第三位证人。实验对象仅被告知，他们只能对两位证人提问——至于是哪两位证人由电脑通过随机程序决定。亲自询问证人有助于提高受试者的注意力，询问两位证人的指示应该足以在实验过程中唤起受试者接近司法实践中水平的注意力。有机会询问证人的实验对象亲自在屏幕上向两位证人提问并且每次得到一段文字作为回答，如果电脑中对受试者提出的问题未存储适合的回答，屏幕上就会出现诸如“不知道”或“记不清了”的套话。在没有询问证人机会的情况下，对证人的询问改由检察官和辩护人进行，实验对象得知检察官和辩护人询问证人的情况，能从检察官和辩护人对证人的询问中“消极”地获得信息。所有受试者没有通过亲自提问获得的信息都会在之后检察官和辩护人对证人的询问中出现。在可以询问证人和不能询问证人两种实验条件下，实验对象所获得的信息量是完全相同的，只不过对其中两位证人的证言信息的获得方式上存在“积极”和“消极”两种方式。

(三)因变量的选择与测量

本项研究主要包括三项因变量。第一项因变量,根据前文所述的理论背景和研究的整体假设,本项研究最为核心的因变量是实验对象在不同实验条件下对同一案件作出的定罪判决(有罪/无罪)。上述假设一和假设二的验证都建立在判决这一因变量的测量基础之上。关于这一因变量的测量方法,所有实验对象会在实验开始前被告知,他们的任务是在实验最后做出有关罪责问题的决定。实验过程中他们可以做笔记,但不能“回顾”描述审判程序的文本。受试者可以自己控制文本呈现的速度,所以没有人会有时间上的压力(实验时长平均为约 90 分钟),之后则给出是否有罪的判断。第二项因变量则是实验对象正确记忆出现在庭审信息中的证人证言的数量,上述假设三和假设四的验证都建立在对这一自变量的测量基础之上。具体测量方法是,实验结束前,也就是就罪责问题做出决定后,所有受试者都要回答一份调查问卷,它会测量记忆力和偏见。一共 11 条事实上做出的、从审判记录中截取的证人证言组成了这份问卷的框架。研究者根据每条真实证言设计了一到两条类似但是内容已经发生变化的陈述,并将它们放在一起,受试者的任务就是辨认出正确的证言。第三项因变量则是有询问证人条件的实验对象在模拟过程中向“证人”提问的数量,这一自变量采用对模拟过程中的数据直接记录的方式进行测量。

(四)主要研究发现与结论

本项实验研究对前述五项假设分别进行了检验:

第一,假设一得到了验证,知道案卷信息的所有刑事法官都作出了有罪判决,无论是否具备询问证人的机会。与此相反,法官仅知道审判程序中出现的信息时,没有询问证人机会这一条件下,大部分法官还是判决被告有罪,但有机会询问证人的条件下大部分会作出无罪判决。在不知道侦查案卷信息的条件下比较有机会与没有机会询问证人的两组:有机会询问证人的一组里更多法官判决被告无罪,不能询问证人的一组中更多判决有罪,差别达到显著的程度。

第二,假设二得到了验证,在知道案卷信息的情况下,无论是否存在询问证人的机会,法官和检察官之间的差异都在统计学上是显著的,法官更倾向于认定被告人有罪。进一步发现,只有在“不知道案卷信息但有询问证人机会”这一条件下,刑事法官才会表现出异于其他实验条件下的判决行为。这一结果表明这一条件下实验中呈现的信息以不同的方式被加工——法官更为“客观中立”地感知和加工信息。

第三,假设三得到了验证,通过问卷调查对上述第二项因变量的测量,知道案卷信息的一组平均能正确回忆 6.59 条,不知道案卷信息的一组平均 7.69 条,明显超过前者,差别达到统计学上的显著性。进一步的分析还发现,知道侦查案卷的内容且做出有罪判决的实验对象(法官和检察官)平均能够正确回忆 6.35 条证言,是所有组别中最少的;与之形成对比的是,知道案卷信息且判决无罪的实验对象平均能够正确回忆 7.29 条证言,不知道案卷信息且判决被告有罪的实验对象平均能够正确回忆 7.80条,不知道案卷信息且判决被告无罪的实验对象平均能够正确回忆 7.63 条。知道案卷信息且做出有罪判决的实验对象的记忆表现都不好,有机会询问证人的组别平均能正确记忆 6.40 条证言,没有机会询问证人的组别平均能够正确回忆 6.30 条证言。这再次体现了案卷信息明显的决定性影响:它控制审判程序中对信息的接受,导致特定的判决(通常为有罪判决)。

第四,假设四得到了验证,如果实验对象有机会询问证人,那么他们平均能正确记忆 8.65 条证言;如果与此相反,他们更多扮演消极的观察者的角色,那么能够正确记忆的证言的数量则明显下降,平均为 6.33条。这一差别达到统计学上的显著性,即在不知道案卷信息的情况下,如果存在询问证人的机会,那么记忆审判程序中的信息时发生的错误更少。

第五，假设五得到了验证，知道案卷内容时受试者平均对有利被告的证人提出 5.1 个问题，明显多于不知道案卷内容时的平均 1.9 个问题。进一步分析发现，知道案卷内容时，判决有罪者平均提出 11.4 个问题，反之，判决无罪者平均仅提出 4.8 个问题；类似的倾向在不知道案卷内容时也出现了：判决有罪者 7.3 个问题；判决无罪者 2.7 个问题。这一结果表明，判决有罪者通常比判决无罪者打听更多信息。联系上述其他实验结果可以发现，更大的信息需求并不伴随更好的信息加工：那些知道案卷内容后进入审判程序的受试者提出了最多的问题，但记住了最少的证人证言，并且判决被告有罪。与此相反，不知道案卷内容就进入审判程序的受试者很少利用他们拥有的询问证人的机会，但正确记忆了最多的证人证言，且多数作出了"存疑时有利被告人"的决定。

基于上述五个假设检验的结果，研究者最终得出了如下结论：在德国刑事诉讼程序中，审前程序对判决的意义比至今人们通常认为的要大得多。从阅读起诉书到在审判程序最后作出判决的整个决定过程可以被看作立法者预先规定的"存疑时有利被告人"的裁量空间一步步被缩减的过程。

五、自然实验

自然实验是实地实验的特殊类型，即并非研究者人为引入干预，而是利用并依托自然发生的事件或变化而进行的实验，将自然发生的事件或变化视为干预与自变量，进而测量相应因变量的变化情况。

刑事司法领域也存在为数不少的自然实验研究，并需要对自然发生的事件或变化进行相对广义的理解。这种"自然"发生的事件或变化，既包括人力所不能控制的自然事件变化，也包括虽然是人为的但却不受研究者控制的法律的颁行、修改或者政策的调整，还包括其他一些可能对研究者拟研究的问题产生影响的变化，如某一办案部门领导者的更迭、某一判例的产生等。事实上，刑事司法领域更多的自然实验是围绕着法律的颁行、修改或政策的调整来开展的。上文准实验部分所介绍的围绕密歇根重罪枪支法案颁布施行所开展的持枪犯罪的研究其实就可以视为一种自然实验研究，其利用并依托的是研究者无法掌控但却可能对某一方面问题产生影响的法律颁行。有的研究者还依托某一案件的裁判，研究这一特定案件对司法实践的影响。例如，美国最高法院在 United States v. Booker 案件中裁决认为，各州在具体案件的审理中，联邦量刑指南（Federal Sentencing Guidelines）只是参考性的，而非强制性的。研究者依托这一裁判，研究裁判前后各州量刑脱离联邦量刑指南的变化情况。[1]

有的研究者开展自然实验研究时还采用更为宏观概括的视角看待已经发生的事件或变化。1985～1993 年，美国的未成年人犯罪率大幅攀升，为此，美国的 47 个州在 1992～1997 年修改了相应的法律，使少年司法体系变得更具惩罚性。研究者将这种整体性的变化视为一种已经发生的事件和自变量，来研究这种整体性变化对未成年人犯罪率的影响。研究者还将未受到这一整体性变化影响的青年人（18～24 岁）的谋杀率作为比较的对象。研究发现，虽然 1993～2010 年，未成年人谋杀犯罪数量大幅下降，但青年人实施的谋杀案的数量也同样下降，因此，不能将未成年人犯罪数量下降归因于少年司法的整体性变化，而是有其他的原因导致未成年人和青年人犯罪率的同时下降。[2]

虽然刑事司法领域利用纯自然事件开展实验研究的并不多见，但也有相应的研究案例。一般而言，罪犯在刑满释放后都会回到其入狱前的生活环境中，而这种生活环境与之前的犯罪又有密切的关联，罪犯回到这样的环境中是否会促使其重新犯罪？如果改变刑满释放人员的居住地是

---

〔1〕 Hofer P J.,"United States V. Booker as a Natural Experiment: Using Empirical Research to Inform the Federal Sentencing Policy Debate", *Criminology & Public Policy*, 2007(6), pp. 433－460.

〔2〕 Franklin E. Zimring & Stephen Rushin, "Did Changes in Juvenile Sanctions Reduce Juvenile Crime Rates: A Natural Experiment", *Ohio State Journal of Criminal Law*, 2013, pp. 57－70.

否会对其重新犯罪有所影响？如果希望对这一问题开展实验研究，面临严峻的可操作性方面的困难，而且在选择具体实验对象时可能无法排除选择偏差，开展随机分配的实验更是几乎不可能。有的研究者就依托2005年卡特里娜飓风（Hurricane Katrina）袭击路易斯安那州（Louisiana）海岸线这一人力不可控制的纯自然现象，利用飓风导致很多人不得不离开自己原来居住的环境前往政府提供的安置房这一情况，对居住环境对重新犯罪的影响进行了研究。[1] 在这项研究中，卡特里娜飓风导致的人们不得不离开惯常居住的环境就成为干预和自变量。

自然实验由于主要依托于自然发生的事件，通常缺乏研究者的人为控制，无法使用随机分配的实验设计，更多地采用准实验中的配对方法和时间序列设计，有的还甚至由于客观条件无法进行前测和选择控制组，而采用前实验设计中的仅有后测的单组实验设计。

六、小结

本章运用一些较为典型的刑事司法领域内的研究案例，揭示实验研究如何在特定的研究背景和面对各种客观限制的情况下具体开展，包括研究假设的形成、研究对象的选择与分组、自变量和干预措施的引入方式、因变量的选择与测量方式、研究结论与发现等内容。通过对这些研究案例的微观呈现，其实并不足以呈现刑事司法领域实验研究的全貌，因为随着研究背景、研究目的和研究所掌握的资源等各方面因素的不同，实验研究在刑事司法领域中的开展呈现出百花齐放、因地制宜、各具特色的状态。从某种意义上来说，如何寻找到实验“嵌入”真实司法流程的契机，如何将本书第二章所探讨的社会科学实验研究的基本逻辑、基本要素、基本类型、主要设计和评价标准等基本原理与刑事司法领域的特殊性，尤其是拟开展的具体研究的背景、研究目的、对应的刑事司法实践、潜在的研

---

〔1〕 David S. Kirk, “A Natural Experiment on Residential Change and Recidivism: Lessons from Hurricane Katrina”, *American Sociological Review*, 2009, Vol. 74, pp. 484－505.

究对象的特殊性以及所掌握的研究资源进行深度结合,如何将基本原理付诸于一项研究的设计并在所能实现的范围内实现最为科学的设计,才是考验研究者对实验研究方法掌握能力的真正方面。

第五章　刑事司法改革试点与实验研究的比较与启示

在我国刑事司法领域实验研究发展的初期，实验研究与刑事司法改革试点呈现出交叉并行的状态，试点在一定程度上得以借助于实验研究在验证因果关系方面的特有功能提升了其推动司法改革的效能。随着我国刑事司法改革近年来进入“快车道”，试点也在司法改革的过程中被赋予了更高的期待，承担更为重要的功能，并呈现出从自发分散到整体规划的发展变化趋势。厘清司法改革试点与实验研究的关系并从实验研究的科学规范性中吸收有益的因素，将有助于试点在司法改革过程中发挥更大的作用。本章将从我国刑事司法改革试点的发展变化和已有研究成果中有关试点的争议入手，着重探讨刑事司法改革试点与实验研究之间的共性与差异，并借鉴实验研究方法的基本原理与要素提出如何使刑事司法改革试点更为有效开展的建议。

一、我国刑事司法改革试点的发展

（一）试点方法与改革推进

“试点”通常指的是在正式进行某项工作之前，先进行小型试验，以便取得经验。[1] 试点通常具有时间上的暂时性、地域上的局部性和内容上的创新性三方面特征。根据学者考证,“试点”一词最早出现在东北地区,于20世纪50年代后成为全中国流行的政治术语,并在中国各领域、尤其是经济领域的改革过程中发挥着重要甚至决定性的作用。通过试点这种试验来制定政策,被视为中国在推动政策创新方面独具特色的经验。[2] “试点”与“实验”、“试验”等术语含义相近,但“试点”一词更能体现出先期尝试的分散性和局部性,因而与由点到面的改革创新路径更为吻合。正如毛泽东同志在谈到试点时所指出的:“突破一点,取得经验,然后利用这种经验去指导其他单位。”[3]试点这种由点到面、在局部先行尝试以取得经验的方法论,核心内容就在于将部分地方的尝试及获得的局部经验,上升为国家的整体政策或法律,从而实现对原有政策或法律的渐进调整。根据研究者的总结,这种地方政策试验式改革的优势主要体现在:可以在一定程度上避开意识形态性争论,从而使改革能够启动;有利于在改革过程中维护社会秩序稳定,从而提高中央决策层不断推进改革的决心和信心;可以实现改革过程中经济高速增长,并逐步培育体制平稳转轨的经济环境;可以为新体制的建立提供一个必要的学习过程,从而提高转轨过程的连续性和社会适应性。[4] 正是由于试点在推动改革方面的独特功能,在改革的密集期或攻坚期,试点方法的运用则更为频繁。[5]

---

〔1〕 参见中国社会科学院语言研究所词典编辑室:《现代汉语词典》,商务印书馆2012年版,第1188页。

〔2〕 参见韩博天:《通过试验制定政策:中国独具特色的经验》,载《当代中国史研究》2010年第3期。

〔3〕 毛泽东:《关于领导方法的若干问题》,载《毛泽东选集》(第3卷),人民出版社1991年版,第852~857页。

〔4〕 参见吴昊、温天力:《中国地方政策试验式改革的优势与局限性》,载《社会科学战线》2012年第10期。

〔5〕 例如,根据学者的整理,在2012年12月28日至2016年12月25日的四年期间,仅由全国人大常委会依据《立法法》第13条的规定授权的地方改革试点就有17项。参见王建学:《授权地方改革试点决定应遵循比例原则》,载《法学》2017年第5期。除了由中央立法机关授权的“非常正式”且“形式合法”的试点外,各地自行探索的各领域的试点则无法尽数。

司法领域中的试点在我国同样由来已久。民国时期就曾在四川设立璧山实验地方法院，就简化诉讼程序进行地方实验，其目的正在于将实验地方法院所取得的经验推广至全国以达简化程序、方便诉讼的目的，即“以科学的方法推行简单化的诉讼程序法以测验其功用”“就实验结果供修订法典之资料”，并明确要求维持实验期间的原生态以保证其可推广性——“不以集中人力财力为实验方法以期将来普遍实行”。[1] 20 世纪八九十年代以来，随着我国法律体系整体的修改完善以及司法改革的推开与深化，刑事司法领域的试点即进入“活跃期”，并持续至今。

（二）刑事司法改革试点发展的三个阶段

以我国刑事司法领域法治发展进程为参照，观察三十余年来刑事司法改革试点的发展，大致可分为三个阶段：

第一阶段是 20 世纪后期至 21 世纪初的分散试点。这一时期的试点多数是地方实务部门自发进行，目的是解决法律具体适用过程中遇到的问题以探索法律适用的地方经验，或者是为了完成本系统内的改革要求，整体呈现出分散与各自为政的状况。[2]

第二阶段是 21 世纪初至 2013 年党的十八届三中全会召开前。这一时期的试点开始呈现出一定的整体性，即根据中央的整体部署，围绕中央提出的改革任务而开展试点。[3] 同时，这一时期地方实务部门的试点开始与学者的研究相结合，呈现出理论指引与规划、多地点同时对同一问题进行试点并同步开展相应实证研究的特点，刑事司法改革试点由于研究者参与的设计与评估而具有了实验研究的部分要素。本书第三章表 3 -

---

〔1〕 参见刘昕杰：《实验法院：近代中国司法改革的一次地方试点》，载《中国法学》2015 年第 5 期。

〔2〕 最高人民法院和最高人民检察院分别于 1999 年 10 月和 2000 年 2 月出台《人民法院五年改革纲要》和《检察改革三年实施意见》，各自提出了法院系统和检察系统内的改革任务。

〔3〕 2004 年 12 月中央政法委发布《关于司法体制和工作机制改革的初步意见》，提出了 35 项改革任务；2008 年 12 月，中央转发中央政法委员会《关于深化司法体制和工作机制改革若干问题的意见》，提出了 60 项改革任务。多数地方的试点工作都围绕中央提出的上述改革任务展开。

2 中所列出的实验研究大多如此。这一方面在 2012 年《刑事诉讼法》修改吸收规定了许多来自地方试点的经验时达至顶峰。

第三阶段是 2013 年十八届三中全会召开后大规模的整体规划试点时期。十八届三中全会通过的《关于全面深化改革若干重大问题的决定》拉开了包括刑事司法领域在内的全面深化改革的大幕。2014 年 6 月 6 日,中央全面深化改革领导小组第三次会议审议通过《关于司法体制改革试点若干问题的框架意见》,正式启动司法体制改革的试点工作。在随后的一年半时间里,第一批试点的 7 个省市先行先试,2015 年第二批 11 个试点省份随后启动,直至 2016 年第三批 14 个省份开始司法体制改革试点,至此司法体制改革试点已覆盖我国全部省份。同时,一系列具体的刑事司法制度改革,也通过全国人大常委会授权的方式,在全国范围内的选定地区,由最高人民法院和最高人民检察院等中央机关主导,通过或联合或单独制定规范性文件的方式开展试点,包括刑事案件速裁程序、人民陪审员制度改革、刑事案件认罪认罚从宽制度和国家监察体制改革等试点(如表 5 - 1 所示)。在这一时期,虽然不排除各地仍然存在为了解决司法实践中的具体问题而自发开展的试点,但整体规划的试点无疑占据了绝对主导地位。

表 5 - 1　十八届三中全会后全国人大常委会授权的刑事司法改革试点

试点内容	试点期限	授权对象	试点地点	规范性文件	试点报告
刑事案件速裁程序	2014 年 6 月 27 日起,为期 2 年,经认罪认罚从宽制度试点授权延长	最高人民法院、最高人民检察院	北京、天津、上海、重庆、沈阳、大连、南京、杭州、福州、厦门、济南、青岛、郑州、武汉、长沙、广州、深圳、西安,共计 18 个城市	最高人民法院、最高人民检察院、公安部、司法部《关于在部分地区开展刑事案件速裁程序试点工作的办法》(2014. 8. 22);《刑事案件速裁程序试点工作座谈会纪要(二)》(2015. 12. 22);公安部《关于切实做好刑事案件速裁程序试点工作的通知》(2014. 11. 20)等	中期报告(2015. 10. 15)

续表

试点内容	试点期限	授权对象	试点地点	规范性文件	试点报告
人民陪审员制度改革	2015年4月24日起,为期2年,经再次授权延长1年	最高人民法院	北京、河北、黑龙江、江苏、福建、山东、河南、广西、重庆、陕西10个省(区、市)各选择5个法院(含基层人民法院及中级人民法院)	最高人民法院、司法部《人民陪审员制度改革试点方案》(2015.4.24);最高人民法院、司法部关于印发《人民陪审员制度改革试点工作实施办法》(2015.5.20);最高人民法院、司法部《中华人民共和国人民陪审员宣誓规定(试行)》(2015.5.20)等	中期报告(2016.6.30)
刑事案件认罪认罚从宽制度	2016年9月4日起,为期2年	最高人民法院、最高人民检察院	刑事案件速裁程序试点的18个城市	最高人民法院、最高人民检察院、公安部、国家安全部、司法部《关于在部分地区开展刑事案件认罪认罚从宽制度试点工作的办法》(2016.11.11);公安部办公厅《关于切实做好刑事案件认罪认罚从宽制度试点工作的通知》(2016.12.8)等	中期报告(2017.12.23)
国家监察体制改革	2016年12月26日起,未明确试点期限,经2018年《监察法》通过和《刑事诉讼法》修正后终止	未明确	北京市、山西省、浙江省 2017年11月4日第十二届全国人民代表大会常务委员会第三十次会议通过《关于在全国各地推开国家监察体制改革试点方案》,推广至全国	未明确公开	尚无

（三）现阶段整体规划性试点的特征

与之前的阶段相比，近年来整体规划性试点主要呈现出以下几个方面的特征：

第一，内容上不再限于对具体制度的小修小补或为了解决实际问题而完善具体工作机制，而是直指具有宏观性、全局性甚至根本性的体制改革以及带有变革性的诉讼制度，试点给刑事司法制度与实践所带来的改变更为宏大、整体并涉及全局性问题。

第二，正是因为试点内容的变革性和突破性，大多数采取由立法机关的常设机关授权，由中央司法机关具体负责并协同相关部门共同开展试点，是一种“顶层设计式”的试点，这也体现了《关于全面深化改革若干重大问题的决定》中确定的我国今后改革路线是“摸着石头过河”与“顶层设计”相结合的基本路线。〔1〕

第三，与顶层设计相关，这一阶段的试点对于尽快检验改革方案效果的追求更为明显，并有明确的时间和进度的规划。一般为期两年，并要求具体实施的机关向授权机关提交中期报告，而全国人大常委会的多项授权决定也都明确了“试点期满后，对实践证明可行的，应当修改完善有关法律”。〔2〕

第四，试点的整体规划性不仅仅体现在授权后再行开展，而且体现在试点是建立在中央机关所发布的授权决定、试点方案、实施办法等一系列规范性文件基础之上的，而这些规范性文件实际已经在很大程度上改变了之前的试点一边开展一边摸索的探索属性。

第五，通常在全国范围内选择一定数量并具有一定代表性的省份或城市开展试点，试点的“点”已经不再是零散、个别的“点”，而是已经形成

---

〔1〕 除了由全国人大常委会授权开展的试点外，也有一些试点虽然未经立法机关授权，但同样由中央司法机关整体规划和推进，如“以审判为中心”的刑事诉讼制度改革试点。

〔2〕 如2014年全国人大常委会《关于授权最高人民法院、最高人民检察院在部分地区开展刑事案件速裁程序试点工作的决定》。

了具有一定规模化效应的“面”，这实际上使试点的“由点到面”发展为“由面到全面”。[1]

第六，多项大规模试点同步展开，有的地区同时成为多项试点的试点地区，试点所带来的改变存在重叠的可能性。例如，北京等城市实际上同时开展认罪认罚从宽制度、人民陪审员制度和国家监察体制改革等试点。

同时，在试点的内外差异方面，这一阶段顶层设计的试点及其规模化效应在客观上还导致了以下两方面有别于之前的状况：

一是试点地区内部在具体开展试点时存在差异。以刑事速裁程序试点为例，根据研究者对试点地方的文本考察，试点的四个城市在案件范围、证明标准、审理方式和法律援助等方面都存在显著的差异。[2] 这种结合各地实际情况和特点进行的再次创新实际上形成了“试点内的试点”或“大试点内的小试点”，即在整体的试点中在不同地点尝试不同的具体操作方法以形成各自的地方经验。

二是试点地区以外的非试点地区也会受到试点及其具体实施方案的影响，从而形成“试点外的试点”，产生试点的扩散化效应。例如，贵州省未被纳入刑事速裁程序试点，全国人大常委会于 2014 年 6 月 27 日授权开展速裁程序试点后，贵州省委政法委出台了《关于建立轻微刑事案件快速办理机制的若干规定（试行）》，随后贵州省高级人民法院印发了《贯彻〈关于建立轻微刑事案件快速办理机制的若干规定〉实施细则（试行）》并于 2015 年 3 月 4 日指定了贵州省内 12 家基层法院开展“轻刑快审改革试点”，其内容与刑事速裁程序试点有很大的相似性。[3] 试点及其具体实施方案对非试点地区的影响通常表现在四个方面：首先，试点本身就代

---

〔1〕 部分试点实际上已经覆盖了全国，除了前述的司法体制改革分三批覆盖全部省份外，2017 年 11 月全国人大常委会通过《关于在全国各地推开国家监察体制改革试点方案》，将之前在北京、浙江和山西开展的国家监察体制改革试点覆盖全国范围。

〔2〕 参见李本森：《刑事速裁程序试点的本地化差异——基于北京、上海、广州和西安试点的地方文本分析》，载《中外法学》2017 年第 2 期。

〔3〕 参见贵州省高级人民法院关于指定轻刑快审改革试点法院的通知，载 http://www.guizhoucourt.cn/gfxwj/1304.jhtml，最后访问时间：2017 年 7 月 31 日。

表了刑事司法改革的整体方向,非试点地区参照试点方案进行一些符合司法改革整体方向的探索无可厚非,甚至具有实质上的正当性;其次,非试点地区可能同样面临亟待解决的实际问题,而试点方案本来就旨在解决此类实际问题,参照试点方案进行探索是为了应对司法实践的实际需求;再次,基于对试点验证效果之后上升为普适性法律的预期,非试点地区需要为此进行适当的准备;最后,能否尽快参与试点常常被视为各地的工作成绩甚至"政绩",因此,在未被列入试点地区的情况下,其他地区可能会进行相应的同步探索。正如张卫平教授所指出的,在司法系统,司法改革是"出政绩"的取之不尽、用之不竭的资源。[1] 基于以上四个方面的理由,在司法改革普遍推开和加速进行的背景下,"试点外的试点"和试点的扩散化效应的出现实属必然。当然,与正式的试点地区经过全国人大常委会授权后可以适度突破现行法律不同,这些"试点外的试点"只能在现行的法律框架内进行探索。

二、有关刑事司法改革试点的研究与争议

已有研究中关于刑事司法改革中的试点存在不同的观点,这些争议为审视现阶段大规模整体规划性试点提供了不同的视角,有关试点的功能与具体操作的争议也为如何改善试点提供了参考。

(一)对试点特有功能的肯定

对刑事司法改革试点持肯定论者多着眼于试点对于推动中国刑事司法制度变迁所能发挥的特有功能并进而予以肯定。左卫民从建构理性与演进理性兼容的角度判断,"未来中国刑事诉讼模式必将是一个不断试错的过程,只能在长期的制度博弈中形成",而"司法机关的试点、实验工作,如检察机关的录音录像试点、实验均是创造未来中国刑事诉讼模式的

〔1〕 参见张卫平:《司法改革与"政绩"》,载 http://blog.sina.com.cn/s/blog_4c2599a7010007xz.html,最后访问日期:2017 年 8 月 4 日。

重要方式”。[1] 陈瑞华则从我国传统的“立法推进主义”存在法律可能在实践中无法实施等严重不足出发，认为应当走向建立在“自下而上、自生自发的改革试验”基础上、由最高司法机关全面推行后再由立法机关将成熟的改革经验上升为法律规范的“司法推进主义”，并指出了这种新路径所具有的独特优势：一是所确立的新制度都经历过长时间的改革试验，其实施效果可以得到科学的观察和评估；二是新的制度经历了完整的“试错”过程，其制度的劣势和负面影响得到准确的把握，其负面作用在一定程度上是可控的；三是新制度不再仅仅属于个别基层司法机关的特殊经验，而被证明具有向全国加以推广的价值；四是新制度的实施效果显示，它的推行可以有效解决司法实践中的问题，这在很大程度上平息了有关该制度理论正当性的争议；五是该项制度已经得到全面的推行，逐步成为全国司法机关遵循的法律程序。[2] 林喜芬则指出，中国刑事司法改革路径的逻辑应当从“变法逻辑”转换为“试点改革”，以实现从“局部完善”到“全能优化”的效能发挥。[3] 何挺则从法律移植的角度分析了试点实验的作用，认为对于欲移植的法律制度在一个限定了范围的真实司法环境中进行实验试点，不但能够深入全面地考察该制度在我国适用中所体现出来的优势和暴露出来的问题，而且可以通过不断修正实验试点方案来尝试、验证该制度引入我国的最佳方案。[4] 郭松认为，试点对于刑事诉讼法立法具有提供实证依据和经验素材、有助于刑事诉讼立法方式的转变和促进刑事诉讼立法技术的更新三方面积极影响，同时也指出试点可能存在的试点方案合理性不足影响法律本身合理性与立法决策科学性以及由于司法机关在试点改革中的功利取向可能消解刑事诉讼立法决策应

---

〔1〕 左卫民：《中国刑事诉讼模式的本土建构》，载《法学研究》2009 年第 2 期。

〔2〕 参见陈瑞华：《法律程序建构的基本逻辑》，载《中国法学》2012 年第 1 期；陈瑞华：《制度变革中的立法推动主义——以律师法实施问题为范例的分析》，载《政法论坛》2010 年第 1 期。

〔3〕 参见林喜芬：《刑事司法改革：从变法逻辑到试点改革》，载《内蒙古社会科学》（汉文版）2008 年第 4 期。

〔4〕 参见何挺：《法律实证研究中的实验方法》，载《国家检察官学院学报》2010 年第 2 期。

有的审慎两方面消极影响。[1] 钱弘道等则超越司法改革的范围，在法治这一更高的层面提出了“实验主义法治”的概念，认为实验主义法治的关键要素有两方面：一是在纵向功能上，要求在发展过程中坚持实践优位于理论，以渐进试错的实验实践为主要方法路径；二是在横向结构上，要求治理领域的各基层主体具有充分的实践自主性和实践能力，以形成差异化的实验，才能进一步对比评估及互相学习。[2] 这种实验主义法治的进路无疑将试点试错视为其最基本的组成要素。还有的研究者从改革方法论的角度断言，任何一项改革方案，尤其是具有全局性重大影响或者涉及对体制、机制的重大调整改革方案的全面推行，都应当在经过试点工作建言、评估并进一步完善后才能进行；未进行任何试点性工作建言的改革方案的推广和实施，都是不严谨、不慎重的，甚至可能为此付出较大的代价。[3]

综上所述，虽然研究者有关试点功能的研究切入点不同，但大多关注于试点与司法实践的互动性，并认可经由试点来推动立法这一发展路径。

（二）围绕试点合法性的争鸣

对试点合法性持质疑论者多从试点的合法性与平等性方面提出质疑。研究者指出，我国的司法改革面临一场严重的“合法化”危机，司法机关的改革突破甚至违反了现行法的规定，有非法之虞。[4] 有的学者进一步比较了司法改革与经济体制改革之间的差异，认为司法改革不能仿效经济体制改革“由下而上”的路径，原因在于两个方面：一是司法改革是不能靠司法机关“独善其身”来完成的；二是司法改革不具备在局部地区进行制度试验的条件。司法的统一性以致法制的统一性是任何情况下

---

〔1〕 参见郭松：《试点改革与刑事诉讼制度发展》，法律出版社 2018 年版，第 105 ~ 112 页。

〔2〕 参见钱弘道、杜维超：《论实验主义法治——中国法治实践学派的一种方法论进路》，载《浙江大学学报》（人文社会科学版）2015 年第 6 期。

〔3〕 参见最高人民法院课题组：《司法改革方法论的理论与实践》，法律出版社 2014 年版，第 69 页。

〔4〕 参见谢佑平、万毅：《法律权威与司法创新：中国司法改革的合法性危机》，载《法制与社会发展》2003 年第 1 期。

都不能变通的原则。[1] 还有研究者进一步指出了司法改革试点存在脱离宪法体制进而违宪的可能性。[2]

面对试点在合法性方面的争议,有的研究者试图为其寻找合法性的依据。苏宇在承认试点与形式合法性之间存在不可避免的冲突的前提下,认为试点所依靠的合法性基础中包含一种可以称为"革新理由"的新的合法性类型,并应当参照合法性秩序容纳其他实质合法性要素的方式将"革新理由"融进法治秩序中。[3] 史立梅则认为,合法律性并非合法性的唯一含义,突破现有法律也并不必然意味着司法改革就因此丧失了合法性,应该从形式合法性和实质合法性两方面来重塑司法改革的合法性理论。[4] 刘辉则放弃了形式合法性与实质合法性的二维对立评价,以程序主义的视角来讨论试点合法性的框架,并提出通过设置试点的程序来为试点的合法性提供依据。[5] 张千帆则从"良性违宪"并非通常意义上的"违宪"的角度,提出了判断违法或违宪是否属于"良性"的三个标准,并主张只要地方改革试验不仅符合宪法的基本原则,而且没有损害任何全国性利益,那么在没有其他选择的情况下,即便其合法性乃至合宪性存在疑问,地方试验仍应受到宽容,这种"良性违宪"只是在现行体制下对宪法的一种"变通"。[6]

---

〔1〕 参见顾培东:《中国司法改革的宏观思考》,载《法学研究》2000 年第 3 期。

〔2〕 参见李小明:《论司法改革的理论基础及其方向》,载《法律科学》(西北政法大学学报)2000 年第 5 期。

〔3〕 参见苏宇:《略论"试点"的合法性基础》,载《政治与法律》2010 年第 2 期。

〔4〕 参见史立梅:《论司法改革的合法性》,载《北京师范大学学报》(社会科学版)2005 年第 6 期。

〔5〕 参见刘辉:《刑事司法改革试点研究》,中国检察出版社 2013 年版,第 87 ~ 90、148 ~ 154 页。

〔6〕 三项标准包括:第一,在实体上,有关措施是否有助于落实宪法保障的基本权利? 第二,在程序上,有关措施是否有助于完善宪法所要求的民主与法治? 第三,在符合前两个条件的前提下,也就是在基本确定有关措施属于"良性"的前提下,和宪法或法律的抵触是否必要? 或者说有关措施是不是为了实现良好的实体或程序目标而不得不采取的"最后一招"? 如果通过合法合宪的方式可以同样实现目标,那么即便是"良性"的违法或违宪也不应该发生。参见张千帆:《宪法变通与地方试验》,载《法学研究》2007 年第 1 期。

针对之前争议较多的试点的合法性问题，2014 年 10 月 23 日中国共产党第十八届中央委员会第四次会议通过的《关于全面推进依法治国若干重大问题的决定》明确指出："实现立法和改革决策相衔接，做到重大改革于法有据、立法主动适应改革和经济社会发展需要。实践证明行之有效的，要及时上升为法律。实践条件还不成熟、需要先行先试的，要按照法定程序作出授权。对不适应改革要求的法律法规，要及时修改和废止。"随后于 2015 年修订的《立法法》增加规定了第 13 条，"全国人民代表大会及其常务委员会可以根据改革发展的需要，决定就行政管理等领域的特定事项授权在一定期限内在部分地方暂时调整或者暂时停止适用法律的部分规定"，以为突破现行法律规定开展改革试点提供依据。《立法法》的这一规定，以及全国人大常委会基于这一规定此后的逐项授权似乎已经在很大程度上解决了试点的合法性问题，但有关试点合法性问题的争议仍然不同程度地存在。例如，有学者认为，司法制度属于重要性程度高于行政管理的事项，《立法法》第 13 条规定的"等领域"不能包括对司法制度改革试点的授权，因而其合法性存疑；而且即使是被授权的地方改革试点，如果其在具体实施过程中违背了比例原则，仍然有违法违宪的可能。[1] 还有学者认为，有关国家监察体制改革试点属于"宪制改革试验"，全国人大常委会无权进行授权。[2]

（三）有关试点具体操作的批评与质疑

在就试点的积极效果与正面功能基本达成共识的基础上，也有研究者对于试点的一些具体操作问题提出了批评与质疑。张建伟指出了司法改革试点中的客观性问题，认为当前的司法改革试验有着对过程的控制、对条件的控制，甚至有着对结果的控制。司法改革试验没有不成功的，试

---

〔1〕 参见王建学：《授权地方改革试点决定应遵循比例原则》，载《法学》2017 年第 5 期。

〔2〕 参见沈岿：《论宪制改革试验的授权主体——以监察体制改革试点为分析样本》，载《当代法学》2017 年第 4 期。

验主持人预设立场，所谓的“试验”不过是为这一立场提供实证注脚而已。[1] 郭松则认为试点改革是一种高度技术化的法律改革活动，但目前司法机关的试点改革却存在多种技术缺陷，包括具体实施欠缺规范性、试点效果的评估缺乏科学性、地方司法机关的中立性不足、试点改革欠缺伦理规范约束和缺乏对试点改革的宏观与整体的统筹控制。[2] 葛琳则指出我国司法领域运用实验方法存在的问题，包括理论指导缺失、中立立场缺失和统筹监管缺失。[3]

（四）试点与实验研究的关系

在已有对司法改革试点的研究中，有一种常见的分析思路和观点是认为试点接近于或等同于社会科学研究方法中的实验研究，或者将试点视为实验研究的一种具体表现形式。[4] 例如，有研究者认为，试点从方法论角度而言，其实是一种关于法律制度效果或效力证明的“实验”。试点同样具备法律改革或研究领域实验方法的基本特征，共享类似的逻辑思路与操作原理。[5] 还有的研究者直接指出试点是我国司法领域运用实验方法的主要形式。[6] 甚至有研究者断言，本次司法改革以实验论证代替经验认知是方法论层面的历史性跨越。[7]

（五）进一步的探讨：如何借鉴实验研究方法完善试点

综合上述观点，虽然在司法改革试点的合法性上有所争议，但不可否认的是，即使是质疑论者实际上也无法否定试点在探索适合我国的刑事

---

〔1〕 参见张建伟：《法学方法、改革试验与正当程序意识》，载《法治论坛》2010 年第 3 期。

〔2〕 参见郭松：《刑事诉讼制度的地方性试点改革》，载《法学研究》2014 年第 2 期。

〔3〕 参见葛琳：《从理念到技术：在司法领域中运用实验方法的局限性》，载《清华法学》2011 年第 6 期。

〔4〕 有的称为“试验”，除引文外，本书统一称为“实验”。

〔5〕 参见郭松：《刑事诉讼制度的地方性试点改革》，载《法学研究》2014 年第 2 期。

〔6〕 参见葛琳：《从理念到技术：在司法领域中运用实验方法的局限性》，载《清华法学》2011 年第 6 期。

〔7〕 参见李奋飞：《司法改革的实验方法——以试点方案的类型化设计为研究对象》，载《法学》2017 年第 8 期。

司法制度和积累经验以推进刑事司法制度的整体发展方面的功能。换一个角度来讲,正是基于对试点的积极效果和正面功能的肯定,才有必要去讨论其是否具有合法性,才有需要通过理论的挖掘和创新去尝试为试点构建其合法性基础,以更多更好地通过试点推动司法制度的完善。

一方面,近年来,我国刑事司法改革迅速进入了"快车道",试点被视为推动司法改革的重要甚至必备的手段。"稳步推进、试点先行的司法体制改革路径,也是本轮司法体制改革的一项重要经验,构成了习近平司法体制改革思想的一项重要内涵。"[1]新的刑事司法改革背景对如何认识试点提出了超越试点合法性争议的一系列问题,包括:如何看待顶层设计的整体规划性试点与自下而上的自发试点之间的区别;在多项大规模试点同步展开的情况下,如何明确每项试点所带来的改变及相应的效果;如何避免尽快验证试点效果的倾向所可能产生的"人为干扰";如何看待试点内容的整体宏观性与"大试点内的小试点";如何充分利用大规模试点所产出的大规模实证数据,为法律和政策的完善奠定更为扎实的数据基础;等等。同时,之前并未得到重视与充分探讨的有关试点具体操作的客观性、科学性及技术性问题却随着试点本身的规模化而被放大了。这些问题都迫切需要对刑事司法改革试点再次进行深入审视。

另一方面,试点与实验的关系究竟如何?实验是否可以为试点的完善提供借鉴?试点可以与实验研究画等号吗?根据本书前述,刑事司法领域实验研究追求对因果关系的验证,有着较为严格规范的研究逻辑和针对不同情况的各种设计,并且实验研究必须与评估研究相结合。而前述我国刑事司法改革中的试点,虽然具有一些实验的要素,但似乎更接近于一种在真实司法环境中对新的制度或政策的尝试,两者之间并不能完全画等号,不能完全用实验研究的要求来衡量试点。例如,前述有研究者认为当前的司法改革试点有着对过程、条件的严格控制,因而缺乏客观

---

〔1〕 陈卫东:《中国司法体制改革的经验——习近平司法体制改革思想研究》,载《法学研究》2017年第5期。

性。但事实上,正如本书对实验研究基本原理的介绍,无论是自然科学还是社会科学中的实验研究,都是通过人为的干预与控制来达致超越自然状态的更为有效的观察,实施过程中的严格控制本就是社会科学实验研究的基本特征之一。如果试点可以等同于实验研究,那么试点过程中实施严格的控制实属理所当然。可见,实验研究的一些要素与规范性要求似乎并不能完全照搬类推适用于试点,试点与实验研究除了共享"改变带来效果"的基本逻辑框架外,还存在很多方面的差异。前述将试点等同于实验的判断失之简单,同样,完全套用实验研究的规范性标准来要求刑事司法改革试点也可能失之公允,并错失试点的其他功能与特点。

因此,在中国刑事司法改革语境下探讨实验研究,必须将实验研究与司法改革试点的关系作一厘清。厘清两者关系的目的并不在于给出一个两者能否画等号的答案,更重要的则在于是否应该及如何借鉴实验研究在验证"输入制度"与"产出效果"之间因果关系方面的独特功能及其研究方法与过程的科学规范性,来为我国刑事司法改革试点"注入"有益的元素,使试点能在刑事司法改革过程中发挥更大的推动作用。如果试点与实验研究不能完全画等号或者试点不仅仅是实验研究的一种表现形式,那么我们在审视试点的规划设计、开展适用、评价试点的效果及推广试点经验时又应当采取哪些不同于实验研究的视角,实验研究在因果关系推论上的优势及相应方法上的规范性要求又能为试点的有效开展提供哪些有益启示呢?尤其是在试点之于刑事司法改革的特有功能和积极作用已获公认的基础上,在政策制定者、立法者和司法者在新的司法改革背景下对试点的期待进一步提升的情况下,迫切需要对司法改革中的试点再次进行科学的审视,而以试点与实验研究方法异同的比较为视角,或能为正确全面认识刑事司法改革中的试点提供一个有效的分析框架,并为新背景之下试点的有效开展提供相应的理论支撑。

三、刑事司法改革试点与实验研究的共性

(一)相同的逻辑框架

如本书第二章所述,实验研究的基本逻辑就是由实验主体通过相应的设计,来观察实验对象的“刺激(改变)—反应”的过程,以确立刺激(改变)与反应之间的因果关系。“实验的基本目标是决定两个变量之间是否具有因果关系。”[1]实验方法也是社会科学研究中建立因果关系的最好甚至唯一的方法。一般而言,实验研究推断因果关系必须满足三个条件:(1)原因(自变量)先于结果(因变量)发生;(2)原因与结果之间具有联系;(3)必须保证没有其他关系能够解释原因与结果之间的关系。

考察我国刑事司法改革试点的历史可以发现,无论是之前的分散自发性试点还是这一阶段的整体规划性试点,其实都遵循着相同的基本逻辑与步骤。第一步是存在并发现问题,即司法实践中存在着迫切需要解决的问题,而同时国家立法或政策并不能提供有效的制度供给,不能针对性地解决问题。正如研究者所观察到的,“地方性的试点改革异常活跃,其主要原因在于国家层面的司法改革指导意见并不能完全满足地方司法的实际需要”。[2] 第二步是寻找解决问题的办法与方案,通常通过查找问题的症结所在、进行理论上的论证或者借鉴域外的经验来形成试点方案。试点方案既可能是对现行做法的改良,也可能是用一种新的办法取代现行做法,但无论如何,创新或改变是试点方案的核心特质。第三步是将试点方案付诸实施,考察其在司法实践中的适用效果,重点关注这一创新措施是否解决或在一定程度上缓解了之前存在的问题。第四步是总结试点中的经验并予以推广。对于被认为实现了预期、解决了实践问题的试点,都希望将试点的具体做法推广适用于更为广泛的范围,甚至被国家政策或立法所吸收采纳。回顾刑事司法改革试点的历程,这种来自部分

---

〔1〕 风笑天:《社会研究方法》(第4版),中国人民大学出版社2013年版,第182页。

〔2〕 熊秋红:《司法改革中的方法论问题》,载《法制与社会发展》2014年第6期。

地区试点的经验总结与推广并不罕见,例如,自发开展的"普通程序简化审"试点被中央司法机关的司法解释所吸收并规定,而2012年《刑事诉讼法》修改更是吸收了多个地方试点的经验。[1]

比较刑事司法改革试点的基本步骤与实验研究的基本逻辑可以发现,试点与实验都建立在一个基本相同的逻辑框架之上:试点(实验)主体有意识地改变某种情形,并观察改变对结果产生了哪些影响,而在实施改变之前,试点(实验)主体都假设这种改变很有可能产出其所希望的结果,而在实施改变之后,则希望将结果的变化归因于措施上的改变。

(二)围绕创新与改变这一核心进行建构

如本书第二章所述,实验研究围绕着引入自变量这一干预措施而开展,而试点所尝试的与实验所检验的一般都是在之前的日常环境中未曾发生或不会发生的,试点与实验都通过引入新的措施来实现改变,并进而观察新措施引入后的影响。缺乏创新,试点将不复存在;同样,缺乏改变,实验将"沦为"在推论因果关系方面效度较低的其他研究而丧失独特功能。创新与改变是试点与实验无可争议的核心。这一方面共同点要求试点要如同实验研究一般明确改变的具体内容,使创新措施与日常情况明确区别开来,正如实验研究中自变量必须能够很好地被"孤立"一样。[2]

(三)适用于多数对象实现可重复性

推断因果关系不可能建立在对原因与结果单次观察的基础之上,将引入与控制原因和系统观察结果在多数实验对象上进行重复,是实验研究基本逻辑的重要方面。实验的可重复性是实验结果具有高度确定性的

---

〔1〕 此处归纳的是试点的一般情况,或者是具有积极价值的试点的一般状况。对于那些"噱头式""盆景化""个别精品案例式""雷声大雨点小"的试点,则未必完全遵循上述基本逻辑与步骤。

〔2〕 参见风笑天:《社会研究方法》(第4版),中国人民大学出版社2013年版,第185页。

前提条件,同时也是科学研究中的实验区别于日常生活实验的本质属性之一。实验的可重复性通常表现为样本数量上的要求,并决定了实验属于定量研究而非定性研究。因此,可以作为实验对象的必须是多数主体,而不是单一、独特的存在。在具体实验中,实验的可重复性或实验样本的多数性通常表现为实验刺激(改变)作用于多数的实验对象,以及实验在不同的时间、地点多次开展。

与此类似,刑事司法改革中的试点方案同样适用于一定数量的案件或人。在绝大多数情况下,试点方案要解决的问题绝不会只存在于个别案件之中,从改革的动力来说,只有时常遇到且具有迫切性的问题才会成为试点致力于解决的问题。同样,只是在个别案件中获得成功的试点方案亦无法得到多数人的认可。从另一个角度来说,法律实施在数量上的规模性与时空上的持续性还为试点适用于多数对象实现可重复性提供了最基本条件,包括试点方案在内的"规范"的适用并非仅针对少数个别人,而必然具有一定的规模,而近年来的大规模试点则进一步保障了试点方案适用对象的数量。从这一方面来说,与实验研究一样,试点方案同样需要注意适用对象的数量,并将结论建立在对一定数量适用对象的观察之上。

(四)具有将局部结论外推或概化的强烈倾向

虽然实验在限定的范围内开展,但研究者开展实验研究的最终目的是对解释变量之间的因果关系提供普适性的理论,而非仅满足于实验范围之内。正是基于这种强烈的结论外推与概化的倾向,如本书第二章所述,实验研究的方法论才会采用"外部效度"这一衡量指标,以专门对研究结论的代表性以及从被研究的实验样本推广到更大总体的概括性进行评价。[1]

与实验相同,试点也具有时间上的暂时性和地域上的局部性特征,而

〔1〕 参见[美]Frank E. Hagan:《犯罪行为研究方法》(第7版),刘萃侠等译,中国轻工业出版社2009年版,第55页。

试点的结论与经验也同样被希望适用于更为广泛的范围。试点这种由点到面、在局部先行尝试以取得经验的方法论，核心内容就在于将部分地方的尝试及获得的局部经验，上升为国家的整体政策或法律，从而实现对原有政策或法律的渐进调整。尤其是这一阶段开展的大规模整体规划试点，在全国人大常委会的授权决定中即明确规定，对实践证明可行的试点，应当修改完善有关法律适用于更大的范围。虽然刑事司法改革试点是一种在真实司法环境中开展的实地工作，类似于实地实验而外部效度相对较高，但在局部地区试点的结论与经验的推广方面，仍然可以并需要参照实验研究方法论中关于外部效度的探讨进行审视，尤其是在试点因各种主客观因素改变司法环境的“原生态”而呈现出“人为干预”的情况之下。事实上，早有学者对我国整体改革过程中地方试点结论能否外推提出过担忧：一方面是局部性经验与当地自然、社会、历史条件密切相关，离开当地的条件盲目进行经验推广的可行性较低；另一方面是许多地方政策试验的成果本质上是特殊政策支持的结果，如同“温室里的花朵”而不具备推广的可能性。[1]

(五)建立在实证经验的基础之上

实证研究或经验研究的独特价值，核心在于在经验性“发现”的基础上进行逻辑推论。从某种意义上来说，实验研究是实证研究中“等级”最高的形式，其结论的得出完全建立于研究者在实验过程中按照研究设计所直接收集的数据基础之上，归结于研究者的自身经验。

而试点之所以被认为在探索适合我国的刑事司法制度方面具有独特的功能，最重要的原因也在于能够将法律改革方案置于真实刑事司法情境中予以尝试并产生“预知未来式”的经验，从而为研判下一步的改革提供了宝贵的实证基础。试点与实验一样，也会在开展的过程中产生大量的经验数据需要收集、整理和统计分析。就这一方面共同点而言，试点还

---

〔1〕 参见吴昊、温天力：《中国地方政策试验式改革的优势与局限性》，载《社会科学战线》2012年第10期。

需要借鉴实验研究在设计、收集和分析数据方面的具体操作，充分利用试点经由“人为改变”所“制造”出来的实证数据，以将试点经验的总结更好地建立在蕴含着经验的实证数据基础之上，并使下一步的刑事司法改革真正成为实证数据驱动式(data-driven)的改革。

四、刑事司法改革试点与实验研究的差异

(一)实验内容的单一性与试点内容的整体复合性

实验研究通常能够建立的是个别自变量与因变量之间的因果关系。一般而言，社会科学实验研究更适合目标较狭窄、短期微观水平上的问题，而不太适合许多因素共同起作用的复杂宏观水平上的问题。实验通常不适合回答许多不同影响因素且涉及整个社会或持续数十年的问题。最适合实验且能发挥实验法优点的通常是以 2 个或 3 个变量为目标并且关注范围较狭窄的问题。[1] 如本书第二章所述，多变量常常导致不容易区分自变量与因变量之间的关系，而且由于影响实验对象的许多种因素之间本来就是相互关联的，此类问题很难简单地拆分为多个单变量的问题进行研究。实验自变量数量的增加会使实验设计的复杂程度成倍增长，进而在实验环境、样本数量、组别分配等方面提出更高的要求，并因此在实验研究方法论中发展出多因素实验设计的具体方法。例如，本书第四章所介绍的在德国开展的有关案卷信息是否会导致法官偏见的多因素实验，由于同时测量了两个自变量对因变量的影响，因此在组别数量、自变量的施加和因变量的测量方面都有不同的更高要求。

与实验内容的单一性相比，试点的内容则呈现出明显的整体复合性，即试点所尝试的是一种包含一系列要素的改良或创新的制度或机制，是一种整体性与复合式的改变，而非个别要素或变量的改变，而且这种整体复合性改变在近年来的大规模整体规划试点中表现地愈加明显。以刑事

[1] 参见[美]劳伦斯·纽曼：《理解社会研究——批判性思维的利器》，胡军生、王伟平译，人民邮电出版社 2015 年版，第 190 页。

速裁程序试点为例，全国人大常委会授权开展试点后，最高人民法院、最高人民检察院等四机关共同制定的《关于在部分地区开展刑事案件速裁程序试点工作的办法》规定了速裁程序适用的案件范围与条件、强制措施适用、量刑建议、调查评估、审理方式和期限变化等一系列内容，而且各试点地区还可以结合各自的情况自行探索适当的具体机制和配套措施。最高人民法院和最高人民检察院于 2015 年 10 月 15 日向全国人大常委会做出的中期报告则从刑事诉讼效率明显提高、认罪认罚从宽充分体现、当事人权利得到有效保障和促进司法改革整体推进四个方面报告了试点的成效。〔1〕 如果用上述试点与实验研究共享的基本逻辑框架进行分析，可以认为，速裁程序试点所导致的适用速裁程序这一整体性改变，实际上是由一系列要素组成的"自变量群"，而这些适用范围、审理方式等一系列自变量在试点实施过程中毫无疑问是互相关联和互相影响的，而中期报告所观察到的一系列效果则可以视为"自变量群"改变后所导致的"因变量群"的变化。〔2〕 虽然在实验研究中也可以存在"因变量群"，但试点的"自变量群"所呈现出来的整体复合性的改变确实与实验研究存在很大的差别。

（二）试点难以达到实验的严格规范要求

社会科学能否如同自然科学一样开展严格规范的实验研究向来都存有争议。迪尔凯姆就曾有过社会现象过于复杂而无法开展实验的论断。〔3〕 虽然很多研究者致力于在社会科学特殊环境下开展实验研究并在方法论上取得了长足的进步，但不可否认的是，鉴于社会现象的多样化

---

〔1〕 参见最高人民法院、最高人民检察院关于刑事案件速裁程序试点情况的中期报告，载 http://www.npc.gov.cn/npc/xinwen/2015-11/03/content_1949929.htm.，最后访问日期：2017 年 8 月 7 日。

〔2〕 即使是在之前的自发分散试点中，大多数试点的改变同样具有整体复合性。一个很好的例证是，很多试点都制定了相应的实施细则或指南，规定了试点中的一系列"改变"。

〔3〕 参见［法］E. 迪尔凯姆：《社会学方法的准则》，狄玉明译，商务印书馆 1995 年版，第 139 页。

和主要研究对象——“人”的复杂性，社会科学实验在很大程度上无法完全达到自然科学实验的严格规范程度。

社会科学实验研究通过精心的事先设计和实验过程中的严格控制来提升其严格规范程度。事先的设计包括如何选择具体的实验对象、实验的时间长短、是否需要建立以及如何划分实验组与对比组、如何防止实验对象获知实验主体的实验目的以避免实验对象的主观倾向干扰实验结果、能否对刺激（改变）实施前后的因变量进行测量以及测量的时间点及具体方式等一系列内容，而且这些设计必须与拟实验的问题、已有的理论以及具体的实验环境相适应。研究者还逐步归纳出本书第二章所介绍的各种实验设计，以便更好地进行应用。在实验的过程中，则要按照事先的设计进行严格的控制，保证实验严格按照设计展开，其中最为重要的就是把实验对象“保护”起来，避免因实验对象接受了其他变量的刺激而出现对因变量发生变化的替代解释。“控制是实验的灵魂。实验结果是否精确、可靠，在很大程度上取决于对实验条件的控制。”〔1〕实验研究的逻辑要求小心地控制好实验环境的各个方面，实验环境中没有控制好的任何方面都可能成为因变量变化的替代解释，并削弱证明自变量和因变量之间存在因果关系的能力。〔2〕实验过程中的严格控制还包括避免实验对象（样本）的流失与损耗，避免实验的整体环境发生较大的变化等。通过事先设计和过程中的严格控制，实验甚至可以带来“纯粹”、“极端”和“人造”的经验。甚至有研究者认为，在一定程度上可以认为实验研究是一种“人工制作”式的研究方式。〔3〕

如果进一步以本书前述的社会科学实验研究的基本原理为标准进行衡量，刑事司法改革试点的严格规范程度更是受制于一系列因素的影响

〔1〕 王树茂：《科学实验》，辽宁人民出版社1987年版，第91～92页。

〔2〕 参见［美］劳伦斯·纽曼：《理解社会研究——批判性思维的利器》，胡军生、王伟平译，人民邮电出版社2015年版，第195页。

〔3〕 参见风笑天：《社会研究方法》（第4版），中国人民大学出版社2013年版，第185页。

而差距良多。

首先,与实验过程中的严格控制相比,试点在真实的司法环境中开展,各种未曾预见的、不可改变的主客观因素(甚至包括不同试点在同一地点同时开展的互相影响)有可能接踵而来,渐次对试点的过程和结果产生影响。即使参照实验研究事先对试点的开展进行了相应的设计,也完全可能被试点过程中遭遇的各种状况所打乱。正如有人形象总结的那样:"在现实生活中,做实验就像打仗:一旦交锋,所有的预先设计都将化为乌有。"[1]或者反过来说,试点本身就是要在真实司法环境中检验法律改革方案的效果,因此本就不应该对试点的过程进行如同实验般严格的控制。

其次,试点的开展还会受到道德伦理与法律的限制。法律寻求实验的支持并非易事,它处在需要好的实验设计和法律的平等正义观念的明显冲突之中。例如,一个好的实验设计要对在法律面前享有平等权利的人们施以不同的实验处理,其目的仅在于发现这种不同处理的效果,而按照通常的法律观点,这却是对人的一种不公正。[2] 试图按照经典实验设计尝试随机分配的试点改革,也可能因为法律面前人人平等的原则或伦理道德的要求而不得不降低其严格规范性。

最后,试点在时效性方面的要求也会影响规范性。法律改革具有很强的时效性,而试点由于与法律或政策的下一步改革密切相关,也具有很强的时效性。一般而言,在试点实施前,常常没有充分的时间进行"前测"以确定与试点实施后效果进行比较的基准线,或者虽有"前测"但也仅限于办案机关台账或系统数据中所能得出的个别指标,而无法针对试点内容进行更为细致入微的测量;在试点结束后,也通常无法留有足够长

---

〔1〕[瑞士]雷托·U. 施奈德:《疯狂实验史》,许阳译,生活·读书·新知三联书店 2009 年版,前言。

〔2〕参见[英]C. I. 豪沃思、M. J. 冈恩:《实验立法》,洪戈力译,载《环球法律评论》1986 年第 6 期。

的时间如同实验研究一般进行“后测”或“后后测”。但事实上，包括刑事司法领域在内的社会改革的效果往往需要一个较长的时间才能体现出来并被较为准确地观察到。例如，对于重新犯罪率的考察一般都需要长达数年的回访与跟踪。

基于以上原因，如果参照实验研究因果关系推论的逻辑严格程度高低不同的各种设计，试点适用真实验设计极为困难，因为在真实司法环境中适用随机分配难以实现，但试点参照准实验设计的时间序列设计、非同等控制组设计和多元时间序列设计则具有现实可行性。考察我国现有试点的公开资料，除了有研究者参与设计和评估的试点外，少数试点在呈现试点效果时使用了类似于准实验的时间序列设计，[1]但更多的试点则类似于前实验设计中的仅有后测的单组设计，即既没有非随机分配的控制组，也没有前测，仅仅呈现了试点后的状况而未与试点前的状况进行比较。

（三）试点具有实验所不具备的功能

社会科学实验研究的核心功能在于验证变量之间的因果关系，并借由这种理论上的因果关系去更好地理解社会现象和引导社会生活。实验研究的总结归纳同样围绕因果关系是否被验证展开。通过实验过程中的测量与数据收集，实验结束后需要经由统计分析来检验实验开始前理论假设中的因果关系是否得到验证。实验的结果通常有两种：一种情形是理论假设中的因果关系在实验中得到验证，则需进一步考虑能否将在这一实验研究中验证的因果关系概化或推广适用于更大的范围，通常需要考虑实验环境与真实情境之间的差距、本项实验研究在方法上是否存在局限以及实验中是否可能存在一些特定因素影响到因果关系的建立等。

---

〔1〕　例如，2009 年 9 月开始推行省级以下人民检察院立案侦查的案件逮捕权“上提一级”的试点，在呈现这一试点的效果时，最高人民检察院从捕后判无罪率、不捕率、自侦部门采纳立案建议率与纠正违法建议率等方面比较了试点前的 2009 年与 2010 年至 2011 年上半年试点期间的数据。参见李娜：《最高检侦监厅盘点职务犯罪案件“上提一级”改革错捕和“以捕代侦”现象得到遏制》，载《法制日报》2011 年 8 月 29 日，第 5 版。

另一种情形则是实验未能验证理论假设中的因果关系,此时则需要反思实验过程中哪些因素可能最终影响了结果以及是否需要对之前的理论假设进行修正,例如,将这一理论上的因果关系修正适用于更为特定的群体或者更为特定的条件与情形之下。[1] 一般而言,实验研究总是源自良好的设想,研究者只有认为某一做法或措施能够导致相应的变化时才会将其置于实验中进行尝试,而且这种设想也往往建立在理论的推演、之前研究发现的基础之上而非凭空想象,但这并不意味着实验研究的结论必然是验证之前的假设。

试点同样希望验证试点的法律改革方案可以产出预期的相应效果,并以此来指导更大范围内的法律改革。但是,试点的这种验证与实验对于因果关系的验证相比存在很大的差别,具有极强的探索属性,呈现为一种探索性的验证或者在探索过程中的验证,从而使试点具有了实验所不具备的其他功能。

事实上,如果回溯到实验发展史以及自然辩证法关于实验的理论分类,我们可以发现不同种类实验所承担的不同功能。“在科学中有两种实验——经验驱动型实验和理论驱动型实验。区分这两种类型的实验是非常重要的:经验驱动型实验探索或发现现象,而理论驱动型实验验证理论。”“经验驱动型实验则是发现现象的有力工具。”[2] 经验型实验的目的只是“发现行为的规则模式”,而不能产生或验证理论,更不能发现因果

---

〔1〕 例如,在美国纽约州进行的一项监狱矫正实验中,实验结果是并未能验证之前的假设——基于“认知行为推理与复归”理论而设计的出狱前培训服务能帮助监狱服刑人员在出狱后更好地复归社会;相反,接受出狱前培训服务的人较之未接受培训服务的人重新犯罪率更高。研究者因此对假设、实验设计以及实施情况进行了全面、持续的反思,如这一假设只适用于低风险的监狱服刑人员。See James A. Wilson, Robert C. Davis, “Good Intentions Meet Hard Realities: an Evaluation of the Project Greenlight Reentry Program”, *Criminology & Public Policy*, 2006, Vol. 5 (2), pp. 303 – 338.

〔2〕 [美]戴维·威勒、亨利·沃克:《实验设计原理:社会科学理论验证的一种路径》,杜伟宇、孟琦译,重庆大学出版社 2010 年版,第 12、32 页。

机制。[1] 在自然辩证法的理论体系中,科学实验按其直接目的和它在整个科学认识中的作用,可分为探索性实验和验证性实验两种类型。探索性实验,是指实验者创设各种可能的物质条件和利用各种实验手段,干预自然现象的发生与发展过程,以探讨研究对象的未知性质、具体特征、各种属性及与其他现象的关系为目的的那一类实验方法的总称。实验本身带有很强的试探性质,因此它在研究工作的初始阶段作用较大,是搜集事实、积累资料的重要手段。[2] 如果进行类比,刑事司法改革中的试点更为接近于经验(驱动)型实验和探索性实验,除了验证试点的法律改革方案能否产出希望的效果外,还有一系列的探索性功能,包括但不限于如下几个方面。

第一,"试错"并相应调整方案的功能。"试错法"(trial and error)是卡尔·波普尔提出的方法,他认为科学的发展是经由不断提出探索性的猜想,并通过反驳和证伪不断排除猜想中的错误而实现的,"试错法"是要通过证伪去达到暂时的"确认"。[3] 从某种意义上来说,刑事司法改革中的试点是一种典型的试错:通过在司法实践中尝试新的做法(提出探索性的猜想)并观察判断其效果,对于效果不佳的则调整相应的做法再行观察,通过不断的证伪直至产生暂时最佳的方案(之后仍可以继续调整)。在之前的自发分散性试点中,由于缺乏整体性的规划,试点的"试验田"和自由探索最佳方案的属性相对更为明显;而现阶段的整体规划性试点也仍然保留了各地探索具体操作方法的空间,仍然可以试错并调整。正如陈卫东教授对司法体制改革试点的总结:"鼓励各个试点省份针对同一改革目标采取不同试点模式,通过横向改革过程及其成效的对比,发现各个方案之间的优劣以及在我国试点过程中有哪些可取之处和需要规避的

[1] 参见刘军、赵岩、李艳春:《论理论导向的实验研究》,载《甘肃社会科学》2014 年第 2 期。

[2] 参见刘蔚华、陈远主编:《方法大辞典》,山东人民出版社 1991 年版,第 261 页。

[3] 参见[英]卡尔·波普尔:《猜想与反驳》,傅季重等译,上海译文出版社 2001 年版,第 318 页。

地方。"[1]因此,基于试点的试错并调整的功能,对试点就不能简单进行"成功"或"失败"的二分法评价,而应当站在更为客观也更为包容的立场来评价司法改革中的试点,因为试点的猜想与探索未达预期而被证否本身就是试错过程不可或缺的组成要素。正如研究者在探讨我们所采用的试点工作方法时所指出的,试点方法的实践性区别于一般实践之方面在于它带有强烈的探索性。试点是探索性的,试点实践检验的结果,无论是成功或失败,都达到了试点的目的,即证实或补充了原先的设想。[2]

第二,探索"副产品"的功能。试点作为局部性的改变被"嵌入"各种制度高度关联的真实司法情境中时,其产生作用的对象与方向可能完全不受试点设计者主观预期的限制,试点完全有可能探索出意想不到的效果。例如,研究者在探究隔离式量刑程序试点在促进量刑过程的透明度和公开性、提升参与者满意度、对诉讼效率及诉讼成本以及量刑结果的影响等方面的效果时,却意外地发现隔离式量刑程序有助于提升庭审实质化。[3] 试点有时甚至可能出现"有心栽花无心插柳"的效果,即预期的效果没有达致,但却在其他方面取得了成效。试点的这一方面探索性功能要求我们看待试点的效果时应当抱有更为开放的视野,不应忽视这些"副产品"。

第三,探索与调整司法改革目标的功能。试点主体在试点开始前可能会"高估"试点的效果,或者对于试点的实施抱有不切实际的乐观,希望试点能够"毕其功于一役"地解决某个或某些问题。但不可否认的是,试点开展后受制于各种主客观因素的影响,完全有可能出现虽有一定效果但并非如预期的那么理想的状况。例如,研究者在探究羁押巡视制度试点的效果时发现,羁押巡视制度较为有效地改善被羁押人的生活条件,

---

〔1〕 陈卫东:《司法改革在试点中探索》,载《中国报道》2014 年第 10 期。

〔2〕 参见杨洛:《论试点方法的认识论意义》,载《哲学研究》1984 年第 1 期。

〔3〕 参见陈卫东、程雷:《隔离式量刑程序实验研究报告——以芜湖模式为样本》,载《中国社会科学》2012 年第 9 期。

但在保障被羁押人的诉讼权利方面发挥的作用离预期尚有不少差距。[1] 从这一点出发,刑事司法改革试点不仅具有调整改革方案以进行制度再设计的功能,同样具有调低不适当的目标以进行目标再设定与目标合理化的功能,而这无疑有助于对刑事司法改革的方案重新进行理性的认识,毕竟司法领域中的改变通常都是很缓慢、艰难的,应当对刑事司法改革的效果抱有合理的期待。

第四,探索试点参与者及利益相关方的主观认识的功能。任何一项法律制度的实施都离不开"人"的因素,相关人员的主观认识是司法改革能否推开、法律制度能否有效适用不可忽视的要素。正如美国学者在观察一系列美国刑事司法改革试点项目后总结的那样,推广一个新想法最为有效的方式,通常是在那些直接参与到项目成功实施的人中间树立正面的口碑。[2] 试点开展后,试点参与者及利益相关方随之会对试点所带来的改变产生相应的主观认识,而这些主观认识实际上是试点方案被推广后更大范围的相关人员主观认识的"缩影"或者"样本"。这些主观认识只要是真实的,无论是认可、支持、怀疑甚至否定,都能为试点方案的再调整提供重要的参考,因而都是极为宝贵的。这一方面的探索功能要求试点开展时亦应关注、收集参与者及利益相关方的主观认识。

五、刑事司法改革试点的有效开展:实验研究方法的启示

基于上述异同两方面的分析可以得出的结论是,无论是自发分散还是大规模整体规划,刑事司法改革中的试点与社会科学实验研究在共享"改变带来效果"这一基本框架之上,其实还有着各自的生发环境与发展逻辑,两者之间异同并存,将试点等同于实验或者将试点视为实验研究的一种形式并套用实验研究的要求未免失之简单,甚至可能是对试点的一

---

〔1〕 参见陈卫东:《羁押场所巡视制度研究报告》,载《法学研究》2009 年第 6 期。

〔2〕 参见[美]格雷格·伯曼、奥布里·福克斯:《失败启示录——刑事司法改革的美国故事》,何挺译,北京大学出版社 2017 年版,第 196 页。

种“误读”。当然,从长远来看,今后通过规范的实验研究验证因果关系进而推动司法改革亦可尝试并值得提倡,但目前较为现实或更为迫切的则是更为理性地看待试点的功能,并参考实验研究方法改进试点的具体操作以使其能更为有效地开展。

(一)理性对待试点的验证功能与全面认识其他功能

首先,需要明确试点对改革方案的检验并非实验研究对因果关系的验证。如前所述,通过实验研究推论因果关系需要符合严苛的条件,建立在严格控制以排除其他变量的影响和防止出现替代解释可能性的基础之上,严格来说也只有随机分配的真实验设计能够推论因果关系。刑事司法改革试点的内容具有整体复合性,亦无法实现实验研究所要求的规范性与严格控制,毫无疑问无法达致这样的要求。因此,实验研究方法的首要启示在于打破试点可以验证改革方案与产出效果之间因果关系的这种“奢望”。从某种意义上来说,试点检验的只是一种在一定环境下实施改革方案很有可能产出预期效果的可能性或趋势,以及在真实司法情境中实施改革方案是否会出现未曾预期的正面或负面效果。

其次,试点有可能无法验证预期效果。正如实验存在未能验证假设的因果关系这一可能性,试点所尝试的改变也可能未带来预期的效果或效果不明显,而试点超越实验研究的探索功能更要求我们对试点的结果抱有开放的态度,因为试点的猜想与探索未达预期而被证否本身已经实现了试点的“试错”功能,并为改革方案的下一步调整提供了实证依据。从某种意义上来说,试点未产生预期效果并非试点的失败,在试点未产生预期效果或出现未曾预期的负面效果时不在反思的基础上调整改革方案可能才是真正的失败。长期以来,我国刑事司法改革试点存在“只有成功没有失败”的现象,即使是那些喧嚣一时后最终归于寂寥无声的试点,在其热火朝天时往往充斥着正面的报道,而在其销声匿迹后也鲜见对其效果如何及相关原因的反思。与实验研究的比较带来的另一重要启示正在于应理性界定试点的成败,并正视试点未能验证预期效果这种可能的

“失败”。

最后，试点所得出的结论不必然可以外推或概化。如上所述，试点与实验研究都在局部开展并希望将结论外推或概化，但由于局部并不必然等同于总体，在局部所获得的结论也不必然能适用于总体。在实验研究中，即使是随机分配实验，在将结论外推时也必须考虑实验样本与总体之间、实验过程与真实情境之间的差异，并基于实验以外的其他依据来论证结论外推的可行性。正如研究者所指出的，对外推合理性的信念不可能来自实验本身，它应该来自别的知识来源，这些来源可以判断外部因素是否会对结果产生影响。〔1〕同样，试点方案在试点地区产出了相应的效果这一结论能否适用于更大的范围，同样应建基于试点以外的其他依据之上，如其他地区与试点地区的一致性或相似性、试点所面对问题的普遍性等。进一步而言，正是因为试点结论不必然能够外推或概化，将试点方案适用于更大的范围后未获得如同试点般的效果或遭遇新的问题也实属正常并可以接受。

综上，试点确实具有在真实司法环境中验证改革方案的功能，但这种验证是一种综合性、概然性和局部性的验证，并不能普适性地、盖棺定论地确立起输入的改革方案与输出的效果之间的因果关系。基于此，我们应当理性看待试点的验证功能，不应过度追求试点对于预期效果的验证甚至视之为试点的唯一目标，应当对试点验证改革方案预期效果的结论抱有适度的谨慎态度，对试点方案的推广则需充分考虑适用范围和条件，并做好继续探索与修改完善改革方案的充分准备。与此同时，在理性“调低”对试点验证功能的预期后，还应当全面认识试点的一系列探索性功能，包括：不断调整改革方案的“试错”功能；观察试点方案被“嵌入”后与其他制度、因素的互动关系及产生其他未曾预期“副产品”的功能；调整司法改革的远期与近期目标和理顺司法改革发展路径和步骤的功能；收

---

〔1〕参见［美］汉斯·采泽尔、戴维·凯：《用数字证明——法律和诉讼中的实证方法》，黄向阳译，中国人民大学出版社 2008 年版，第 24 页。

集与试点密切相关人员的真实认识并获得基层支持的功能;等等。如果能够超越尽快验证试点方案效果的简单逻辑,而采用一种更为系统、动态、发展和开放的功能观来看待试点,则将使试点最大限度地发挥其在推动司法改革方面的独特功能。

(二)建立试点的实证数据基础与开展第三方循证评估

无论是检验改革方案的效果还是进行探索,试点各方面功能的发挥无疑都植根于其在真实司法情境中开展这一根源,依赖于试点过程中生发的真实经验。与试点开展如影随形而产生的各种实证数据,不仅仅是这种真实经验的载体,更应当是总结与呈现试点状况与效果并体现试点独特价值的主要甚至唯一依据。然而,观察实践中试点开展的整个过程,却不难发现对真实经验这一核心的偏离和对实证数据的重视不足:试点开展前缺乏与改革方案和拟验证的效果相匹配的数据收集方案;试点过程中由于缺乏相应的数据收集方案导致数据未被收集固定而时过境迁不复存在;试点结束后的总结则数据支持不足,往往呈现为宏观的论断甚至主观的臆断,通常只有对试点实施的过程性介绍,而缺乏对试点实施效果建立在实证数据基础上细致入微的论证。此种错失承载真实经验的实证数据的状况,如同进入了试点所营造的"人为改变"的真实情境这一"宝山"却"空手而回",从根本上削弱了试点的独有功能。因此,亟须借鉴实验研究设计、收集与分析数据的观念与做法,回归试点的实证经验这一根源。关于实验研究与刑事司法改革试点中的数据运用将在本书第六章详细探讨,此处仅提出以下三方面的整体性启示。

首先,需要树立试点过程中实证数据无处不在的观念。将试点过程及包括相关人员的主观认识在内的所有片段视作并分解为承载着经验事实的可供运用的数据,并将这些具体数据与试点内容、步骤及所承载的各项抽象功能相链接,使数据成为呈现试点状况与检验试点效果的最主要依据。

其次,需要强化试点前数据收集方案的设计和试点过程中的数据收集。数据类似于证据,如果不及时有针对性地保存固定就会变化甚至消失而不可复得。应当参考实验研究方法,在设计试点方案时,根据理论归纳与司法实践的具体情况,综合考虑呈现试点状况与检验试点效果所需要的数据以及试点过程中可能产生的数据,一并设计试点的数据收集方案,甚至可以通过试点前的“小试点”对数据收集方案进行试测,以使试点前数据收集方案的设计符合实际情况,并最终与试点改革方案的设计同步进行、同步完成。同样,试点过程中的数据收集也应当与试点的开展同步进行,并可以对数据收集方案进行局部的微调。从某种角度来说,与设计并执行试点方案相比,试点前设计数据收集方案和试点过程中收集数据的工作同等重要,而这也正是目前刑事司法改革试点中亟待加强的方面。

最后,要依据数据进行论证并得出结论,使试点的效果呈现、经验总结与进一步调整适用围绕着蕴含真实经验的数据而展开,从而使实证数据真正成为试点这种具有鲜明中国特色的司法改革方法的扎实基础。

将试点建立在扎实的实证数据基础之上还可以从如何对试点开展评估的角度进行思考。近年来,起源于公共政策领域的第三方评估在司法改革试点中也渐成“流行词汇”,试点的成效不能仅凭试点主体的“自说自话”而应当经过第三方的评估似已达成共识。“第三方评估”凸显了评估主体的中立地位这一方面,但对评估的要求同样不应仅限于第三方主体,除此之外,专业科学的评估还需要遵循其他一系列研究规范的要求。“对社会研究规范的遵守,是评估研究的核心观点。”[1]这其中非常重要的就是评估对真实经验的需求和依赖,对试点的评估同样应当是一种基于真实经验的循证(evidence-based)工作。“项目评估并非基于直觉,它不基于评估者所持的标准或价值,它也不基于评估者的偏好,而是基于他

〔1〕 [美]彼得·罗希、马克·李普希、霍华德·弗里曼:《评估:方法与技术》,邱泽奇等译,重庆大学出版社2007年版,第12页。

们能够用来证明的事实。”[1]因此,对试点的总结与推广应建立在由中立第三方所进行的依赖于实证证据的循证评估基础之上,这与将试点建立在扎实的实证数据基础之上实属殊途同归。而且,从某种意义上来说,只有对试点进行循证的评估,才能使试点接近或成为一项实验研究,以更好地实现其验证的功能。关于实验与试点评估的具体开展,将在本书第七章第三部分予以具体探讨。

(三)借鉴实验方法改进试点的具体操作

对于今后刑事司法改革试点的开展,除了上述两方面总体性启示外,实验方法在具体操作方面也有很多值得借鉴参考之处。

第一,试点方案借鉴准实验设计。虽然不应简单追求验证试点方案与效果之间的因果关系,但同样可以根据试点的具体情况借鉴实验的不同设计以更为科学准确地呈现试点改变所带来的效果。同时,鉴于司法领域的特殊情况,真实验设计所需要的随机分配面临的操作与伦理困境极难克服,试点更多地应该借鉴准实验的设计,采用时间序列设计(试点前、试点期间以及试点后等多个时间段之间的比较,试点期间亦可以进一步分为前期与后期等)、非同等控制组设计(试点地区与非试点地区之间的比较、不同试点地区之间的比较、试点案件与经过配对组成的具有类似特征的非试点案件之间的比较等)以及综合运用时间序列设计与非同等控制组设计的多元时间序列设计(试点地区与非试点地区在试点前、试点期间等多个时间段之间的比较)等。事实上,借鉴准实验设计的核心要义在于,今后的试点应该尽可能地设计有相应的控制组(即使控制组不是随机分配产生的)或比较的对象,而且这种控制组或比较对象的选择应当按照试点的具体情况尽量科学(包括一定条件下可以尝试随机分配的设计)。因为只有建立在科学的比较对照基础之上,试点所带来的改变与效果才能更为真切准确地呈现出来,这也更为符合试点“改变带来效果”的

[1] 李志军主编:《重大公共政策评估:理论、方法与实践》(第2版),中国发展出版社2016年版,第12页。

基本逻辑。

第二,适当降低试点内容的复合性以更好地呈现试点方案与试点效果之间的关联。如前所述,目前我国刑事司法改革试点方案的内容通常具有整体复合性,而且多项试点还可能同步进行导致试点所带来的改变互相重叠,因而呈现出一种“自变量群”的现象,无法凸显某一试点方案与某些效果之间的明确关系。虽然试点方案通常是一种综合性的解决方案,与实验研究通常只检验个别自变量与因变量之间因果关系不可相提并论,但仍可借鉴实验研究的思路,通过适度降低试点内容的复合性来更好地呈现试点方案与试点效果之间的关联性。正如左卫民教授总结,中国未来刑事诉讼模式发展的不断试错必须遵循“有限打乱”和“稳步试错”的原则。[1] 具体操作可以考虑如下:一是使不同试点分地点和分阶段开展,避免试点在时间和地点上的重叠;二是在现阶段大规模整体规划性试点通常选择一定数量地点开展试点的情况下,可以考虑在事先设计时将综合性的试点方案进一步拆分细化,在不同的试点地区尝试各自有所区别的单一性试点方案,即通过大规模试点里的“小试点”降低试点内容的复合性,进而实现试点内容的相对单一性,而且这种多个“小试点”还可以互为对照与比较,以更好地呈现哪一种方案为更优选择。[2]

第三,尽量保证试点的自然真实环境,避免试点的“温室花朵”效应。如前所述,试点的可贵之处正在于在真实的司法环境中开展,从而具有类似于实地实验的较高的外部效度,而无论是试点的验证功能还是探索功能,无疑都建立在试点的“真实感”基础之上。因此,如何尽量保障试点在自然真实的环境下开展,防范“人为干预”改变试点的“原生态”,避免试点“沦落”为被精心保护和控制而外部效度较低的实验室实验是下一步试点开展必须要关注的问题。尤其要避免的是,在试点应当甚至必须

---

〔1〕 参见左卫民:《中国刑事诉讼模式的本土构建》,载《法学研究》2009 年第 2 期。

〔2〕 如前所述,我国目前刑事司法改革试点中已存在“大试点内的小试点”,但各地的小试点缺乏统一规划设计,无法形成不同方案之间的有效对照与比较。

成功的观念指导下,投入真实司法环境和日常办案实践所根本不具备的人力、物力和政策支持等各种资源于试点之中,使试点的"成功之花"只能盛开于人为专门营造的"温室"之中。

第四,改变试点的政绩观与成败观,避免试点过程中的霍桑效应。如本书第二章所述,霍桑效应是指当人们意识到自己的工作或学习受到社会重视与关注时所产生的积极反应。[1] 在发现霍桑效应的实验研究中,工人提高工作效率并不是因为工作条件的改善,而是因为工人发现自己成为研究者的关注对象后自觉提高了工作效率,刑事司法改革试点过程中也同样存在发生类似霍桑效应的可能性。在试点被视为一种政绩的观念之下,在过于关注试点的验证功能且试点"只有成功没有失败"的背景之下,参与试点的主体不可避免地会产生一种努力使试点获得预期效果以获得成功的主观倾向并付诸行动。这可能导致试点所呈现出来的效果并非真正建立于试点所带来的改变之上,反而建立于试点主体的主观倾向及相应的积极反应之上。虽然刑事司法改革中的试点很难借鉴实验研究为了避免实验主体与实验对象的各种主观倾向而发展出来的单盲、双盲甚至三盲实验技术(详见本书第二章第四部分所述),但却可以通过改变试点的政绩观和成败观,将试点视为法律演进过程中的常态,强化试点的试错与探索功能,将试点的结果与对试点的评价脱钩,以此来弱化试点主体对于试点结果的追求,进而减少试点主体的主观倾向对于真实试点效果的影响。

第五,在考虑试点时效性的前提下适当参考实验研究规范性在时间方面的要求。如前所述,刑事司法改革试点具有较强的时效性是其区别于实验研究的重要方面,但从提升试点的科学性与有效性的角度来说,实验研究规范性在时间方面的要求仍可适度借鉴,具体包括:一是在试点开展前留有适度的准备与前测的时间,以为试点改变所带来的效果确定比

---

[1] 参见时蓉华主编:《社会心理学词典》,四川人民出版社 1988 年版,第 43 页。

较的基准线;二是考虑到试点方案所带来的改变需要与整体司法环境及其他制度相协调,试点方案效果可能需要较长的时间才会显现,可以根据试点内容的具体情况在允许的范围内适度延长试点的时间,尤其是涉及全局性甚至根本性的改革试点可能带来更多的“连锁反应”时更应如此;三是在试点结束后仍可以留有一定的时间对试点的效果进行回访或“后后测”,以观察试点带来的改变所导致的长期效应,这种回访或“后后测”与试点的经验总结与推广可以同步进行、互为补充。

第六章　刑事司法改革中实验研究的数据运用

无论是社会科学领域的实验研究，还是实验研究在刑事司法领域的引入和具体展开，无论是对理论上因果关系的验证，还是刑事司法领域实验研究重在对效果的检验，其实都离不开一个核心要素——数据。无论是实验过程中干预措施或者自变量的施加，还是通过前测与后测来呈现干预或改变所带来的结果或因变量的变化，都需要通过相应的数据来呈现。作为实证研究中较为高级和复杂的研究类型，实验研究依赖和据以呈现的同样是研究者基于经验的发现，需要依据不同类别数据各自的特点与优劣，遵循实证研究中数据运用的基本原则，进行有效的运用。在实验研究中，所依赖的数据实际上决定了一项实验研究所能达到的深度与广度，如果数据运用不当，可能使前述的各种精巧实验设计的设想大打折扣，甚至严重削弱实验设计的外部效度与内部效度，数据之于实验研究不啻具有生命线一般的意义。本章将从实证研究的数据概念入手，探讨运用数据进行测量的观念、实验研究中可能涉及的数据分类和实验研究中数据运用的基本原则等内容。

一、实证研究中的数据

（一）核心内涵：研究者的经验发现

研究方法，是指在研究中发现新现象、新事物，或提出新理论、新观点,揭示事物内在规律的工具、手段,是运用智慧进行科学思维的技巧。[1] 随着新类型研究方法的不断涌现,如何按照不同的标准对各种研究方法进行分类有不同的观点,而研究所依赖的"论据"不同则是分类的一方面重要标准。从某种意义上来说,一项研究所主要采用的、据以得出结论的论据的类别与属性决定了此项研究的基本方法。例如,历史研究的主要论据常常源自历史文献,比较研究的主要论据则是不同地域制度、实践方面的资料,而社会调查研究的主要论据则是对公众或特定人群就特定主题开展调查所获得的数据。事实上,区分思辨研究与实证研究的关键就在于思辨研究主要依据研究者主观上的逻辑或价值推演,而实证研究则依赖于数据这一研究者所"发现"的经验事实,即研究者是基于不同渠道"发现"的资料或事实进行逻辑推演进而得出"认为"的观点与结论,而不是不经"发现"即通过理论上的推演直接"认为"。[2]

根据《现代汉语大词典》的解释,数据是指"进行各种统计、计算、科学研究或技术设计等所依据的数值"。[3] 这一界定应当是从日常汉语的一般性理解出发的,并因此将数据的范围界定为可以量化的数值。但作为实证研究依据或者论据的数据,则不应采取如此狭义的界定。从语义分析的角度,与数据相对应的英文单词"data"不但可以解释为数字或者数值,还可以解释为作为依据的事实与信息。[4] 在国外的刑事司法与犯罪学研究方法教科书中,还将数据分为"软数据"(soft data)与"硬数据"(hard data)。所谓软数据,指的是以感受、文字和照片等形式呈现出来的数据,而硬数据则是指以数字的形式呈现出来的数据。对于这两种数据,

---

〔1〕 参见叶继元等编著:《学术规范通论》,华东师范大学出版社 2005 年版,第 84 页。

〔2〕 正如白建军教授所提倡的"少一点'我认为',多一点'我发现'"。参见白建军:《少一点"我认为",多一点"我发现"》,载《北京大学学报》(哲学社会科学版)2008 年第 1 期。

〔3〕 《现代汉语大词典》,上海辞书出版社 2009 年版,第 2333 页。

〔4〕 Data 被解释为:"facts or information, especially when examined and used to find out things or to make decisions"。参见《牛津高阶英语词典》,商务印书馆、牛津大学出版社(中国)有限公司 2007 年版。

应当按照各自的特点在研究中发挥其作用。[1] 事实上,一项研究是否基于可以量化的数值并非判定其是否属于实证研究的关键,而是用于区分定量研究与定性研究的标准。在基于可以量化的数值所开展的定量研究中,如果使用的是研究者基于经验所发现的数值,则属于实证研究,相反,如果完全基于非经验的间接渠道所获的数值,则不能称之为实证研究。实证研究强调的是获取数据的途径与研究者自身经验之间的密切程度,而非数据的形式。实证研究的独特价值,除了在"发现"的基础上进行逻辑推论,更重要的其实在于这种"发现"主要是源于研究者自身直接而非间接的发现。正如有的学者所指出的,经验研究是一种研究的进路,这种进路强调对现象、事实的清楚把握,对事件、行动发生的条件、逻辑进行深入考察,对法律、制度运行的实际有真切把握。[2]

之所以强调实证研究数据源自研究者的经验发现甚至需由研究者直接获取,主要是基于以下几方面的考虑:首先,研究者基于具体研究的需求设计相应的数据收集方法,只有研究者直接获取的数据才与研究者的需求最为"匹配",而间接获得的数据则可能是其他研究者为了其他研究目的而收集的,不一定完全符合研究者的需要;其次,对于间接获得的数据,研究者通常不清楚其样本的选择、收集的具体方法和过程,对于其可能经过加工、整理甚至篡改,研究者也往往不具有分辨的能力;最后,任何数据都有其优势与缺陷,而在真实的刑事司法情境中收集任何种类的数据都更可能因各种原因未达预期。对于研究者而言,只有对自身直接获取的数据才清楚其内在的缺陷与优势,因而才能更为精确地经由数据推导出适当的结论。[3] 因此,从实证研究能够呈现刑事司法真实状况的特

---

[1] See Peter B. Kraska & W. Lawrence Neuman, *Criminal Justice and Criminology Research Methods*, Pearson Allyn and Bacon, 2008, pp. 148 – 149.

[2] 参见王启梁、张剑源:《法律的经验研究:方法与应用》,北京大学出版社 2014 年版,代序言,第 3 页。

[3] 这种直接获取数据的重要性其实可以与证据法学中原始证据与传来证据的区分进行类比。通说认为,直接来源于案件事实的原始证据比间接来源于案件事实的传来证据更为可靠。

有功能出发,实证研究数据的核心内涵应当在于研究者基于自身经验的直接发现。在一项实证研究所运用的数据群中,必须包含源自研究者自身经验直接发现的数据,或者从更高的要求来说,这些直接发现的数据应该在数据群中居于核心的地位。这一点在我国整体数据环境不佳、官方数据和其他二手数据难以获取和质量堪忧的情况下更需要予以强调。

当然,强调实证研究数据的核心内涵在于研究者的经验发现,并不完全排斥间接获得数据的运用。相反,在一项实证研究开始阶段的探索性研究以及研究结论的比对与推广方面,间接获得的二手数据甚至是不可或缺的。这一方面在配对形成非同等控制组的准实验研究和时间序列设计实验研究中体现得更为充分。从某种程度上来说,实验研究的核心数据与主要数据毫无疑问也必须是实验者在实验对象中施加或引入干预措施并通过直接观察因变量相应变化所获得的数据,而在这一核心数据之外,如确定实验比较的基准线、未实际施加干预措施对比组的情况等,则可能也需要运用一些间接获得的二手数据。

(二)实证研究数据的外延

实证研究数据不仅不限于数值,而且应当在上述核心内涵的基础上对其外延进行充分的延展。美国法律学者曾对实证研究的数据外延进行了非常宽泛的界定。"正如自然科学家和社会科学家都认同的,实证研究的范围很广。'实证'(empirical)一词指的是基于观察或者经验而获得有关客观世界的证据。这种证据既可以是数量化的(定量的),也可以是非数量化的(定性的),数量化或非数量化的证据在'实证'的程度上并没有高低之分。一项研究只有建基于对客观世界的观察才能称之为实证研究,易言之,在实证研究中,数据是一个用于表述客观事实的术语。这些事实可以是历史的,也可以是现代的;可以源自法律文本或判例法,也可以是访谈或问卷调查的结果,还可以是二手文献研究或者收集原始数据的结果。数据可以是精确的,也可以是模糊的;可以是相对确定的,也可以是非常不确定的;可以是直接观察所得的,也可以是经由中介体间接获得的;可以是人类学的、解释性的、社会学的、经济学的、法学的、政治学的、生物学的、物理学的甚至是自然的。只要研究包括观察所得或所期望获得的数据,这就是一项实证研究。"[1]虽然这一宽泛的界定从其提出之日起就存有争议,但就实证研究可以运用的数据范围而言,却提供了很好的启发。从某种意义上来说,研究者不应事先对一项实证研究可以运用的数据的形式、载体、来源等外在表现作出过多的限制,而应该用最大的想象力来拓展可供运用的数据。研究者只应该按照两项标准来筛选可供运用的数据:一是在某项研究的具体情境中能够提供或者产生出哪些数据,或者说,在研究的具体情境中,基于具体的数据收集方法以及研究伦理、客观条件等的考量,哪些数据是可以获得的;二是某项具体研究需要哪些数据,或者说,某项研究所提出的问题或假设,需要哪些数据去回答或验证。在符合上述两方面标准的前提下,任何形式的数据都应当具有成为实证研究数据的资格。

在考虑实证数据的外延时,研究者还应具有发展的视角,即应当注意到,随着技术、法律或其他影响因素的变化,实证研究数据的外延也可能发生相应的变化。例如,随着我国法院和检察院统一案件管理系统的适用,关于案件处理的流程信息得以系统整理,这就拓展了开展相关研究所可能运用的数据外延,而中国裁判文书网的上线则提供了更为便利地获取法律文书的渠道。[2] 同样,法律的修改也会使实证研究数据的外延发生变化。2012 年《刑事诉讼法》修改,增加规定了对可能判处死刑、无期徒刑的案件讯问犯罪嫌疑人时应当录音录像,而讯问未成年犯罪嫌疑人则应有合适成年人在场,这就拓展了有关讯问过程的实证数据的外延,增

---

〔1〕 See Lee Epstein, Gary King, "Empirical Research and the Goals of Legal Scholarship: the Rules of inference", 69 *U. Chi. L. Rev.* 1, 2002, pp. 2 - 3.

〔2〕 中国裁判文书网的上线大大拓展了刑事司法领域实证研究数据的来源和实证研究的空间,这使之前不敢想象的有关中国刑事司法整体状况的一些研究得以实现。代表性文献例如王禄生:《论刑事诉讼的象征性立法及其后果——基于 303 万判决书大数据的自然语义挖掘》,载《清华法学》2018 年第 6 期。

加了讯问录音录像资料以及在场的合适成年人的感受与评价等新的数据来源。

在刑事司法领域实验研究中,同样应当从一项实验研究的具体情境可能提供或产出哪些数据和该项实验研究需要哪些数据来验证因果关系或验证效果的角度来界定实验研究数据的外延。实验研究数据的具体形式同样可以非常多样,除了常见的法律文书和案卷材料以外,包括办案系统内的记录、庭审录像、讨论记录、相关人员的评价和表达、发表的文献,甚至涉案人员的言谈举止或办案机关工作场所的陈设,在针对特定实验研究主题时,都可以成为数据的来源或载体。

二、实验研究运用数据的基本观念:用数据进行测量

实证研究数据的核心内涵和外延实际上仅仅解决了数据在实证研究中的基本"准入"资格,至于在一项特定的研究中应该运用哪些种类的具体数据以及如何运用这些数据,还需要在数据与拟回答的问题或拟验证的假设之间建立联接,这一联接的过程实际上体现了一种用数据进行测量(measure)的观念。从这一角度来说,实证研究就是一种研究者基于经验发现测量研究对象的研究活动,而实验研究则是研究者基于自身经验的发现测量自变量、因变量及其他变量并验证自变量与因变量之间关系的研究活动。

(一)刑事司法领域中的测量

测量并非科学研究的专用术语,在日常生活中也会使用,如用步长测量距离、用温度计测量温度等。科学研究中的测量,则是指对特定的研究对象进行有效的观测与量度,并在观测与量度的基础上描述研究对象。"科学家们用'测量'这个词来代表对现实世界小心、细心、慎重的观察,并凭借变量的属性来描述事物。"[1]与日常生活中的测量通常具体、直接

---

〔1〕[美]艾尔·巴比:《社会研究方法》(第11版),邱泽奇译,华夏出版社2009年版,第121页。

且易于理解相比,科学研究中的测量则更为复杂。在绝大多数情况下,科学研究就是要通过测量的方法,使原本不能直接观察到的事物得以清晰呈现;或者使原本抽象、难以理解的事物变得具体,可以为更多的人所理解;或者使原本不能直接比较的事物变得可以等量齐观。同样,日常生活中的测量相对较为笼统,而科学研究则追求更为精确的测量。科学研究中的测量延展了人类观察所及的范围,并为通过归纳或演绎形成普适的理论提供了基础。

自然科学与社会科学研究中的测量也有着显著的差别。在自然科学研究中,虽然也会采用间接的方法测量一些"肉眼"无法观察到或无法直接测量的研究对象,但总体而言,其测量对象大多属于客观存在的事物,测量的过程相对稳定并可不断重复,而且通常能够建立起公认、通用的测量标准(如公里、克、赫兹、瓦特等)。与此相比,社会科学以社会现象为研究对象,其测量具有更大的弹性和不确定性。一方面,在社会科学研究中,人是最基本的研究和测量对象,人所具有的主观意识、价值观念和个性特征,都会使测量处于不稳定的状态,而且人与人之间的异质性,也会使社会科学的测量无法简单通过重复提升其信度。另一方面,社会科学研究涉及的概念与理论大多抽象且存在于观念之中,如社会地位、偏见等,将其具体化的过程更为复杂并歧义丛生,很难达成如同自然科学一般公认、通用的测量标准。例如,有关经济发展状况,就有各种不同的测量标准,包括国内生产总值(GDP)、失业率、居民消费价格指数(CPI)等,还包括以李克强总理的名字命名的"克强指数"。[1] 此外,虽然"测量"一词主要指的是定量研究中的测量,但在社会科学的定性或质性研究中,同样存在测量。与定量研究在准备与计划阶段就将概念转换为特定的测量

---

〔1〕 2007年,时任辽宁省委书记的李克强向来访的美国客人坦言,他更喜欢通过耗电量、铁路货运量和银行贷款发放量等三项指标来追踪经济动向。受此启发,2010年,英国《经济学人》杂志将这三项指标加以综合加权处理,形成一个新的指数,并称其为"克强指数"。参见刘庆传:《读懂"克强指数"》,载《新华日报》2013年4月23日,第A5版。

方案之后再行测量不同，定性研究中的测量往往与思考概念和收集数据的过程混合在一起，即在收集数据的过程中，才尝试将数据与概念联系在一起。[1]

与其他社会科学领域相同，在刑事司法领域中，测量同样具有很大的弹性和不确定性，并有自身的特点。

一方面，刑事司法以特定的人——与犯罪有关的人[2]和案件为基本的研究和测量对象，人所具有的主观特性和案件与案件之间的异质性，同样使测量处于不稳定的状态且不能完全重复。而且，正如本书第三章在有关刑事司法实验研究对象的特殊性部分所论及的，由于与犯罪有关的人所处的特殊状态（如被害人不可接触、被告人被羁押）、特定案件种类的限制、案件处理过程不可重现以及法律适用的平等性等因素的影响，可能使最好的测量对象与测量方法不可实现，因而不得不转向次级的测量对象与方法。正如研究者所指出的，“犯罪研究者却经常遭遇其他研究领域人员较不常面临的问题。犯罪所造成的肉体、经济以及情绪的伤害，让人有时无法以冷静态度面对犯罪问题。而犯罪行为本身所带有非法及令人感到不安或羞耻的特性，也经常让当事人不愿公开犯罪事实，使刑事司法机构不易完整记录所有的犯罪事件，这些情形都增加了犯罪问题研究上的困难”。[3] 除此之外，刑事司法领域还必须面对理论的归纳、法律的规定与实践的操作三者之间不可完全消弭甚至巨大的鸿沟和差距，需要研究者在研究测量中予以区分。

另一方面，刑事司法的许多概念与理论同样是以观念、理念的形式抽象存在的，很多概念与理论的内涵尚未达成共识，将之与刑事司法实践中

---

〔1〕 参见[美]劳伦斯·纽曼：《理解社会研究——批判性思维的利器》，胡军生、王伟平译，人民邮电出版社2015年版，第123～124页。

〔2〕 “与犯罪有关的人”应当做广义的理解，当测量公众对于犯罪及其相关问题的认识与态度时，公众虽然与某一具体犯罪无直接的关联，但因其生活在与犯罪发生相同的社会中，因此同样可能受到犯罪的影响并与之有关。

〔3〕 孟维德：《犯罪分析与安全治理》，五南图书出版股份有限公司2011年版，第21页。

的具体表现进行联接的过程更是争议满途，因此可能形成这样的状况：不同的研究者采用不同的标准和方法对同一主题进行测量并得出不同甚至截然相反的结论。[1] 例如，如果要测量控制犯罪与保障人权的两大基本价值目标在某一项实验或改革试点中的实现状况，可能就无法轻易得出被大多数研究者所认可的测量标准。又如，目前国内研究颇为热烈的法治指数测量，其也面临着各种不同测量方法和标准之间的争议。[2] 本书第四章所介绍的刑事司法领域实验研究案例中，同样存在对较为抽象的因变量的测量采用什么样的指标或具体收集哪些数据的问题，诸如被害人对犯罪的自责、陪审员的评议质量等此类因变量的测量标准和测量方法都需要在进行广泛文献综述的基础上结合具体研究情境予以确定。在实验研究相对发达的犯罪学领域，缺乏统一测量标准的问题同样存在。正如有的学者在考察世界范围内的研究后认为，验证犯罪学理论面临着缺乏标准化的测量量具的严重问题，因此，即使犯罪学实证研究很多，但各个研究结果之间因为所使用的测量方法和标准不同而无法进行比较，因而无法来判断一个犯罪学理论的效度。[3] 检验任何犯罪学理论的效度，要看其是否发展出学界能够接受的测量量具，并通过若干实证调查证明这些量具的有效性，从而证明理论的有效性。只有如此，犯罪学研究才能符合科学原则。[4]

因此，如何科学地进行测量是包括实验研究在内的刑事司法实证研究的核心环节和难点所在，同时亦是其魅力之源。如何在纷繁复杂的刑事司法实践中寻觅最为恰当且具有可操作性的测量标准，并采用相对较为科学的方法进行测量，是其所独具的研究体验。基于社会科学研究很

---

〔1〕 一个可以类比并较为形象的例子是大学排名，不同的机构采用不同的测量标准和方法会得出不同的大学排名，有的相互之间还可能差异较大。

〔2〕 关于法治指数的不同测量方法参见周尚君、彭浩：《可量化的正义：地方法治指数评估体系研究报告》，载《法学评论》2014 年第 2 期；鲁楠：《世界法治指数的缘起与流变》，载《环球法律评论》2014 年第 4 期。

〔3〕 参见曹立群、周愫娴：《犯罪学理论与实证》，群众出版社 2007 年版，第 36 页。

〔4〕 参见刘晓梅：《犯罪学研究方法小议》，载《青少年犯罪问题》2011 年第 6 期。

难甚至根本上无法就测量标准完全达成一致这一前提,刑事司法领域对于相同或相关的研究对象存在不同的测量标准和方法亦属正常。从某种意义来说,刑事司法实证研究的深化恰恰体现在测量标准与测量方法的演进之上:测量标准通过争鸣与讨论逐步形成共识,而测量方法则通过比较与实践进而更为科学。这一过程可以大致分为三个前后相继的阶段:一是不同的研究者采用不同的测量标准和方法对同一或近似的研究主题各自开展研究;二是经过讨论与比较逐步就测量标准与方法形成一定程度的共识;三是不同的研究者采用形成一定程度共识后的测量标准与方法再次进行测量和开展研究。我国处于起步阶段的刑事司法实证研究尚未对同一或相关主题的测量标准与测量方法开展充分的争鸣与讨论,更为重要的是,大量的刑事司法领域的研究更多地关注于研究的结论,而对于研究过程、测量标准和方法缺乏应有的关注。[1] 在国内有限的实验研究文献中,对测量标准与测量方法的关注同样严重不足。因此,当前我国刑事司法实验研究所面临的迫切问题,并不在于测量标准的多元与不统一,而在于如何鼓励对相同或近似研究主题采用不同的测量标准与方法并进行争鸣与讨论,以及如何鼓励在研究成果中充分展示测量标准并说明测量方法的细节。

(二)测量的基本过程

如上所述,测量是一个将抽象的概念、理论与具体的实证数据相联接的过程,也是一个用具体的实证数据来描述研究对象的过程。按照社会科学研究的一般方法,测量必须经历概念化(conceptualization)与操作化(operationalization)两个步骤始能付诸实施。"社会科学家能够测量一些真实存在的事物。事实上,借助概念化和操作化,他们也可以测量那些不

---

[1] 法学期刊所发表的刑事司法实证研究文献大多对研究方法和测量过程语焉不详,从一个方面说明了这一问题。

存在的事物。譬如说社会经济地位、偏见、同情心等。”[1]

1. 概念化

“一个优质的社会科学概念,具有一系列的特征,包括一致、简洁、实用:应当相对明确,并与其他相似的概念泾渭分明;应当相对简洁;总体上应当易于测量;应当能够进行相应的研究设计。”[2]在实验研究中付诸测量的概念,并不等同于教科书上所下的定义,而是包括所有经过概念化后的抽象观念。例如,刑事司法实验研究中可以测量“逮捕”“审前羁押”等教科书中的概念,但可能更多的是测量类似于“审前羁押对案件处理的效果”“审前羁押对于判处实刑的影响”这种有别于传统意义上的概念,但却以抽象观念的形式存在于研究者思维之中的内容。

所谓概念化,并不仅仅指对因变量等研究对象给出一个概念或定义,而是指对抽象的概念进行清晰的界定与详述的过程。概念化是操作化与实施测量的基础,需要完成两方面的任务:一方面是表达、澄清和界定概念,即将存在于观念之中的概念用文字予以明确的表述,并划清其与相近概念的界限,指出概念包括什么、排斥什么;另一方面则是对概念的内涵进行详述,细化出能够体现概念内涵的不同维度。例如,在英国设置公设辩护制度后由英国学者开展的对公设辩护质量的评估研究中,将“公设辩护的质量”这一较为抽象的概念(引入公设辩护这一自变量所对应的因变量)详述为案卷、交流、信息与事实收集、法律意见与协助、工作/协助、效率、职业伦理与整体表现等七个维度。[3] 在我国学者开展的隔离式量刑程序实验研究中,在确定隔离式量刑程序概念的基础上,进一步将其效果或给刑事诉讼程序所带来的变化(引入隔离式量刑程序这一自变量所

---

[1] [美]艾尔·巴比:《社会研究方法》(第11版),邱泽奇译,华夏出版社2009年版,第132页。

[2] John Gerring, *Social Science Methodology: A Criterial Framework*, Cambridge University Press, 2001, p. 40.

[3] 参见[英]李·布里奇斯等:《英国公设辩护质量评估:基于同行评议的方法》,载何挺等编译:《外国刑事司法实证研究》,北京大学出版社2014年版,第241~242页。

对应的因变量)详述为透明度、满意度、所需时间和量刑结果四个维度。[1] 而笔者参与的刑事和解实验研究中,则将实验过程中刑事和解的适用状况详述为案件范围、主持者、参与者、内容、和解成功案件的处理方式、需要的工作量与时间、影响和解是否成功的因素等七个维度,并将其效果(引入刑事和解程序这一自变量所对应的因变量)详述为促进社会关系恢复与化解矛盾、促进犯罪者回归社会与防止重新犯罪、保障被害人权利和对刑事司法的积极影响等四个维度。[2] 概念化是整个测量的基础。"很多人将测量视为刑事司法研究中最重要同时也是最困难的阶段。之所以困难,在某种程度上是因为,在刑事司法领域中有如此多的基本概念不像我们希望的那样进行了明确的界定。如果我们不能实现概念化,我们会发现操作化和测量都会极富挑战。"[3] 概念化的结果是使因变量等拟测量的对象明确、清晰、丰满,并具有与经验事实及实证数据相联接的可能性。

2. 操作化

与概念化相比,操作化更为接近实际测量的过程。"在科学的程序中,操作化是一个重要环节。操作化将抽象的理论与具体的经验现象联接起来,使科学知识能够被经验事实所检验。"[4] 所谓操作化,就是将抽象的概念转化为可观察的具体指标的过程,或者说是对那些抽象层次较高的概念进行具体测量时所采用的程序、步骤、方法、手段的详细说明。[5] 操作化的结果通常是将抽象的概念转化为操作定义(operational concept)。所谓操作定义,就是建立一些具体的程序或指标来说明如何

---

〔1〕 参见陈卫东、程雷:《隔离式量刑程序实验研究报告——以芜湖模式为样本》,载《中国社会科学》2012 年第 9 期。

〔2〕 参见宋英辉等:《公诉案件刑事和解实证研究》,载《法学研究》2009 年第 3 期。

〔3〕 Micheal G. Maxfield, Earl R. Babbie, *Research Methods for Criminal Justicie and Criminology*(*international edition*), Wadworth Cengage Learning, 2011, pp. 130 – 131.

〔4〕 袁方主编:《社会研究方法教程》,北京大学出版社 1997 年版,第 12 页。

〔5〕 参见风笑天:《社会研究方法》(第 4 版),中国人民大学出版社 2013 年版,第 85 页。

测量一个概念。[1]

操作化的核心内容是确立测量的标准和测量的具体方法。测量标准也可以称为测量指标,是指用具体的经验现象衡量是否符合抽象概念及其程度的标准。例如,测量犯罪的严重程度,我们可以根据研究的需要确立主观恶性、行为手段、实际损失以及对被害人的影响等多项指标,并为每一项指标赋予不同的值,以将我们所测量的每一起犯罪通过上述指标描述出来。上文提及的实验研究案例同样在概念化的基础上确立了具体的测量标准。例如,在隔离式量刑程序研究中,在隔离式量刑程序所需时间这一维度(因变量)上,用量刑过程持续时间、庭审时间、开庭次数、定罪量刑之间休庭时间、立案至开庭再至结案时间和羁押时间等六方面的具体标准来测量其与普通审判程序的差异。[2] 在刑事和解实验研究中,就刑事和解在促进社会关系恢复和化解矛盾方面的效果这一维度(因变量),则用和解双方满意度、熟人关系恢复率和申诉上访率三方面具体指标来测量。[3] 通过将概念中不同维度的内涵进一步具体化为测量标准,实际上是将经过概念化后仍属抽象的研究对象或测量对象进一步"转化"或"翻译"为更为具象的表现,并指向那些在刑事司法过程中可以观察到并记录下来的经验事实。测量指标的确定实际上已经"圈定"了实验研究拟收集的数据类别与范围。

测量的具体方法则是指在刑事司法情境中将测量付诸实施的具体方法,其要解决的是测量哪些具体对象以及如何具体测量的问题,即如何在研究过程中具体收集数据的问题。测量的具体方法包括那些更为技术化的内容,通常意义上所谈论的实证研究收集数据的具体方法均在其列:第一,如何选取测量的地点和时间段;第二,如何选择具体的研究对象及无

---

〔1〕 参见袁方主编:《社会研究方法教程》,北京大学出版社1997年版,第12页。

〔2〕 参见陈卫东、程雷:《隔离式量刑程序实验研究报告——以芜湖模式为样本》,载《中国社会科学》2012年第9期。

〔3〕 参见宋英辉等:《公诉案件刑事和解实证研究》,载《法学研究》2009年第3期。

法开展全样本研究时如何采用不同的抽样技术抽取样本;第三,在有多种数据来源时,如何选择更好、更具可操作性的数据;第四,如何设计具体的数据收集途径;第五,如何设计收集数据的具体工具,包括问卷与量表、观察记录表格及访谈提纲的设计等;第六,如何设计实验研究比较的具体方案,以及如何收集控制组数据或其他用于对比的数据等;第七,如何在测量的过程中尽量符合伦理的要求。经由对这些具体问题的回答,测量的过程实际上已经延伸至具体收集的数据,并在抽象的研究内容与数据之间建立了联接。这些具体测量方法的选择,毫无疑问需要根据实验研究的具体要求以及刑事司法领域的具体情境和现实可能性来确定。例如,在开展时间序列设计研究中确定测量的时间段时,公检法机关的办案周期就是必须考虑的因素;而在确定实验组与控制组效果比较的具体方案时,则需要考虑法律适用的平等性问题;等等。

"一项具体社会研究的结果,同它所采用的操作化方式及其所产生的测量指标密切相关。"[1]在刑事司法实验研究中,包含了测量标准与测量方法的操作定义实际上决定了研究成果的呈现形式和提出研究结论的依据,并进而决定了实验研究的结论,其重要性显而易见。基于社会科学研究的测量标准难以完全达成一致这一前提,刑事司法实验研究中当然同样应当允许存在对同一研究主题采用不同的测量标准与测量方法,而且相对于其他社会科学领域,刑事司法领域的测量标准更可能因为不同法域的不同传统与法律规定,地点、实践等因素的影响而有较大的差别。例如,有关辩护律师作用的测量标准,国内的研究者采用会见、举证、质证的频度、内容、方式,辩护意见提出的频度和内容,庭审耗时,辩护意见采纳率,定罪率/无罪判决率与撤诉率和量刑的刑种与量刑幅度等为标准,而国外不同的研究者则分别采用了辩护律师提出的审判动议数量、诉讼周

---

〔1〕 风笑天:《社会研究方法》(第4版),中国人民大学出版社2013年版,第88页。

期、辩诉交易率、定罪率、撤案率和量刑严重性等标准。[1] 但这并不意味着测量标准与测量方法可以随意确定,而应当从研究的目的出发,参酌理论的假设、法律的规定、实践的操作与其他研究者的已有测量标准和方法。测量标准与测量方法的选择应当尽量提高测量的效度和信度,进而提升实验研究的内部效度与外部效度。当然,在刑事司法实验研究中,测量标准与测量方法的选择还受制于司法实践的状况、研究的能力与经费预算等客观因素,在一些具体领域甚至受限较大,如有关死刑的研究。因此,在受限于各种客观条件的情况下,如何在客观条件允许的范围内选择效度和信度相对更高的测量标准与方法,是刑事司法领域开展实验研究所必须面对和解决的问题。

3. 分析单元

在测量过程中,研究者还需要通盘考虑如何确定分析单元并一以贯之地体现在概念化和操作化的过程中。所谓分析单元(unit of analysis),就是指研究者实施测量和收集数据的单元,也可以称为测量对象的基本单位。从某种角度来说,测量的过程就是"将数字或者标签分配到每一个分析单元中以表示概念的基本属性的过程"。[2] 抽象的测量对象与实证数据之间的联接实际上以不同的表现方式存在于每个分析单元之中的。

在刑事司法领域的实验研究中,常见的分析单元包括人、案件等。例如,本书第四章所介绍的"会商型"恢复性司法对于刑事案件被害人效果的实验主要以人(被害人)为分析单元,邻里辩护人项目则以人(犯罪嫌疑人、被告人)为分析单元。分析单元的选择完全取决于研究的具体需要和现实可行性,并可以进行创新。例如,观察法庭审理的诉讼构造可选择个案的庭审为分析单元,测量司法体制改革的影响则可以选择地域、办案

[1] 参见马静华:《辩护律师作用实证研究——以 D 县为个案》,载《南京大学法律评论》2012 年第 1 期。

[2] Royce A. Singleton, Jr., Bruce C. Straits & Margaret Miller Straits, *Approaches to Social Research*. 4th ed. Oxford University Press, 2005, p. 100.

机关为分析单元。本书第四章所述的有关陪审团的模拟实验研究中就是以一个案件陪审团的评议过程为分析单元。同一研究主题可以因为测量标准和测量方法的不同而选择不同的分析单元,在同一项研究中为了测量不同的研究主题也可以选择两个及以上不同的分析单元。分析单元贯穿于测量的整个过程:概念化过程中,研究者应当考虑明确界定的概念与潜在的分析单元是否匹配,所详述的概念的不同维度能否在潜在的分析单元中以经验事实呈现出来;而在操作化过程中,研究者所确定的测量标准必须能够与分析单元匹配,使所有的测量标准都能够在分析单元中得以呈现,而研究者所确定的具体测量方法也必须与分析单元在刑事司法实践中的具体状况相契合,从而使对分析单元的测量具有可操作性。

三、刑事司法实验研究涉及的数据分类

数据分类,是针对刑事司法领域实验研究中可能运用的数据,根据数据的来源、表现形式、产生时间等方面的区别,依据不同的标准对数据进行的逻辑上的分类。数据的分类借鉴了证据法学中证据分类的研究思路,目的在于从不同的角度揭示各类数据的特点、优劣与运用规则,拓展在实验研究中组合运用不同类型数据的视野,提升实验研究具体方法的科学性。[1]

(一)定量数据与定性数据

定量数据(quantitative data)与定性数据(qualitative data)的分类源于定量研究与定性研究的分野。定量研究,也称为量化研究,简而言之就是用数值或数量来进行描述和分析的研究;定性研究,也称为质性研究,则指用非量化的方法从事物的性质方面开展的研究。定量研究与定性研究的最重要区别之一就在于所依据的数据不同。定量数据是定量研究所主

〔1〕 证据分类,是按不同标准和从不同的角度对各类证据进行比较和分析,能够揭示各类证据的认识规律和运用规则,能弥补证据种类划分上的不足。参见卞建林主编:《证据法学》,中国政法大学出版社2002年版,第172页。

要依据的数据,是基于一定规模或数量的研究对象而获得,以数值的形式呈现出来并可以进行统计分析的数据;定性数据则是定性研究所主要依据的数据,即以感受、文字和照片等形式呈现出来的对研究对象的性质、特征进行描述或概括的数据。两者的最大差别在于是否数值化及能否基于一定数量的样本进行量化分析。

实验研究建立在一定数量的实验样本基础之上,本身属于定量研究,因此应当以运用定量数据为主。在刑事司法领域,基于一定数量的案件或一定数量与案件有关的人所收集到的同一内容指向的数据大都属于定量数据,具体包括:与案件有关的人的特征,既包括年龄这样本身就以数值表现出来的特征,也包括经过归类赋值后的特征,如将犯罪嫌疑人的家庭经济状况归纳为“较好”、“一般”和“较差”三类并赋予不同的值;一定数量案件所产生的总数、频数、比率等数值,如审前羁押的数量与比率、无罪判决的数量与比率、重新犯罪的数量与比率等;犯罪客观方面所呈现出来的各种数值,如受贿犯罪的数额、毒品犯罪的毒品数量;案件办理的延续时间、判决和执行的刑期等。刑事司法领域中法律适用的普遍性和案件的规模化为获取定量数据开展包括实验研究在内的定量研究提供了最基本的前提——具有一定数量规模的样本。

当然,定量数据之下还可以进一步进行划分,最常见的是根据定量数据的测量水平和可以进行的运算种类划分为以下四类:一是称名数据(nominal data),也称为名义数据或分类数据,即只是将研究对象按照不同的属性进行分类的数据,如分为抢劫罪、抢夺罪、盗窃罪等。称名数据只能分类,不能进行加减乘除四则运算。二是顺序数据(ordinal data),也称为等级数据,即按照研究对象某种属性的大小或高低程度排列为不同等级的数据,如将犯罪嫌疑人社会危险性分为高、中、低三类。顺序数据同样不能进行四则运算。三是等距数据(interval data),也称为定距数据,即在顺序数据确定了不同的等级的基础上,还能基于相等的单位确定不同等级之间的间隔距离,如不同地区的审前羁押率分别为50%、63%、

70%等。等距数据可以进行加减运算，但不能进行乘除运算。四是等比数据（ratio），也称为比率数据，即在等距数据的基础上，不同数据之间具有比例关系并有绝对的零点，如判处有期徒刑的长短。等比数据可以进行加减乘除四则运算。在刑事司法领域中，有许多定量数据都属于前三类，因而可以进行推断统计的种类较为受限，在开展实验研究时，必须考虑到可能产生数据的类别以及可能进行的推断统计，以确定验证因果关系的数据统计方法。

实验研究虽然以运用定量数据为核心，但并不排斥对定性数据的运用，有些关于实验干预措施所产生的效果甚至必须收集定性数据。刑事司法领域中常见的定性数据则包括：对当事人、办案人员等涉入刑事司法的人员访谈所获得的资料；判决书等法律文书记载的内容；法律法规文本；案件办理过程中产生的录音录像资料；个案资料；等等。在刑事司法实验研究中，定性数据还常常借助编码技术转化为定量数据。例如，在一项有关社区矫正的实验研究中，在分析缓刑官与矫正对象矫正谈话的内容时，把一次矫正谈话的录音分为若干个五分钟的片段，再由编码员按照不同的标准进行编码（计数与打分）。通过这样的编码方法，就把矫正谈话这一内容纷杂、形式多样的定性数据转化为标准化的、可以进行统计分析和比较的定量数据，从而对缓刑官与矫正对象的谈话内容做了定量的分析。[1] 在本书第四章有关韩国利用影子陪审团进行的模拟实验研究正是对收集到的定性数据——不同的陪审员在评议过程中的发言——进行编码后才转变为可以进行推断统计的定量数据。此外，定性数据虽然不能直接进行比较和统计，但由于其更为形象具体，能够深入现象内部，也可以在实验研究的初期准备阶段中用于发现问题和确定研究的具体范

---

〔1〕 See James Bonta, Guy Bourgon, Tanya Rugge, Terri-Lynne Scott, Annie K. Yessine, Leticia Gutierrez & Jobina Li, "An Experimental Demonstration of Training Probation Officers in Evidence-based Community Supervision", *Criminal Justice and Behavior*, Vol. 38 No. 11, November 2011, pp. 1127 – 1148.

围。在刑事司法改革试点中也常常需要收集相关人员的反馈与评价此类定性数据来验证改革试点的效果。

（二）主观性数据与客观性数据

社会科学研究方法将测量得到的数据分为三个维度：一是物理维度，即用客观的标准来测量，而不涉及主观判断。这一维度源自迪尔凯姆将社会现象看做社会事实进行客观度量。二是心理物理维度，如给予被试不同强度的声音，然后测量其心理反应。三是心理维度，即利用主观判断所制定的计量标准，对一些主观问题进行测量。[1] 与这三个维度的划分类似，同样可以数据来源的不同为标准，将刑事司法领域实验研究中涉及的数据分为主观性数据与客观性数据。主观性数据，指的是源自调查对象主观认识与判断的数据；客观性数据，则是指源自客观发生的现象、行为、状况等的数据。划分主观性数据和客观性数据的标准并不是数据描述的内容，而是数据的来源。例如，办案人员在访谈中表示，今年办理的某类案件的数量与去年相比几乎增长了一倍。这一数据描述的是办理某类案件的"客观"状况，但却源自办案人员的主观判断，因此属于主观性数据，而不是客观性数据。

在刑事司法领域的实验研究中，一般而言，通过问卷调查、访谈和心理测量量表等所获得的数据是主观性数据，而无论其描述的内容是什么，因为其所收集的是被调查者主观的认识与判断。而有关案件的处理情况和程序进展、证据的运用状况、办案机关所记录的系统数据或台账数据、通过调查与回访所了解到的与犯罪有关的人员的特征与生活状况（如是否重新犯罪）等则属于客观性数据。这些客观性数据通常通过查阅案卷、调取办案机关记录的数据、观察、回访等方式收集。主观性数据与客观性数据的收集方法相对固定，如果混淆则会导致数据质量和研究方法科学性的下降。例如，有学者认为，有关法官学历、业绩、知识结构、学术成果

---

〔1〕 参见袁方主编：《社会研究方法教程》，北京大学出版社 1997 年版，第 183～185 页。

等内容的客观性数据采用问卷调查的方式进行收集是不必要且不合理的,而应当采用查阅档案等方式收集。[1]

之所以划分主观性数据与客观性数据,是因为这两类数据的特征决定其各擅胜场,主观性数据用于测量相关人员的主观认识,而客观性数据则用于测量客观状况,不适当地使用甚至调换使用会明显降低测量的效度和研究的科学性。从某种意义上来说,在一项实验研究中,其所需要测量的因变量甚至研究的名称与目的就基本已经确定了此项研究所依据的主要是主观性数据还是客观性数据。例如,本书第四章所介绍的德国关于案卷信息是否可能导致法官偏见的模拟实验研究,其所测量的因变量就是作为实验对象的法官或检察官对于某一起模拟案件的裁判结果,这是实验对象的主观认识,因而是主观性数据。而更多的有关预防犯罪的实验研究中的因变量大部分是某类犯罪的发生数量,因而属于客观性数据。如果在主要依据客观性数据的实验研究中,改为主要甚至完全依据主观性数据得出结论,其测量的效度和研究的科学性是相对较低的;反之,在主要应当依据主观性数据的研究中,不适当地加入甚至主要依据客观性数据亦同。当然,这是在理想状况下的最佳选择,刑事司法实践的状况和现实可行性也会影响到数据种类的选择,即无法获得理想的主观性或客观性数据时改由另一种数据进行测量也不失为一种替代的方法,虽然测量的效度相对较低,但属于客观条件制约下相对较好的选择,因而仍有其价值。有的学者则指出,在犯罪矫正领域的循证实践中,采用证据遵循客观优先、主观为辅的原则,专家意见或者个体经验只有在高级别客观证据不存在的情况下才可使用。[2] 同时,对于主观性数据的收集,还必须考虑到数据来源主体的状况和思考能力,不应超越主体的能力和思考

---

〔1〕 参见徐昕:《司法的实证研究:误区、方法与技术》,载《暨南学报》(哲学社会科学版)2009 年第 3 期。

〔2〕 参见王平、安文霞:《西方国家循证矫正的历史发展及其启示》,载《中国政法大学学报》2013 年第 3 期。

范围收集主观性数据。正如有的研究者所指出的,问卷访谈“既不询问那些迫使受访者经过计算才能回答的问题,也不设计那些经过长久的回忆也难以准确回答的问题”。[1]

还需要说明的是,主观性和客观性数据的分类之间有时也会存在模糊的中间地带,即某一数据虽然呈现的是客观的状况,但却是经过主观整理和判断的结果。例如,根据相关学科的研究成果,将未成年人父母的教养方式划分为冷漠型、宽容型、溺爱型和专制型四类,[2]而在研究父母教养方式与未成年人犯罪及转处措施的关系时,需要研究人员(或开展社会背景调查的人员)针对每个个案的客观情况,根据四种类型的特征进行主观判断,最终呈现的数据其实是一种主客观相结合的数据。这种情况在刑事司法领域的实验研究中并不少见,尤其是需要将客观的状况(定性数据)判断、归于某一类别(定量数据)时,如判断犯罪嫌疑人的家庭经济状况、社会危险性等。本书第四章所介绍的韩国影子陪审团模拟实验研究中有关法官的介入类型属于“传递信息型”、“介绍观点型”还是“强加观点型”都需要由研究者基于客观状况进行主观上的整理与判断,并因此确定了相应的判断标准。对于此类主客观相结合的数据的收集与运用,需要在具体操作技术上予以特别的关注,如明确和细化判断的标准以及增加作出判断的人数等。

此外,基于特定的研究需要,还可以主动将客观性数据转化为主观性数据。例如,在研究法律职业人员办理案件的质量时,考虑到法律职业人员的工作是以各不相同的个案为基础的,案件具体情况影响甚至决定了办案的具体过程和结果,无法用整齐划一的客观标准对其质量进行评价,因而需要由同行专家阅读办案材料及法律文书,将其转化为等级、评分等同行专家的主观判断,从而将客观性数据转化为主观性数据,而这种转化

---

〔1〕 参见朱玲:《经验研究中的关键细节》,载《经济研究》2002 年第 11 期。

〔2〕 参见刘丽娟:《高中生自信与其父母教养方式的关系研究》,载《中国健康心理学杂志》2008 年第 6 期。

同时也实现了定性数据向定量数据的转化。

（三）原生数据与新生数据

根据数据产生的时间与开展实验研究的先后关系以及数据的产生是否依附于实验研究为标准，可以将刑事司法实验研究中涉及的数据分为原生数据与新生数据。所谓原生数据，即原本就会产生并以原始状态存在的数据，包括在刑事司法实验研究开展之前即已存在的数据，以及在实验研究期间未受实验研究影响而自行产生的数据；所谓新生数据，即由于开展实验研究才新产生的数据。区分原生数据与新生数据的关键在于数据的产生是否是实验研究所导致的，或者说数据是否是基于实验研究的需要而新产生的。在刑事司法领域中，常见的原生数据包括官方发布的数据、办案机关的系统或台账数据以及案卷材料与法律文书中记录的数据等。在实验研究中，更为常见的则是因为实验研究而新产生的新生数据，即在实验研究中记录下来的描述实验过程和结果并验证假设的大部分数据。

不同类型的刑事司法实证研究，对于原生数据与新生数据的倚重有所不同。实验研究中虽然大部分数据都是因为开展实验而产生的新生数据，但并不排斥原生数据在描述实验开展之前的状况及进行实验前后效果比对时的运用，属于综合运用原生数据与新生数据。例如，在笔者参与的刑事和解实验研究中，为了比较刑事和解在降低审前羁押率方面的效果，而将实验期间的审前羁押数据（新生数据）与实验地区之前几年的数据（原生数据）进行比较，以确定适用刑事和解这一干预措施对审前羁押情况产生的影响。[1]

划分原生数据与新生数据的主要目的在于凸显这两类数据与实证研究的匹配度存在较大的差别。一般来说，任何一项实证研究都需要经历以下前后相继的七个步骤：一是选择研究主题；二是确定具体问题；三是

〔1〕 参见宋英辉等：《公诉案件刑事和解实证研究》，载《法学研究》2009 年第 3 期。

研究设计;四是收集数据;五是分析数据;六是解释数据;七是报告研究结果。[1] 在任何实证研究收集所需的数据之前,都需要进行研究设计,而研究设计的核心内容就是基于测量的需要确定数据收集的具体方法,这一点在实验研究中尤为如此。新生数据产生于数据收集的具体方法确定之后,基于实验研究的需求并根据事先设计的规范严格的方法进行收集,因而与实验研究对数据的要求具有较高甚至完全一致的匹配性。一般而言,如何对新生数据进行分析运用在数据收集之前也已基本成型,除非数据收集过程中遇到了事先未能虑及的影响因素,按照设计好的数据收集方法所获的新生数据可以直接进入数据分析的阶段。

原生数据的情况则完全不同。原生数据产生于研究设计之前,或者虽产生于研究设计之后却并非基于研究的需求而产生,因而与实验研究的数据要求匹配性较差,规范性也相对较低,收集之后需要按照研究设计进行系统的筛选、分类、整理甚至技术处理之后才能进行分析。例如,在使用实验开展之前的案卷和办案机关的系统数据时,常常会遇到案卷不齐、系统中记录的数据有缺项等问题。而且在刑事司法领域,有些实验研究所需的数据可能只有在案件办理过程之中予以记录才会形成,一旦案件办理终结则无法回溯补充。

(四)关系主体数据与其他主体数据

根据数据来源主体与研究主题之间是否具有利害关系,可以将刑事司法实验研究中的数据分为关系主体数据和其他主体数据。关系主体数据,是指来源于与研究主题有利害关系的主体的数据。所谓“有利害关系”,指的是特定主体所具有的身份和其在刑事司法中所处的地位,会影响其对于特定研究主题的认识与看法,并进而影响到其所提供的数据。例如,研究刑事辩护时,辩护律师和犯罪嫌疑人、被告人是关系主体;研究刑事被害人救助时,被害人是关系主体;而研究刑事司法业务绩效考评机

---

〔1〕 See Peter B. Kraska & W. Lawrence Neuman, *Criminal Justice and Criminology Research Methods*, Pearson Allyn and Bacon, 2008, pp. 51 – 52.

制时，公检法机关办案人员则是关系主体。在开展这些主题的研究时，来自这些关系主体的数据属于关系主体数据。其他主体数据则是指来源于与研究主题没有利害关系的主体的数据。

之所以如此划分，是因为这两类数据具有两方面截然不同的特点。关系主体由于对研究主题所涉较深，其对研究主题的了解和思考也通常较为全面、深入，因此关系主体数据通常覆盖面广且内容丰富，而且有很多研究必须要有来自关系主体的数据才能体现其"经验性"。但同时，关系主体在刑事司法中所具有的身份和地位也会影响数据的客观性、中立性甚至真实性，因而需要注意具体收集方法的科学性，并运用多种其他来源的数据进行甄别、核实。例如，当事人对于某项刑事司法制度或程序的看法与感受，在很大程度上会受到其自身案件处理结果的影响，因此无论是问卷调查还是访谈，都应当通过具体的设问予以区分和细化，并与多种来源的数据进行核实、印证。其他主体数据的特点则截然相反，由于其他主体对研究主题所涉不深，因此了解有限，数据的信息量较小，但同时其可靠性与中立性却相对较高。最后还需要说明的是，是否"有利害关系"并非一个客观明确的界分标准，可以从不同的角度观察，应当由研究者基于研究的具体情况进行判断，这一数据分类的目的在于提醒研究者对于来自不同主体的数据，需要根据各自的特点区别对待。

（五）一手数据与二手数据

基于数据是否由研究者所直接收集，可以划分为一手数据（primary data）与二手数据（secondary data）。一手数据，也称为原始数据，即研究者为了某项研究而直接收集的新的数据。二手数据，则是指研究者所运用的其他研究者为了其他目的而收集的数据。[1] 一手数据与二手数据的划分是相对于研究者所开展的研究而言的，研究者在某项研究中所直接收集的一手数据在其他研究者的研究中则为二手数据。在刑事司法领

〔1〕 参见麦高伟、崔永康：《法律研究的方法》，中国法制出版社2009年版，第61页。

域,常见的二手数据包括官方(全国或地方)公布的数据、非政府组织发布的报告中的数据、其他研究者收集的数据和其他相关调查报告中的数据等。

包括实验研究在内的实证研究强调由研究者直接获取一手数据,但并不排斥二手数据的运用。与二手数据所具有的"非直接性"这一"天生缺陷"伴生的则是其在收集、获取方面的便利性这一"天生优势"。与研究者走入真实的司法情境直接收集数据所需要投入的经济、时间和人力成本相比,收集二手数据所需要的更多是查阅、检索和筛选资料,在降低数据收集成本和提升效率方面具有明显优势。"社会学家不必总是出去收集新资料。以前别人所作的研究在经过重新提炼、整理和分析之后,又变成了回答新问题的主要信息来源。"〔1〕

二手数据在刑事司法实验研究的多个方面都有运用的价值。首先,在开展正式研究之前的探索性研究中可以通过二手数据了解研究现状、帮助形成研究的因果关系假设和确定研究的具体问题;其次,可以运用二手数据为拟进行实验研究的具体问题描绘出整体背景与状况,例如,在研究开展实验的地点的犯罪变化趋势时,可以使用全国性或地方性的犯罪二手数据描绘出犯罪变化的整体趋势;再次,在对实验结果的评估研究中,可以使用二手数据进行效果的比较,例如,在某地开展司法改革试点的效果可以与未开展试点地区的二手数据进行比较;最后,可以使用二手数据来比较、印证、调整研究结论,并有助于将研究结论推广适用于更大的范围。虽然二手数据的收集比较方便,但二手数据是别人或其他研究机构为特定目的收集的,不一定符合研究者的需要,研究者或者要将就二手数据的限制,或者要综合多种数据来源进行分析。〔2〕

是否能够运用其他研究者的原始二手数据进行研究,取决于原始二手数据公开和可供获取的机制与整体的数据环境。美国学者认为,在犯

〔1〕[美]戴维·波普诺:《社会学》,李强等译,中国人民大学出版社2007年版,第59页。
〔2〕参见曹立群、周愫娴:《犯罪学理论与实证》,群众出版社2007年版,第24页。

罪学与刑事司法领域运用二手数据开展研究的机会几乎是无限的，因为已经收集了大量与犯罪有关的数据。许多这一领域的数据库已经建立起来，研究者对于他们感兴趣的题目，通过这些数据库能够获得数以千计的数据来源，而且由于这些数据是由国家提供的研究资助所收集的，这些数据来源常常是公开的或者是可以免费获取的。[1] 美国国家司法研究所在美国所有的联邦机构中率先要求其资助的项目在完成时要提交原始数据，这些数据很多都可供其他研究者使用。[2] 美国刑事司法研究者常常利用联邦调查局每年公布的“统一犯罪报告”(Uniform Crime Reporting)和美国司法统计局(Bureau of Justice Statistics)公布的“全国犯罪受害调查”(National Crime Victimization Survey)开展研究。在我国刑事司法领域，无论是官方公布的数据还是国家资助的研究项目，对于收集到的原始数据(及数据收集方法)都很少全面提供，在我国刑事司法领域开展实验研究充分利用二手数据，尚待数据公开机制的完善和整体数据环境的建设。

(六)真实数据与模拟数据

按照数据是否产生于真实的司法情境，可以将数据分为真实数据与模拟数据。真实数据产生于真实的刑事司法情境和过程之中，模拟数据则源自为开展实验研究所人为模拟出来的情境。真实数据与实证研究所强调的“经验性”或“直接性”更为契合，但在特定情形或特定研究主题无法或不便在真实的刑事司法情境中开展研究和收集数据时，以模拟研究的方式收集模拟数据也是一种必要的替代。在刑事司法领域中，模拟实验研究和实验室实验所产生和运用的数据基本都属于模拟数据，而实地实验与自然实验中产生与运用的数据则都属于真实数据。

---

〔1〕 Richard D. Hartley(ed.), *Snapshots of Research: Readings in Criminology and Criminal Justice*, Sage Publication, Inc., 2011, p. 313.

〔2〕 Frank E. Hagan, *Research Methods in Criminal Justice and Criminology*, Pearson Education, Inc., 2003, pp. 236 – 237.

与真实数据相比,除了数据收集方法本身是否科学外,模拟数据的质量以及模拟研究中测量的效度,在很大程度上取决于模拟的情境与其所代表的真实情境之间的差距,差距越小则质量和效度越高。本书第四章第三部分以"主体"与"事项"两方面要素是否模拟划分的不同类型实际就代表了模拟情境与真实情境之间的不同差距。即使是同一种模拟研究,也应当在具体细节上尽量缩小其与真实情境之间的差距。例如,在客观条件允许的情况下,招募公众参与模拟陪审研究应当注重公众来源的广泛性,使之尽量接近于真实主体。

(七)官方数据与研究者自行收集数据

按照数据来源的不同,可以将数据分为官方数据和研究者自行收集的数据。如上所述,官方数据是一种二手数据,其优点在于覆盖的样本规模较大、内容全面、具有一定的权威性并且常常是公开的,可供研究者便捷获取。但其缺陷也较为明显,尤其是官方数据通常会进行相应的统计分析与处理,研究者无法获知其统计口径与处理过程。在刑事司法领域,官方数据通常源自办案机关的记录,但对没有进入办案机关视野或者以不需要记录信息的方式处理的案件则无法覆盖,这也是运用官方数据所必须注意的问题。因此,"使用任何一种官方的统计资料时都要小心"。[1] 与发达国家通常有较为系统、内容翔实且定期发布的有关刑事司法的官方数据相比,我国刑事司法数据统计工作仍处于极为初步的阶段,全国性的官方数据屈指可数,地方性的官方数据标准不一、质量参差不齐。正如学者在考察我国犯罪统计数据之后认为,我国犯罪统计数据的真实性质疑(谎报数据)、可靠性折扣(统计标准多变)、系统性不足(数据过于单一宏观)和公开共享机制缺失等就如同重重迷雾使观察者和研

[1] Frank E. Hagan, *Research Methods in Criminal Justice and Criminology*, Pearson Education, Inc., 2003, p. 119.

究者都无法看到我国犯罪形势清晰的"面孔"。[1]

在实验研究中，研究者根据实验设计自行收集的数据无疑应当占据主导地位。如同前述二手数据在实验研究中的运用，官方数据作为一种二手数据在实验研究中仍具有一定的价值。但在我国官方刑事司法数据如此薄弱的背景下，则应当对官方数据的统计口径、可能存在的问题等方面存有适度的谨慎。

（八）截面数据与时序数据

按照数据是否来自同一时间点，可以分为截面数据（cross-sectional data）与时序数据（longitudinal data）。截面数据也称为剖面数据，是指在同一时间点或同一时间段对不同分析单元所收集的相同指标的数据，如同一办案年度多个地区的逮捕数量、起诉案件数、定罪人数以及相应的比率等。时序数据是在前后相继的不同时间点或时间段对同一分析单元所收集的相同指标的数据，如在同一地区连续多个办案年度收集的某一指标的数据。截面数据的收集虽然针对的是不同分析单元，但应当确保时间点或时间段同一；时序数据的收集则应当尽量保证时间段或时间间隔保持一致，且针对的是同一分析单元。截面数据和时序数据因特点不同而在刑事司法实验研究中各有用途：截面数据更多运用于实验组与控制组横向比较的研究，而时序数据则更多运用于时间序列设计的实验研究中。截面数据和时序数据也可以结合运用，既实现横向的比较，也体现出纵向发展的趋势。当然，要实现截面数据和时序数据横向与纵向比较的功能，还应当保持测量标准和测量具体方法的稳定性。

（九）传统数据与"大数据"

大数据近年来已成为各领域的热点话题，刑事司法领域亦不例外。如果说上述数据分类都是在传统数据的视野下进行的话，那么与传统的"小数据"相对应的"大数据"能否以及如何在包括实验研究在内的刑事

---

〔1〕 参见卢建平主编：《中国犯罪治理研究报告》，清华大学出版社 2015 年版，第 59 ~ 60 页。

司法实证研究中运用则值得思考。

一般认为，大数据具有“4V”特征，而这些特征使利用大数据进行的社会科学研究有别于传统研究方法：(1)巨量(Volume)数据，而与巨量数据相关的大数据分析通常都被视为全样本研究，区别于传统社会科学研究中的抽样研究。同时，大数据分析的前提是将一切发生的事情量化为可供运算的数据，因此可以视为一种“升级版”的定量研究。(2)高速(Velocity)，高速不仅指对巨量数据的高速运算，更重要的是数据收集和运算均可实现实时，即数据在产生时即被收集并可以随时进行运算，这与传统社会科学研究中通常情况下数据收集和分析的滞后性或非实时性具有明显区别。(3)多样(Variety)，与传统社会科学定量研究通常收集结构性、形式统一且单一的数据相比，大数据分析处理的则是形式多样的非结构化数据，或者可以称为“混杂数据”，而这种非结构化的混杂数据在传统社会科学研究中则可能被认为不符合数据的基本要求而无法进行量化分析。(4)价值(Value)，既指单一数据的低值，也指巨量数据分析所具有的高值，即能挖掘出传统社会科学研究所无法发现的价值。此外，大数据分析不再关注传统研究所关注的因果关系，不再通过研究验证假设，不再追求精确性，只关注相关关系，能发现很多未被注意的相关性，并基于这些相关性进行预测，而预测则是大数据分析的核心。正因为大数据分析具有以上迥异于传统研究的特征，尤其是其颠覆了传统社会科学通过抽样代表全体和探究因果关系这两方面基础，因而被认为对包括刑事司法和犯罪学在内的社会科学研究整体带来了极大的冲击，甚至有人喊出了“理论已死”的口号。[1]

具体到刑事司法领域，如果现在就得出结论，认为大数据将极大地改变刑事司法研究的范式与方法确实为时尚早。即使放眼国际，真正运用

---

〔1〕 See Chris Anderson, “The end of theory: The data deluge makes the scientific method obsolete”, *Wired Magazine*, available at: http://www.wired.com/2008/06/pb-theory/，最后访问日期：2016年1月30日。

大数据在这一领域开展研究也并不多见。根据国外学者的考察,目前在犯罪学领域运用大数据的研究主要有两类:一是将大数据作为传统研究方法所运用的一种新的数据种类,尤其是社交媒体数据(如 twitter 和 facebook)和手机通讯数据;二是将计算机建模或算法作为风险评估或犯罪预防的预测工具。但无论是哪一类方法,在现阶段都运用很少。[1] 而且,上述两种运用大数据的方式仍然与传统的研究方法紧密结合在一起,或者说大数据并未完全替代传统研究方法所收集的数据,或者依然需要传统研究方法所需要的理论或假设指引。例如,上述第一种方式虽然将社交媒体中用户实时发布的信息或者手机通讯信息作为大数据纳入研究之中,但仍然需要将其与传统方式收集的人口统计数据和办案机关所记录的犯罪数据结合并进行分析,除了分析的数据体量因大数据的引入而大幅增长外,其遵循的仍然是传统的研究路径。[2] 而从某一角度来看,此类社交媒体上的数据甚至可以视为传统方法所收集的研究对象自行报告的数据(self-report data)。第二种预测犯罪或评估审前释放与判处非监禁刑风险的研究方式对于犯罪学与刑事司法研究者也并不陌生,在大数据的概念产生之前就已经有过犯罪热点(hot spot)等预测研究,大数据的引入不过是增加了预测的途径和提升了数据的体量,同样需要依据犯罪学或刑事司法的相关概念和理论去寻找预测的因素。[3] 而运用来自社交媒体等大数据同样会遇到传统刑事司法实证研究所遇到的样本偏差

〔1〕 See Janet Chan & Lyria Bennett Moses, "Is Big Data challenging criminology?", *Theoretical Criminology*, Vol. 20(1), pp. 21 - 39.

〔2〕 此类研究如在英国利兹进行的一项利用移动设备在 twitter 上发布的信息对城市中心区域犯罪热点地区会因流动人口而改变的研究。See Nick Malleson & Martin Andresen, "The impact of using social media data in crime rate calculations: shifting hot spots and changing spatial patterns", *Cartography and Geographic Information Science*, Volume 42, Issue 2, 2015.

〔3〕 当然,也有论者认为可以完全抛开刑事司法与犯罪学理论上有关因果关系的探讨,完全采用大数据思维的相关性来预测犯罪。例如,如果犯罪者所穿的鞋码大小经过大数据分析发现与重新犯罪有相关性,那么鞋码大小就是预测重新犯罪的因素,至于鞋码大小为什么能预测重新犯罪则根本不重要。See Berk, R. A. and Bleich, J., "Statistical Procedures for Forecasting Criminal Behavior: A Comparative Assessment", *Criminology &Public Policy*, 2013, 12(3), p. 511.

(sample bias)的问题,即进行这样的大数据分析及其结论只适用于使用这些社交媒体的人,而对不使用这些社交媒体的人则不适用。[1] 英国的研究者在利用通讯服务商提供的通讯大数据进行研究时也不无担忧地指出,只有一家占约市场份额 1/4 的通讯服务商为其提供了数据。[2]

因此,真正主要运用大数据开展的刑事司法领域的专业研究尚不多见。[3] 当然,刑事司法领域纯粹的大数据分析也并非完全不能实现,但可能主要集中于民众有关刑事司法的认识等相对公开、并能与互联网或计算机系统关联的事项。例如,搜索引擎中查询相关刑事司法问题及其变化趋势的数据和社交媒体中有关刑事司法或个案的讨论数据,都可以用于进行有关民众所关注的刑事法问题或态度的大数据分析。但是,如果缺乏来自刑事司法体系内的"大数据"的支撑,大数据分析似乎是无法探究刑事司法与犯罪的核心问题的。或者从另一个角度来说,正是因为刑事司法与犯罪领域的相对专业性或相对隐蔽性,才阻碍了在商业或其他公开领域如鱼得水的大数据分析的"渗透"。进一步来说,或许大数据分析在刑事司法领域的扩展尚取决于三个前提条件的实现:一是刑事司法与犯罪领域所有过程与事件的量化与数据化;二是能够实现对这些数据化信息的实时收集与实时分析;三是建立公开和分享的机制,并使研究者有机会获得这些司法"大数据"。如果以这三个条件进行衡量,我国刚

---

〔1〕 可以与之类比的是,国内基于滴滴打车平台的大数据分析只能用于分析依托互联网的出行状况,而不能包括传统出行方式。正如《中国智能出行 2015 大数据报告》开篇明义指出,智能出行是"互联网 + 便捷交通"的具体表现,是依托互联网手段,在线呼叫、预约出租车、专车、快车、顺风车、巴士、代驾等的出行方式。此大数据报告分析的也只是智能出行,而不是全部出行。参见《中国智能出行 2015 大数据报告》,滴滴媒体研究院和第一财经商业数据中心 2016 年 1 月发布。

〔2〕 参见 See Traunmueller M, Quattrone G and Capra L, "Mining mobile phone data to investigate urban crime theories at scale.", In Aiello LM and McFarland D (eds.), *Social Informatics: Lecture Notes in Computer Science*, Switzerland: Springer International Publishing, 2014, pp. 396 – 411.

〔3〕 严格来说,目前国内较为盛行的用裁判文书进行的刑事司法领域的研究无论其样本规模(裁判文书的数量)有多大,都不属于大数据研究,因为这些研究并不符合大数据的"全样本""实时高速"等特征,充其量只能在样本规模较大时称为"大样本"研究。

刚起步的司法信息系统及公开机制的建设距离大数据思维尚有很远的路要走。[1]

由于大数据分析重在发现相关性而非因果关系，因此运用大数据进行传统的实验研究目前可能尚付阙如。但是，如果就此断言大数据与实验研究“老死不相往来”或者实验研究无法运用大数据则可能失之武断。随着大数据在刑事司法领域中的进一步运用以及前述三个前提条件的实现，实验研究是否可以在引入大数据的基础上扩大研究范围至全样本研究，抑或实验研究在引入自变量和观察因变量方面能否“降低”为相关性研究，都是值得进一步思考的问题。

四、刑事司法实验研究数据运用的基本原则

（一）寻求较佳数据

与思辨研究相比，实证研究是一种充满“遗憾”和“不完美”感受的研究过程，而这种“遗憾”和“不完美”很大程度上源自于研究者在面对数据时常常感到“力不从心”：数据收集无法实现尽善尽美，最为理想、质量最佳、测量效度最高的数据常常因为各种原因难以企及。在刑事司法领域，研究对象的特殊性、司法过程相对的隐蔽性、案件的异质性以及与政治的密切关系等因素更会使获取数据的途径进一步受限。因此，在刑事司法实验研究中运用数据不能以获得最佳数据为目标，而应当在考虑各种客观制约因素的前提下，寻求“较佳”数据。评价一项刑事司法实验研究的成就，不能仅仅以其是否采用了最佳的数据为标准，而应当从研究的主题和测量的内容出发，在考虑各种客观因素限制的前提下，考察研究者是否在可以实现的数据方法中选择了相对较好的来源与收集方法。或者进一

〔1〕 可喜的是，司法信息系统的建设已经开始吸收大数据的思维。最高人民法院副院长江必新在全国法院第四次司法统计工作会议上指出，“大数据虽然要求海量数据，但再多的局部数据也称不上大数据。要最大限度地将司法活动和管理活动进行数据化处理，形成全面的海量数据”，“司法信息数据要与司法行为具有高度的一致性，包括时间上的一致性”。参见江必新：《全面推进人民法院司法统计工作》，载《人民司法》2013年第21期。

步来说，真正体现研究者对于研究方法掌握程度的，恰恰是如何结合研究领域与背景，在可以实现的若干数据来源与收集方法中选择相对较为科学的一种或几种。例如，在如何确定具体研究对象的抽样技术方面，基于概率论的考量，简单随机抽样所抽取的样本对于全体的代表性最高，因而最为科学。但在刑事司法领域的实验研究中，基于公平等伦理要求和实际情况，绝大多数情形下简单随机抽样不可实现或没有必要，那么如何在最佳抽样方法无法实现时，在系统抽样、分层抽样、整群抽样、多段抽样、偶遇抽样、主观抽样和配额抽样等一系列抽样方法中，结合研究主题和刑事司法的具体情境，选择相对较佳的抽样方法，才是研究者应当予以重点关注的问题，也是评价一项实验研究科学性的重要方面。以寻求较佳数据作为数据运用的一项基本原则，既可以避免脱离刑事司法实际"过度"追求完美无瑕的数据，又可以为研究者提供一项衡量自己开展的实验研究科学性的务实标准。

(二)量力而行

较佳数据原则展示了最理想数据不可获得这一"常态"，以此为基础，刑事司法实验研究收集和运用数据还必须遵循量力而行的原则。不仅有些最佳的数据来源和收集方法不可实现，即使在有可能实现的数据中，也存在不同的种类和层次，如何从中作出选择，需要基于研究者开展实验研究的能力来考量。首先是研究经费的限制。研究经费甚至直接决定了实验研究收集数据的范围与具体方式。例如，当经费有限而无法采用面对面发放并回收调查问卷时，只能采用邮寄、代发甚至网络发放问卷的方式，但回收的问卷数据的质量必然随之降低。其次是研究人手的限制。研究人手充裕时可以同时开展多地点、大范围的研究，这又将扩大数据的来源并提升实验研究的外部效度，但人手不足时则只能开展单一地点和小范围的研究。再次是研究时间的限制。研究的持续时间和最终期限会限制收集和分析数据的时间，并最终影响数据收集的来源和具体方式。最后是研究者与实务机关的关系。刑事司法实验研究，尤其是其中的实地实验,大多需要相关实务机关的全面配合,研究者与实务机关的关系会在很大程度上影响前往哪些实务机关及以何种方式收集数据。因此,在思量上述因素对研究能力限制的基础上,量力而行地开展实验研究以收集和运用数据,是所需遵循的另一项原则。

(三)组合运用数据

正如上文各种数据分类所示,每一类数据都有其优势与缺陷,使用单一种类或单一来源的数据难以克服该类数据与生俱来的缺陷。为了使不同种类数据的优劣能够互补并进而提升研究整体的科学性,组合运用各类数据是实验研究收集和运用数据应当遵循的另一项基本原则。在这一方面,定量研究与定性研究的优劣之争给了我们很好的启示。在社会科学研究领域,定量研究与定性研究及相应的定量数据与定性数据的优劣是一个争论不休的话题。但在争论的过程中,有的研究者却能抛开二元对立的观察视角,在肯定定量研究与定性研究各自优劣的基础上,以实用主义和相容理论为立场,发展出混合定量与定性方法的混合方法,并得到了广泛的认可。[1] 这种混合方法实际上将定量数据与定性数据融于一项研究中,实现了定量数据与定性数据的组合运用。除了定量和定性数据可以组合使用外,其他不同来源、不同表现形式的数据也同样可以且应当组合运用。以刑事司法实验和试点研究著称的美国维拉司法研究所在解释其研究方法论时也强调,他们倾向于从不止一个来源收集数据。通过从若干不同来源收集到的信息,研究人员可以从不止一个角度来理解问题,而且必须同时收集定量数据与定性数据。[2] 事实上,在社会科学研究方法中,这种组合运用多种数据和多种方法的策略还有一个专门的术语——三角测量(triangulation)。三角测量的核心观点在于如果研究

[1] 参见[美]阿巴斯·塔沙克里、查尔斯·特德莱:《混合方法论:定性方法与定量方法的结合》,唐海华译,重庆大学出版社2010年版,第10~18页。

[2] 参见[美]吉姆·帕森斯等:《试点与改革:完善司法制度的实证研究方法》,郭志媛译,北京大学出版社2006年版,第20页。

结论是经由多种研究方法所得出的,其可靠性更高。“如果采用不同方法的研究(或者采用原则上相似,但各有优点和弱点的方法)能够取得具有可比性的结果,就能够提供更加有力的支持——这种证据的汇合被称为三角测量术。”[1] 三角测量既包括数据种类的三角测量(data triangulation),也包括数据收集方法的三角测量(method triangulation),前者是指针对同一研究主题收集不同种类的数据,后者则是指在一项研究中采用多种方法收集数据,以抵消每种方法所自带的影响有效性的缺陷。[2]

因此,为了提高刑事司法实验研究的科学性,研究者应当以更宽广的视野和互补的思维来看待可供收集与运用的数据,而不用执念于理论上某一类型的研究应当运用某一类型的数据。在大多数实验研究中,数据的组合运用应当成为一项原则。前述数据分类的目的其实并不在于提供一种二元对立的视角来看待刑事司法实验研究涉及的数据,而在于提供更多的观察不同种类数据特征的视角,促进数据的组合运用,为研究结论的得出提供更多来源与更多类型的经验论据。

(四)不迷信数据

基于“发现”所得的数据推导出结论,是实证研究与思辨研究的本质区别,因此将数据视为实验研究的立论之本并不为过。但是,如果在分析和运用数据的过程中完全被数据所引导甚至误导,却可能陷入迷信数据的错误泥潭之中。与思辨上的错误相比,这种迷信数据的错误又是以“客观”的数据为表象和支撑的,因而更具欺骗性。

除了研究者违反研究伦理故意篡改、编造数据而得出结论这种“有意为之”的错误之外,迷信数据的“扎实表象”还会使研究者犯下很多“无心

---

〔1〕[美]汉斯·采泽尔、戴维·凯:《用数字证明——法律和诉讼中的实证方法》,黄向阳译,中国人民大学出版社2008年版,第97页。

〔2〕三角测量还包括调查者的三角测量(Investigator triangulation),即在一项研究中应当由一位以上的研究人员收集数据。See Eugene McLaughlin & John Muncie, *The Sage Dictionary of Criminology*(*3rd edition*), Sage Publication, 2013, pp. 474 – 475.

之失”。首先,研究者所收集到的数据本身就可能是不客观或者不全面的,尤其是经过统计处理后的二手数据。“统计,就像最神奇的化妆术,只要略施粉黛,东施尤胜西施。”[1]有些数据虽然符合客观实际,但却只展现了研究对象的某一侧面或某一部分,完全依据这种数据得出结论只会产生“瞎子摸象”的效果。如果不以批判性的思维审视这些数据,不以多种数据来源进行对照核实,简单地依据有问题的数据推导出结论的可靠性值得怀疑。其次,数据本身是可靠的,但如果对这些数据的解读缺乏理论的指引或者原因的探究,也可能陷入迷信数据的窠臼之中。在实证研究中,数据本身只是论证的工具,数据本身不直接产出结论,即使是推断统计所得出的“P值”是否具有显著性也不等同于研究结论的本身,仍然需要研究者运用理论和逻辑思维进行解读和推导出结论。例如,在体现办案机关办案状况的时序数据中,某一年度的数据相较于其他年度出现了大的跳跃,并不能简单地认为办案机关该年度的办案状况发生了很大的改变,而必须经由其他途径去探究数据跳跃背后的原因。[2] 同样,当分析数据得出的结论与通说的理论不相一致时,也不能简单地得出理论应当被修正的结论,而应当审慎思考一下是否有其他的因素影响了数据的收集与分析,是否在形式化的数据背后潜藏着一些未被发现的因素。最后,数据的“效力”是有限的。一般而言,数据只对其产生的主体、情境和时间等具有“效力”,其“效力”的范围不能被随意扩展。例如,基于产生于某地的数据所推导出的因果关系结论并不能简单地认为适用于全国。随意扩展数据的效力范围实际上稀释甚至切断了数据与结论之间的逻辑关系。

因此,依靠数据但又不迷信数据,应该是对待数据的正确态度。关于

---

〔1〕［美］达莱尔·哈夫:《统计数字会撒谎》,廖颖林译,中国城市出版社2009年版,序言。

〔2〕例如,有学者指出,公安机关刑事立案数猛增的数据并不能得出刑事案件猛增、社会治安急剧恶化的结论,有可能是立案标准和指导政策发生了变化。参见刘方权:《刑事诉讼实证研究中的数据解读——与徐美君女士商榷》,载《中国刑事法杂志》2010年第12期。

如何防止迷信数据,以下几方面的工作较为重要:第一,对于非研究者直接收集的数据保持必要的警惕;第二,研究者应当直面自己直接收集的数据的缺陷,并在推导出结论时考虑在内;第三,多来源、多类型数据之间的相互验证,即上文所述的组合运用数据;第四,对数据的分析运用应与理论相结合,避免单纯基于数据得出结论;第五,对于从数据推导出来的结论应从多个角度进行反思。

第七章　刑事司法改革中实验研究的具体开展

如本书第五章所述,刑事司法改革试点与实验研究异同并存,不能将刑事司法改革试点简单等同于刑事司法实验研究,而应当在适当区分的基础上合理借鉴实验研究的具体方法以改进试点的具体开展。从另一角度来说,在我国刑事司法改革过程中开展相对较为严格的实验研究,不仅因为试点大量开展的整体氛围而具有可行性,同时还具有相当的必要性:不但可以通过实验研究推动相应理论的发展,而且能够为刑事司法改革提供更为扎实的数据基础,使改革建立在较为严格和科学的实验研究结论之上。进一步而言,改革试点与实验研究因共同的"改变带来效果"的逻辑框架而不可分割,刑事司法改革过程中对于试点与实验应当综合统筹开展。本书第五章重点在于在目前刑事司法改革试点的现状与基础上厘清改革试点与实验研究的关系,并为改革试点引入实验研究的科学要素。本章则将在之前有关社会科学实验研究的基本原理、刑事司法领域实验研究的特点和数据运用等内容的基础上,结合我国刑事司法改革的特殊背景,探讨如何具体开展较为严格的实验研究并将其融入整体的刑事司法改革之中。

一、实验研究的准备

实验研究的准备通常是一个漫长的过程,起始于发现问题与明确需要经由实验验证的假设这一起点，经由将社会科学实验研究基本原理与刑事司法实验的具体内容与环境相结合的实验方案设计，完结于正式将实验付诸实施之前。在刑事司法领域中，一些模拟实验的实施过程可能很短，但准备的时间却可能长达数年；一些需要大量案件作为实验对象以及需要较长时间观察因变量变化情况的实地实验的实施需要较长时间甚至数年，而准备的时间虽然可能短于实施的时间，但通常也长于一年。从某种意义上来说，与其他实证研究相比，实验研究的准备阶段甚至可以视为其真正的核心阶段，因为准备阶段所设计的实验方案是否科学、对实验实施过程中可能影响实验效度与信度的干扰因素是否考虑全面等都会深入影响甚至决定实验能否顺利开展。实验研究准备阶段的核心成果在于形成实验方案，鉴于实验方案的重要性，本书将在本章第二部分详细探讨。

（一）发现问题并考虑是否可以并需要进行实验研究

问题是任何研究的开端。从发现问题的思维方法来说，根本的一点在于怀疑和思考。如果不能对社会生活的各种现象加以思考，不能提出问题，不能怀疑，就无所谓问题。而怀疑是思考的起点，思考过程是怀疑的理性化过程，最后形成研究问题。[1] 在刑事司法领域的研究中，问题的产生可能来源于文献的阅读、对司法实践的观察了解以及研究者的亲身体验等。归结起来，从某种程度上来说，研究的问题主要来源于比较与差异。例如，理论的推演与实践的情况存在差距、预期较好的措施却未达致预期效果、法律的规定在实践中无法得到落实、不同地区对同一制度的实践存在重大差别、具有不同特征的人群具有不同的犯罪率和犯罪类型等情况，都会促使研究者思考差异产生的原因和其中蕴含的理论问题。但是，并非所有的问题都需要通过实证研究抑或要求更为严格的实验方法来进行研究。一般而言，研究者需要通过思考以下几个方面的问题，考虑是否需要通过实验方法来进行研究。

---

〔1〕 参见仇立平：《社会研究方法》（第2版），重庆大学出版社2015年版，第80页。

首先是问题在实践中的呈现形式与状况。一方面,只有在刑事司法实践中能够找到对应表现形式的问题才需要或可能进行实验研究,无具体表现形式的纯理论问题或许可以开展本书第一章所述的“思想实验”,但绝无可能开展作为实证研究的实验研究;另一方面,通常只有在刑事司法实践中较为常见的问题或者对刑事司法实践具有较大指导意义的问题才需要进行实验研究,因为实验研究的投入相对较大,刑事司法领域的实地实验又干扰因素众多,较为科学的实验必须建立在一定数量的样本基础之上。有研究者发现,在刑事司法领域,与非实验研究相比,开展随机分配实验平均会增加30%以上的研究经费。[1]

其次是考虑拟针对这一问题想要开展的研究的目的。对同一个问题并不限于开展某一类研究,研究的目的决定了研究的具体种类。按照研究目的的不同,社会研究通常可以分为探索性研究(exploratory research)、描述性研究(descriptive research)、解释性研究(explanatory research)和评估性研究(evaluation research)。探索性研究是正式研究的准备阶段,目的在于发现足够的信息,从而为设计和执行下一步更为系统、广泛的研究打下基础;描述性研究的目的是描绘某个情境、社会环境或事物关系的特定细节,重点在于描写研究问题的现状;解释性研究要确定社会行为、信念、状况和事件产生的根源,检验理论并提出解释的理由;评估性研究的目的是要查明某个方案、新举措和政策等是否有效,即解决“这有用吗”这个问题。[2] 实验研究的核心在于确定与检验不同变量之间的因果关系,毫无疑问是一种解释性研究;另外,如本书第三章所述,刑事司法领域的实验研究重在检验效果,通过实验研究来评估某一方案能否解决某一问题,即为了解决“这有用吗”的问题,因而属于评估性研究。

---

〔1〕 Joel H. Garner, Christy A. Visher, “The production of criminological experiments”, *Evaluation Review*, June 2003, pp. 316－335.

〔2〕 参见[美]劳伦斯·纽曼:《理解社会研究——批判性思维的利器》,胡军生、王伟平译,人民邮电出版社2015年版,第15～17页。

因此,只有为了解释和评估的目的开展的研究才有需要进行实验研究。

再次是考虑针对这一问题具体进行研究的内容。如本书第五章所述,实验研究具有内容单一性的特征,不适合于影响范围较广、变量众多的问题。因此,当发现问题并确定研究的目的在于解释或评估后,研究者就必须考虑将被纳入这一研究的具体内容或者变量的数量,只有那些关注范围相对较窄,自变量数量一般控制在三个以内,而因变量限定在一定范围内并可以在相对较短的时间内测量到的问题才适合开展实验研究。如果研究的问题属于发散性的、内容较为宽泛的,就不适合进行实验研究;相反,如果属于聚焦比较明确、集中性的问题则可以开展实验研究。

最后还要考虑对这一问题进行实验研究的现实可能性。这些现实可能性问题包括但不限于如下:能否申请到实验研究的所需经费;对于实地实验来说,能否寻找到对这一问题感兴趣并可以开展合作的实务合作者;以及开展这项研究所可能面临的现实、法律和伦理困难等。美国学者根据美国刑事司法的环境归纳了在刑事司法领域考虑是否可以并需要进行实验研究的八方面考虑因素:一是如果实验研究所采取的干预措施是给刑事司法机关或者社区或具体的干预对象引入了额外的资源,此时实验研究所面临的伦理障碍更少;二是在刑事司法领域,如果实验的是比现行法律规定更为轻缓的处理,通常要比较之现行法律规定更为严厉的处理面临更少的障碍;三是公众关注度相对较低的实验更易于实施;四是如果实验干预所需要投入的资源有限,实务工作者更乐意接受随机分配;五是如果实验干预的对象对公共安全的威胁相对较小,随机分配实验更易于开展;六是当研究者致力于限制刑事司法官员在办理具体案件中的自由裁量权时,实验开展的难度最大(因此法官是刑事司法官员中对于随机分配实验最为抗拒的主体);七是在上下级层级关系较为明确的系统(如警察系统)中是较易于开展实验研究的;八是如果实验的干预措施相对更为复杂或者是刑事司法机关通常不会采用的措施,实验研究就可能变得尤其的困难和昂贵。[1] 实际上,上述八方面考虑因素中的大多数在我国刑事司法领域考虑开展实验研究时同样适用,而结合我国整体刑事司法改革的背景,另外一些可能需要重点予以考虑的因素则是:拟开展实验研究的内容是否与刑事司法改革的整体方向一致,方向一致或者是对整体刑事司法改革方针予以具体化或落实的实验研究更易获得实务部门的支持也更易于开展;拟开展实验研究的内容是否能在相对较短的时间内体现出"变化",相对能较快地呈现"改变带来的变化"并与刑事司法改革的整体推进计划相符的实验研究更易获得实务部门的支持也更易于开展;等等。

(二)明确需要验证的假设与相应的变量

在确定拟研究的问题可以并需要进行实验研究之后,下一步的准备工作是明确需要验证的假设。所谓假设,是以已经了解的事实和相应的学科理论为依据对未知的事实或事物之间的关系所提出来的推测性说明。假设是一项实验研究的核心,而从研究的问题走向研究的具体假设则是实验研究明确具体研究内容的关键一步。虽然不排除研究的问题非常具体而接近于假设的情形,但一般而言,研究的问题较之研究假设更为宏观,提出假设是将较为宏观的问题与拟在实验中进行测量的变量相关联的过程。例如,研究者想要研究的问题是恢复性司法对于被害人的效用,但这种较为宏观的问题距离实验可以验证的假设尚有一段距离,而在本书第四章所介绍的恢复性司法的随机分配实验中,则进一步将这一问题具体化为恢复性司法会谈更能产生成功的互动仪式以培养加害人与被害人之间的社会连带关系和恢复性司法会谈能够让被害人在心理层面更为受益这两个具体假设。又如,研究者想要验证增设一种新的简化程序的改革方案能否带来提高诉讼效率的结果,这个研究问题尤其是诉讼效率的提高实际上仍较为抽象宏观,在实验研究时需要进一步明确为具体的假设,诸如增设新的简化程序能否提升法官和检察官的人均办案量、能

---

〔1〕 See David Weisburd, "Randomized Experiments in Criminal Justice Policy: Prospects and Problems", *Crime & Delinquency*, April 2000, pp. 181 – 193.

否通过降低审前羁押率来节约司法资源等具体的假设。当然,有些拟研究的问题也因为非常具体而接近于假设,如想要研究性别对于某项预防犯罪干预措施效果的影响等。

需要说明的是,实验研究中的假设与统计学术语中的虚无假设和备择假设之间既不相同又有联系。虚无假设(null hypothesis)又称为零假设,通常是认为被检验的变量之间无关系的假设;备择假设(alternative hypothesis)则是与虚无假设相对的假设,通常是认为被检验的变量之间存在关系的假设。实验研究所需要验证的因果关系假设通常需要通过推断统计来得出结论,研究假设在统计分析过程中需要转化为虚无假设与备择假设。一般而言,研究假设是认为某些变量之间存在(因果)关系,但由于统计分析检验的是支持某一事实的概率,直接证明某些变量之间存在关系这一事实比较困难,需要对各种情境下这一关系是否成立进行检验,因此统计分析中常常转而检验这一假设的虚无形式,即检验认为变量之间不存在关系的虚无假设。如果通过研究的数据收集和统计分析,发现虚无假设不成立,那么与虚无假设对立的备择假设就是成立的,也就是实验研究中变量之间的因果关系假设得到了验证。概言之,在一个实验研究中,研究假设需要转化为统计假设,研究假设通常等同于备择假设,但统计检验的实际上是虚无假设。[1]

实验研究中假设的形成通常还必须基于一定的理论依据。"就其最基本的形式而言,研究的问题包括变量的定义和将变量联系在一起的理论依据,这种理论依据有可能是一种预测变量之间特殊联系的理论,也有可能是来自于一些实际的、直觉的思考,从而能够提示人们已经发现的某一关系十分重要。"[2]任何一项理论,无论它多么完美、在逻辑推演方面

〔1〕 参见舒华:《心理与教育研究中的多因素实验设计》,北京师范大学出版社 1994 年版,第 11 页。

〔2〕 [美]哈里斯·库珀:《如何做综述性研究》,刘洋译,重庆大学出版社 2010 年版,第 13 页。

多么的无懈可击,只要它缺乏实证研究的检验和实证证据的支持,都只不过是一个尚未得到证实的“猜想”而已,不能置之四海而皆准,更不能直接适用于事关公民基本权利和社会安全稳定的刑事司法实践。上面论及的刑事司法领域实验研究的解释性研究和评估性研究两种情形其实都在一定程度上依赖于理论。解释性研究是为了验证假设来解释社会现象,通常是将某一理论的适用具体到某一情境中,其假设的形成必然依赖于理论。第二种为了解决“这有用吗”而开展的针对某一改革方案的实验研究通常也必须基于理论的推演,即只有基于相关理论或符合相关理论而被认为可能产生某种效果的改革方案才有必要通过实验予以检验。因此,此种旨在评估某一改革方案的实验研究所形成的假设表面上看虽然是某种改革措施能够产生某种预期效果,但实际上仍然可以从其中找到背后相应的理论依据。

形成实验研究的因果关系假设之后,实际上已经指向实验过程中需要进行测量的变量并与之相关联。研究者认为,因果假设具有如下五个特征:(1)至少有两个变量;(2)详细说明了变量之间是如何发生联系的,何者是原因,何者是效应;(3)包含了时间顺序的推测(什么变量先发生);(4)可以将因果关系假设重新表述为预测或期望的研究结果;(5)可以运用实证数据来支持或反驳这一假设。[1] 事实上,研究者在形成研究假设时必须一并考虑有关变量的一系列问题,包括:被纳入假设的变量是否可以在实验过程中得到直接或间接的测量;作为原因的变量(自变量)与作为结果的变量(因变量)的数量;作为自变量的变量如何在实验中被引入;作为因变量的变量在实验中是否可能受到自变量以外的其他变量的影响;能否保证自变量先于因变量而发生;等等。概言之,研究者通过形成包含了自变量与因变量的研究假设实际上已经完成了一项实验研究基本逻辑框架的搭建,之后进一步需要完成的则是实验开展的时间、地

〔1〕［美］劳伦斯·纽曼:《理解社会研究——批判性思维的利器》,胡军生、王伟平译,人民邮电出版社2015年版,第55页。

点、合作伙伴、样本的选择、测量的方法、数据的收集和分析方法等更为丰富细致的内容。

(三)文献阅读与综述

在一项实验研究的准备阶段,文献阅读与综述的工作必不可少。文献阅读与综述的过程实际上与明确需要验证的假设和变量的过程互相交织、互相促进,甚至必须建立在文献阅读与综述的基础之上才能形成假设和明确变量。

文献阅读和综述在研究的过程中是非常重要的:"如果没有它的话,你就不能了解你的课题、已经有过哪些研究、研究是如何进行的、主要问题是什么等等"。[1] 文献阅读与综述的范围与目的主要包括如下几个方面:(1)相关理论文献,旨在为实验研究的假设寻找更为扎实和清晰的理论依据,以使实验研究能够与理论相关联,并能使实验研究对理论的创制与发展有所帮助。这里的理论依据范围广泛,既包括刑事司法领域的相关理论,也包括与实验有关的心理学、社会学等交叉学科的理论。(2)围绕实验研究内容已经开展研究的相关文献。阅读这些研究文献,尤其是研究的发现和结论,目的在于明确这一领域目前研究的进展和本项实验研究建立在哪些已有研究的基础之上。对于相关内容实证研究文献的阅读还能帮助研究者掌握一些相关的二手数据,而这些二手数据是有可能在实验研究中被用于比较或对照的。通过对这些文献的阅读,研究者必须清楚,拟开展这项实验研究与已有研究的区别,这项研究又将如何推动这一领域的研究。(3)对拟实验内容或类似内容开展实验研究的文献,以及在实验的具体方法上能有所借鉴的研究文献。对于这些研究文献的阅读和综述,除了帮助研究者掌握这一领域研究的进展情况外,还能为研究者设计本项实验研究的方案提供方法论方面的参考,包括样本的选择、数据的收集,尤其是其他研究者对于自身研究方法存在的缺陷的反思都

---

〔1〕[英]朱迪斯·贝尔:《社会科学研究的基本规则》(第4版),马经标主译,北京大学出版社2013年版,第88页。

能为研究者提供有益的参考。

（四）寻找实验的地点与选择合作伙伴

并非所有的实验研究都需要确定实验地点与合作伙伴，但在刑事司法领域中，绝大多数的实地实验研究都需要在一个或几个确定的地点进行，同时需要有刑事司法机关等参与实际案件办理的部门作为合作伙伴。在很多情况下，实验地点与合作伙伴的寻找与选择是捆绑在一起的：在实验研究内容和假设已经确定的情况下，一旦确定了可以合作开展实验研究的办案部门，实际上就确定了该办案部门所在的地点为实验地点，反之亦然。有的研究者归纳了实验研究地点选择应当考虑的几方面因素，包括自然因素、经济因素、文化因素、法制因素和案件因素。[1] 概括而言，在寻找实验地点与合作伙伴时应当考虑如下几个方面的问题。

首先是代表性。所谓代表性，指的是实验地点对于拟进行实验研究的内容具有代表价值或典型意义。例如，有关涉罪未成年人干预的研究应当选择未成年人犯罪数量相对较多的地点，有关流动人口犯罪与诉讼程序的研究应当选择经济相对较为发达、流动人口较多的地点，拟对某一改革方案能否实现预期效果进行验证的实验研究所选择的地点应当在改革拟解决的问题方面较为突出或具有代表性。社会科学研究通常无法对总体进行研究，因而需要通过抽样对一部分具有代表性的个体进行研究。比较理想的情形是，只研究总体中的一部分个体，但所得到的却不仅仅是这一部分个体的情况，而是渗透在、折射在、体现在这一部分个体身上的总体的情况。[2] 虽然实验地点的选择一般无法适用概率抽样，通常更多的是由研究者在综合考虑各种因素的情况选择个别的地点开展实验，类似于非概率抽样中的目的抽样（purposive sampling）或判断抽样

[1] 参见宋英辉等：《法律实证研究本土化探索》，北京大学出版社 2012 年版，第 74 ~ 81 页。

[2] 参见风笑天：《社会研究方法》（第 4 版），中国人民大学出版社 2013 年版，第 104 页。

(judgmental sampling),但尽量使实验地点及相应的办案部门在所研究内容上具有代表性仍然是提高实验结论外部效度的重要条件。同样,虽然在某个或某些地点进行的实验研究的发现与结论并不必然能外推到其他所有地点,但只有在具有代表性的地点开展的实验研究才具有更高的结论外推可能性。此外,当实验地点多于一个时,有关实验地点的代表性还必须考虑到不同地点对于不同情况的代表性以及不同地点之间的关系。例如,当在我国为验证某一普适性制度或机制的效果而开展实验研究时,通常会考虑在经济发达地区与经济不发达地区各选择一个实验地点。[1] 又如,笔者参与的刑事和解实验研究即同时选择了中等发达水平的位于华北地区的 S 市和较为发达水平的位于华东地区的 N 市和 W 市作为实验的地点。[2]

其次是可行性。关于实验地点与合作伙伴的可行性包括的内容其实非常广泛,既包括研究经费,研究者所处的地点与实验地点的距离,实验地点的交通、气候、经济社会环境等客观条件,也包括实验地点的案件数量、类型是否能够满足实验对于样本数量的要求以及现有的办案习惯是否与实验流程相匹配等刑事司法体系内的条件等。此外,合作伙伴单位的领导、具体办案人员的思维方式、理念和支持程度等主观条件也是考虑可行性必须涉及的内容。与实务部门合作开展实地实验研究都需要同时获得一线办案人员与领导的支持与认可,否则将在实验实施过程中遭遇自变量难以完整施加和数据收集困难等一系列困境而大幅降低实验研究的效度,甚至无法继续实验。当然,对于实验地点与合作伙伴可行性的考虑也是相对而言的,通常只能在考虑各方面制约因素的情况下,选择相对更具有可行性的地点与合作伙伴。对于地点与合作伙伴可行性的全面考

---

〔1〕 当然,并非所有的刑事司法实验研究都需要或适合在经济发达地区和经济相对不发达地区各选择一个实验地点,还必须考虑实验内容或实验拟解决的问题在不同地区的表现形式是否存在差别以及多地点研究的可行性等因素。

〔2〕 参见宋英辉等:《公诉案件刑事和解实证研究》,载《法学研究》2009 年第 3 期。

虑对于实验的顺利开展具有非常重要的作用,尤其是需要实施一段时间的实验研究,考虑不全面甚至可能导致实验的半途而废。笔者曾经参与的一项在我国北方某地开展的试点研究,正是由于之前未充分考虑到每年的7月和8月是当地的旅游旺季,公安机关在那段时间内的主要工作是安全保卫而非案件办理,导致试点后期遭遇极大的困难。

最后是实验地点的覆盖面和数量。在实地实验中,与研究所需要的样本数量有关,研究者必须在所能获得的人力、物力、财力等支持条件下考虑其具体地点的覆盖面和数量。即使是选定某一城市或地点开展实验,研究者同样需要根据实验的具体情况进一步明确实验的覆盖面,如选择某一个区甚至更低一级的行政区划。而在刑事司法领域的实验研究中,更为常见的则是按照办理刑事案件的最基层单位来进行选择。实验地点的数量则是另一个需要考虑的问题,从实验的科学性来说,多于一个的实验地点能够提高实验的外部效度,但同时增加一个实验地点会使实验所需要的资源翻倍甚至更多。如果在实验的人力、物力、财力等支持条件允许的情况下,选择两个及以上均具有一定代表性但同时又有所差异的实验地点是较为理想的做法。此外,考虑实验地点的覆盖面和数量还必须考虑到实验的不同设计。例如,如果要对纳入实验范围的案件或人进行随机分配实验甚至是多组设计或多因素设计,由于样本会被分配到不同的组别,就必须在每一组所需要的样本最低数量的基础上考虑实验地点的覆盖面和数量。如果采用非同等控制组前后测设计等准实验设计,还可能涉及将不同的地点或办案机构分别作为实验组或控制组。

二、实验研究的方案与实施

(一)实验研究的方案

实验研究的方案是有关实验研究如何开展的综合性文件,目的在于厘清实验研究的逻辑结构,划定实验研究的时空与样本范围并为整个实验研究如何开展提供指导。在完成上述几个方面的准备工作后,研究者需要通过设计实验方案将考虑已久的实验构思清晰地描绘出来,为下一步实验的实施提供全方位的指引。实验方案包括但不限于以下几个方面的主要内容:

1. 实验研究的理论基础与实践背景

研究者在实验方案中首先需要解决的就是明确本项实验是建立在什么样的理论基础和理论假设之上,以及是在什么样的刑事司法实践背景之中展开。研究者必须明确,本项实验研究的目的究竟是在刑事司法的具体情境下验证或推进某项理论,抑或是检验某项理论指引下具体刑事司法改革措施是否能实现预期的目标。对于前者,实验方案中应当明确指出其理论依据以及这种理论对应到刑事司法实验研究中的具体表现形式,包括根据理论假设所设计的自变量与拟测量的因变量,对实验中的自变量、因变量如何对接理论中的抽象界定进行相应的论证,同时也应当包括可能存在的不同争议;对于后者,除了指出作为指引的理论依据外,还必须明确拟实验或改善的刑事司法某一环节的现状和存在的问题等实践背景。当然,在很多情况下,基于刑事司法领域的实践和应用属性,实验研究通常是两种目的兼具的,因此必须要同时明确实验研究的理论基础和实践背景。

2. 实验设计的选择适用与具体操作化

如何选择社会科学实验研究的不同设计并将其适用于刑事司法的具体环境中,是实验研究的灵魂所在,实验方案核心需要解决的就是拟采用的实验设计以及不同实验设计所要求的要素如何在具体的实验环境中对应与呈现。研究者需要根据本项研究的目的和各种客观条件,在本书第二章所列举的实验设计中进行选择,并结合具体的实验情境描述这种实验设计如何具体操作化。这种具体操作化要完成的内容主要包括:筛选实验样本的标准与条件(如符合哪种条件的案件或人可以成为实验对象)以及样本的数量要求;实验组与控制组等不同组别具有可操作性的划分方法(如随机分配、配对抑或其他方法);实验样本被分派到不同组别的具体方法（如采用本书第三章所述的批量分配还是滴流分配）；自变量被引入实验和施加于实验对象的具体方法；如何避免实验对象受到其他因素的影响，或者如何避免实验组和控制组的实验对象受到不同因素的影响；因变量的数量、内容与测量指标及相应的前测后测方法等。

3. 实验的时间与地点

实验方案中需要明确的时间要素在具体实验开展过程中存在多种可能性，有的实验集中于一天或几天完成，但也存在需要较长时间的情形。在刑事司法领域的实地实验中，因为需要累积一定数量的案件或人作为样本，并且自变量的施加以及对因变量的影响通常是一个相对较为缓慢的过程，因此可能更多的是需要较长时间才能完成实验的情形。具体来说，实验的时间节点主要包括实验开始的时间、实验结束的时间[1]、实验中对样本施加自变量的时间，对样本观察回访以测量因变量的时间和收集数据的时间等，这些都需要在研究方案中予以明确。

实验的地点选择如前文所述，但如果实验存在两个以上的地点，研究者在拟定实验方案时就必须结合不同地点存在的不同情况以及实验设置两个地点的目的，考虑并在需要时明确不同地点在实验设计、实验流程、数据收集方法等方面的差别。

4. 实验流程

制定实验流程的目的是按照先后顺序将实验如何一步一步具体开展予以明确。作为一项定量研究，实验需要作用于一定数量的样本，通过明确固定化的实验流程有助于使实验在作用于每一个分配到同一组别的样本时尽量保持一致，从而提升实验的有效性。与上述第二点探讨的实验设计相比，实验流程所包含的内容通常更为细致和动态，实际上是以不同阶段如何具体操作以及参与实验的人员如何分工负责的形式，将实验设计的内容更好地落实于开展实验的整个过程。对于刑事司法领域的实地

〔1〕 在有的实验研究中，实验结束的时间是以满足样本数为标准的，因此在实验方案制定时无法确定具体的结束时间。

实验而言,由于实验的过程实际上常常是叠加于实际案件办理过程之上的,因此拟定实验流程的作用还在于将实验的过程较为适当地嵌入已经存在的刑事司法的办案流程之中,从而使实验能够随着刑事司法办案流程得以顺利运转。

明确实验流程需要注意以下几个方面的问题:一是需要明确参与实验过程的人员及相应的职责,例如,由谁负责进行实验组与控制组的分配、由谁负责施加自变量以及由谁进行相应的数据收集,这一方面在办案人员参与较多的情况下尤为重要。二是尽可能地列出实验前后阶段流转过程中存在的各种可能性以及相应的处理方式,以应对刑事司法实践中的各种情形。研究者应当对可能发生的绝大多数情况做到心中有数,并按照实验的逻辑结构在流程中做出明确的安排。三是应当征求和听取作为合作伙伴的办案机关及一线办案人员的意见,并了解实验地点存在的相应办案习惯,从而提高办案人员对于实验及其流程的接受度,减少实验实际运行的阻力。四是实验流程还可以利用图形、表格等方式呈现,以使实验参与人员更好地理解与掌握。

5. 实验的数据收集分析方案

正如本书第六章所探讨的,数据之于实验研究具有生命线一般的意义。作为呈现实验过程和实验结果的主要甚至唯一依据,数据是整个实验研究架构的基石。为保证实验数据收集的完整和及时,研究者在制订实验方案时必须对拟收集数据的方案和不同数据的分析运用方法进行完整细致的提前规划。

从内容上来说,研究者拟定实验的数据收集分析方案一般应当覆盖以下几个方面的数据:一是对应实验设计的自变量引入与实施方式,收集能够呈现施加自变量过程的数据,以使研究结果能够展现出自变量施加的过程。二是对应实验设计,明确对因变量进行测量所需要收集的数据,这是实验研究中数据收集分析的核心。因变量可能是多个,而对每个因变量的测量也可能对应多个指标,因此,为了对因变量进行全面测量,可能会形成一个相应的数据指标体系，并需要明确每个指标所对应的数据及其具体收集方式。从时间跨度上来说，对因变量的测量有可能不是一蹴而就的，尤其是刑事司法领域的变化通常较为缓慢，研究者应明确对需要多次测量的因变量的测量计划，例如，刑事司法领域实验研究中常见的对重新犯罪率的测量可以设定为半年后、一年后甚至三年后。三是有关实验样本特征的数据。根据实验假设的需要，研究者需要收集实验样本特征的数据，尤其是那些被认为有可能影响实验结果的特征，如实验对象的职业、教育背景、年龄、性别以及刑事案件的一些特征等。四是有关实验开展环境的数据，尤其是那些有可能影响实验结果的背景性数据，以呈现实验开展的背景。五是可能需要与实验样本进行对比的数据。在一些准实验或者前实验设计中，不存在与实验组一一对应的控制组，因此需要收集可以与之对照的数据，包括一些实验研究开始之前作为比较的基准线的数据、其他官方数据或者其他研究中的数据等。

从考虑和明确数据收集和分析方案的过程上来说，研究者通常需要完成以下几个方面的工作：

第一，在理论假设的基础上考虑需要哪些数据。在这一阶段，研究者既需要考虑哪些数据最为理想，也需要考虑在最为理想的数据不可获得时，哪些退而求其次的数据也是可以基本满足实验设计的要求的。在这一过程中，研究者需要考虑本书第六章的各种数据分类的优势与缺陷。

第二，将需要的数据“映射”到实验环境中考虑哪些数据是可以获取的。从某种意义上来说，真正决定一项实验研究收集和分析哪些数据的并不是研究者需要哪些数据，而是实验过程中可能产出哪些质量较好的数据。对于需要办案机关提供支持合作甚至需要由一线办案人员帮助收集数据的实验研究，还必须就拟收集的数据听取办案人员的意见。总体而言，研究者最终拟定的数据收集方案实际上是在各方面因素综合考量权衡下决定的，必然距离最为理想的数据有一定的差距，而是一种如同本书第六章所述的“较佳数据”。

第三,在确定拟收集的数据范围的基础上,针对每一项需要收集的数据明确具体的收集方法,包括在什么时间点收集,是否需要制作相应的数据收集表格、问卷等工具,由谁(办案人员抑或研究人员及其具体人员)来负责收集,具体收集的方式(如是自填还是询问等)以及收集后如何汇总录入数据库等。

第四,考虑不同项数据之间的关系并确定其交叉组合使用的方式。一般而言,单一一项数据的分析效力有限,多个不同项数据的交互分析才能更好地呈现出不同变量之间的关系,研究者需要考虑并确定在实验结束后的数据分析和研究报告撰写阶段,应当如何将收集来的数据进行组合分析。

第五,根据定量数据的测量水平不同,考虑并确定其拟采用的数据统计分析软件与具体的推断统计的方法。如本书第六章所述,定量数据可以进一步划分为称名数据、顺序数据、等距数据和等比数据,而这些不同测量水平的数据适用于不同复杂程度的运算方式和统计方法。由于对同一指向内容可以通过不同的方法收集到不同测量水平的数据,例如,对于作为研究样本的人员对某一问题的认识,既可以收集“是”与“否”这种称名数据,也可以收集从“1”到“5”甚至更多级别的等距或等比数据,因此,研究者在决定收集数据的范围和具体收集方式时,也必须从数据的不同测量水平及适用的统计方法角度进行考虑,而在确定数据收集范围和方式后,也必须在研究方案中明确实验结束后运用何种软件与何种分析工具来对数据进行统计分析。

6. 实验的评估方案

“评估”(evaluation)一词在不同语境下有不同含义。一般而言,评估是指由特定的组织或个人(评估主体)对指定的对象(评估客体)依据某种目标、标准、技术或手段(评估度量尺度),按照一定的程序和方法(评估方法)进行分析、研究、比较、判断、评估和预测其效果、价值、趋势或发展的一种活动(评估活动),是人们认识、把握事物或活动的价值或规律的行为。[1] 评估亦是实验研究的重要环节,拟定实验方案应当包括实验的评估方案。鉴于评估的重要性,如何对实验进行评估将在本章第三部分详述。

7. 如何应对实验研究过程中可能遇到的伦理问题

在任何一个涉及人类的研究中都会遭遇伦理问题,刑事司法领域的实验研究同样如此,而且因为刑事司法领域的特殊性,实验过程中遭遇的伦理问题还具有一定的特殊性。实验方案中应当涵盖有关如何处理相关伦理问题的内容。有关实验研究中的伦理问题,将在本章第四部分详述。

(二)实验研究的实施

实验研究的实施是将实验方案付诸实践的过程。相对于实验研究方案的内容更为系统和拟定实验方案需要更多地对接社会科学实验研究的基本原理,实验的实施则更多的是具体操作甚至是管理的问题,本身并无太多需要探讨的理论问题。总体而言,在刑事司法领域将一项实验研究付诸实施,需要注意以下几个方面的问题。

一是控制实验环境以避免实验运行中不必要因素的影响。如本书第二章所述,实验研究过程中存在一系列可能影响实验效度的因素,包括无关事件、测试效应与测量工具、污染、来自实验对象的因素与来自实验者的期望等。虽然研究者在拟定实验方案时也会考虑到如何排除不必要因素的影响,但在实验实施过程中除了严格执行实验研究方案以外,仍然需要密切注意一些可能未曾预计到的影响因素。例如,在一项通过培训旨在提升涉嫌犯罪的人参与刑事司法程序的能力以实现对其权利保护的随机分配实验中,由于实验组和控制组的实验对象在羁押场所存在互相交流的机会,因而在实验过程中实际上互相"污染",培训这一自变量实际上也间接影响到了控制组的研究对象。对于这些影响因素,研究者在实施过程中必须予以密切关注并针对性的采取相应的调整措施。

---

[1] 参见李志军主编:《重大公共政策评估:理论、方法与实践》(第2版),中国发展出版社2016年版,第3页。

二是根据实施的情况进行相应调整。无论事前设计了多么完美的实验方案,在实施过程中都可能遭遇事前未曾考虑到的情况或问题。实验实施过程中可能遭遇的新情况包括但不限于:实验样本不如预计的多;实验组与控制组的分配未严格按照实验方案执行或者遭遇到公正公平等伦理问题;办案人员的配合度未达预期导致在自变量的引入和数据收集等方面未能达到实验设计的要求;实验样本流失较多;等等。对于这些情况,研究者需要在秉承实验设计基本架构和实验研究目标的情况下,对实验的实施进行适当的调整。事实上,一些调整可能改变实验原始的设计,但为了使实验的主体部分能得以继续执行,这样的调整可能是必需的。考验研究者对实验研究方法掌握程度的恰恰是在面临不得不调整的情况下,如何选择对实验原始设计改变最少、能够保持实验基本架构并能适应实验环境使实验得以继续执行的调整方案。需要指出的是,在对实验方案进行调整时,研究者还必须忠实记录下调整的原因、调整的方法以及调整前后的差异,以使读者和其他研究者在充分了解实验实施状况的情况下来评估实验的数据和实验的结论。

三是应当在实验实施过程中保持各方参与者的充分沟通。沟通是人们分享信息、思想和情感的任何过程。这种过程不仅包含口头语言和书面语言,也包括形体语言、个人的习气和方式、物质环境——赋予信息含义的任何东西。[1] 刑事司法领域实验过程中往往涉及多方的合作与互动,包括分工不同的研究者、办案机关中不同层级的实务人员、实验对象以及其他参与者等。保持充分沟通不仅是实验研究项目管理的重要手段,还是实现实验研究的共享、互信氛围以推动实验顺利进行的必备条件。在实验开展过程中可以采用专人联系、定期讨论、工作情况的记录和分享等机制来实现充分的沟通。

四是对数据收集的状况进行随时检查并在需要时进行及时补充。实

---

〔1〕 参见[美]桑德拉·黑贝尔斯、理查德·威沃尔二世:《有效沟通》,李业昆译,华夏出版社 2005 年版,第 6 页。

验研究实施的过程同时也是收集数据的过程,鉴于数据在实验研究中的重要性及其不及时收集可能灭失的特性,实验实施过程中需要特别关注数据收集的质量和数量,随时检查是否按照实验方案对每一个样本收集了相同的数据以及数据的质量,是否按照要求及时输入数据库,并考虑是否需要根据实验实施的实际情况调整数据收集的方案等。

三、实验研究的评估

(一)不同语境下评估的不同含义

"评估"一词在不同的语境下有不同的含义。对于一项社会科学研究的评估,在某种意义上首先指的是对这项研究的质量进行的系统性的评价。例如,社会学研究的评估就是运用社会学方法的原理,依照社会学研究过程的逻辑,从社会学方法的技术性角度对已经得出的社会学研究结论——研究报告——进行有效性检验,判断该项结论的可靠性程度和可推论范围,以确定它的可信程度,对它的解释力以及对社会学理论的贡献做出评估,其所关注的是一项已经完成的社会学调查研究是怎样设计和实施的。与评估的这种含义等同使用的常常是"社会学研究的系统分析"(systematic analysis of social research)。[1] 从评估的这一含义来说,刑事司法领域的实验研究作为一种社会科学研究,毫无疑问也需要评估,而这种评估的重点则在于研究本身的科学性,关注于研究的效度和信度,包括理论基础、研究设计、数据的收集和实施的过程以及研究结论能否外推及其范围等。

评估的第二种含义是评估研究。社会科学研究的目的除了探索、描述、解释外,还包括评估。如前所述,评估是要解决"这有用吗"的问题。在刑事司法领域,国外有关刑事司法研究方法的教材还在社会科学常见的探索性、描述性和解释性研究三种分类的基础上增加了评估性研究,用

---

〔1〕 参见袁方主编:《社会研究方法教程》,北京大学出版社 1997 年版,第 698 页。

于指对项目、政策或者方法的有效性进行判断的研究类型,并被认为是被刑事司法机构运用最为广泛的一种研究类型。[1] 评估研究,是一种对调查、观察、文献分析等社会研究方法的综合系统应用,虽然评估研究大部分情况下可以被归类为定量研究,但也不排除定性的评估,如通过深度访谈来进行评估。“最有效的评估是综合了定性与定量部分的研究。虽然使用统计很有用,对过程进行深度访谈也一样有效。”[2]

在政策与改革领域更经常被提及的评估所使用的是第三种含义,即公共政策领域对政府绩效和措施的评价。在公共政策领域,评估也被认为是对政府措施产出绩效、价值进行审慎的回溯性评价。例如,在我国,第三方评估被认为是我国近年来政府管理方式的重大创新,目的在于促进政府决策更科学、改革更符合实际、政策更好落实、群众得到更多实惠。[3] 李克强总理多次强调,评价政府工作不能“自拉自唱”,要让第三方独立公正评估,让社会和群众来评判,更好地推动国务院各项政策的落实。[4] 2014 年《政府工作报告》指出,政策实施的督查将采取与第三方评估相结合的方式,邀请全国部分研究咨询机构等独立专业的第三方评估机构,并向国务院提交评估报告。与此同时,各部委及各级政府都开始制定相应的第三方评估的实施意见并委托第三方就具体政策的落实开展评估。[5] 在西方发达国家,对公共政策的评估历史悠久。由于在社会和

---

[1] See Peter B. Kraska & W. Lawrence Neuman, *Criminal Justice and Criminology Research Methods*, Pearson Allyn and Bacon, 2008, p. 30.

[2] [美]艾尔·巴比:《社会研究方法》(第 11 版),邱泽奇译,华夏出版社 2009 年版,第 359 ~ 360 页。

[3] 第三方评估则侧重于对评估主体的要求,是指由独立于政府及其部门之外的第三方组织实施的评估,也称为外部评估,通常包括独立的第三方评估和委托第三方评估。这里的“第三方”指的是既不制定政策,也不执行政策,而是独立于政策运行过程之外的相对超脱的机构。参见李志军主编:《第三方评估理论与方法》,中国发展出版社 2016 年版,第 4 ~ 5 页。

[4] 国务院办公厅组织对重大政策措施落实情况开展第三方评估,载 http://news.xinhuanet.com/politics/2015-07/24/c_1116031282.htm,最后访问日期:2017 年 8 月 2 日。

[5] 例如,民政部于 2015 年 5 月 13 日发布了《关于探索建立社会组织第三方评估机制的指导意见》,江苏省人民政府办公厅于 2015 年 11 月 16 日发布了《关于开展重大政策举措第三方评估的实施意见》。

公共政策大面积推广之前通常会以相对较小范围的社会项目的形式进行尝试,对社会政策的评估首先是对社会项目的评估。根据学者考证,系统的社会项目评估最早出现在教育与公共健康领域,到 20 世纪 30 年代,各学科的社会科学家开始致力于用严格的研究方法评估社会项目。第二次世界大战之后,随着各种社会项目的出现,开展了很多有关精神心理治疗和精神药物治疗、公共住宅、教育活动、社区组织创建等各种类型社会项目的评估。〔1〕

事实上,上述第二种与第三种评估的含义是从不同角度对同一事物的描述,尤其是当评估的对象是某一具体项目、措施或方案时。对于某一社会项目的评估,本质上就是一种社会科学的研究,只有遵循社会科学研究的基本方法和准则,才能在保证评估科学性的基础上实现评估的目的。反之,如果不将评估视为一种社会科学研究,不遵循社会科学研究规范和收集实证数据作为评估的依据,评估将"沦为"一种主观的判断甚至臆断。〔2〕 正如波斯纳(Richard Allen Posner)的观点,政策判断应该基于事实和后果,而不是概念主义和原则。〔3〕 评估本身是一门有着严格程序规范的学科。自 1972 年哈佛大学卡罗尔·韦斯(Carol Weiss)教授出版了第一本有关评估的教材后,〔4〕有关评估的论著、专门性期刊以及专业组织不断涌现,评估的方法论逐步包含了丰富的内容,如何开展评估已经成为社会科学的一个重要学术领域。

综合上述第二种和第三种含义,可以将评估界定为评估研究者对社

---

〔1〕 参见[美]彼得·罗希、马克·李普希、霍华德·弗里曼:《评估:方法与技术》,邱泽奇等译,重庆大学出版社 2007 年版,第 5 页。

〔2〕 当然,对一些较为宏观的政策进行的较为笼统的,甚至纯主观性的评价有时也被称为评估,此种评估通常不需要遵循社会科学研究的基本方法和准则,不属于此处讨论的评估。事实上,对于宏观政策的评估,如果从其实施的微观处入手,同样可以进行遵循社会科学研究基本方法和准则的评估研究。

〔3〕 [美]理查德·A. 波斯纳:《道德和法律理论的疑问》,苏力译,中国政法大学出版社 2001 年版,第 263 ~ 264 页。

〔4〕 Carol Weiss, *Evaluation Research*, Englewood Cliffs, NJ: Prentice-Hall, 1972.

会政策和社会项目的系统性评价，即研究者运用社会科学研究方法，研究、评价并帮助改善社会项目的研究活动。

（二）实验研究与评估研究的关系

实验研究的评估虽然也包括前述第一种含义的评估，但在实验研究的具体开展中，更为重要或更为符合实验研究目的的，则是综合后两种含义的评估，这一点在刑事司法领域的实验研究中尤其如此。易言之，通过对自变量与干预措施施加过程的呈现和对因变量的测量与比较以验证施加自变量的效果，实际上就是一种对干预措施效果评估的活动。从另一个角度讲，通常所有政策或项目效果的评估都是比较性的，而要确定效果或影响的大小，就需要将接受某种政策或项目的对象与接受其他政策或项目以及未接受任何政策或项目干预的同等对象进行比较，因此，一般将影响评估或效果评估的设计分为实验型研究设计与准实验型研究设计，其中最有效地确定干预效果的方式是随机实地实验，这也被称为评估项目效果的“黄金标准”研究设计。[1] 可见，在实验研究中评估自变量引入的效果与评估研究中运用实验设计本就是一体两面的同一事物。此外，从某种意义上来说，通过下文将要阐述的包括需求评估、理论评估、过程评估、效果评估和成本收益评估在内的一系列评估，实际上本身也是一种对实验研究质量的系统性评价。

具体到刑事司法领域的实验研究，实验研究与评估研究的交织更为明显。如本书第三章所述，刑事司法的基本目的是处理与防控犯罪。在刑事司法领域，通过实验研究验证某一改革方案与输出的效果之间的因果关系，进而推动刑事司法的法律与政策改革是实验研究的一个重要导向。刑事司法实验研究重在检验和评价处理和防控犯罪措施的效果，即通过实验研究来检验和评价处理和防控犯罪的手段、措施、方案上的改变是否会产生预期的良好效果。纵览域外刑事司法领域的实验研究可以发

〔1〕 参见［美］彼得·罗希、马克·李普希、霍华德·弗里曼：《评估：方法与技术》，邱泽奇等译，重庆大学出版社 2007 年版，第 164～165 页。

现,很多实验研究本身即依托于一个犯罪防控的社会项目展开,或者反过来说,一个犯罪防控项目及其评估采用了实验设计,实验研究与评估研究同步开展。正如研究者所观察到的,自 1970 年以来,实验方法和公共政策计划评估之间的联系日趋紧密。[1] 以开展实验试点推动刑事司法改革而著名的美国维拉司法研究所开展的每个试点项目都必须经过评估,因为没有经过评估,是不可能了解一项改革措施是否实现其目标的。而在维拉司法研究所策划项目和拟定研究方案时,也必须将评估这一部分包括在内,具体包括五个方面的内容:评估要实现的目标、研究方法(包括数据来源与对比参照)、评估的时间表及阶段、正式报告以及评估的工作人员安排。[2] 这种做法实际上已经把实验试点与评估研究更为深度地整合在一起而基本处于同步开展的状态了。

(三)刑事司法实验研究评估的主要内容

如上所述,基于刑事司法实验研究的上述特性,对实验中引入的自变量,即采用实验设计的项目所尝试的手段、措施或方案所产生的效果的评估是实验研究评估的核心内容。与此同时,基于多年来发展形成的项目评估理论与方法,对于一个项目的评估又不止于效果评估。一般来说,广义的评估内容主要包括五个方面:需求评估(need evaluation)、理论评估(theory evaluation)、过程评估(process evaluation)、效果评估(outcome evaluation)和成本效益评估(cost-efficiency evaluation)。严格来说,只有经过这五个方面的评估,才能进一步考虑实验或试点所检验的一项改革措施或方案是否需要继续、扩展适用抑或终止。[3]

---

〔1〕 参见[美]Frank E. Hagan:《犯罪行为研究方法》(第 7 版),刘萃侠等译,中国轻工业出版社 2009 年版,第 219 页。

〔2〕 参见[美]吉姆·帕森斯等:《试点与改革:完善司法制度的实证研究方法》,郭志媛译,北京大学出版社 2006 年版,第 61、113 页。

〔3〕 See Daniel P. Mears, *American Criminal Justice Policy: an Evaluation Approach to Increasing Accountability and Effectiveness*, Cambridge University Press, 2010, pp. 10 – 11.

1. 需求评估

需求评估是为了解决政策、措施或者方案等改变是否需要和具有现实必要性的问题。对任何一项旨在通过刑事司法领域法律和政策改革以解决现存问题的实验研究来说，首先需要完成的是对现存问题的界定，以明确需要引入干预措施或改革方案的必要性。研究者需要通过对问题存在的范围和地域、发展变化的趋势以及导致问题的原因进行深入调查分析，以评估某个问题的性质、重要性和分布状态，并在此基础上进一步评估对这一问题实施干预或作出改变的必要性。需求评估通常被作为设计和规划新项目或重组既有项目的第一步，其所需要完成的任务接近于前述实验准备中的发现问题并考虑是否可以并需要进行实验研究。但对已经建立的、稳定的项目来说，需求评估也能够检验项目所提供的干预或服务是否满足了目标群体的实际需要，从而为项目改进提供指导。[1]

2. 理论评估

理论评估是为了解决实验或项目中政策、措施或者方案等的改变是否建立在扎实、清晰的理论依据之上这一问题。这里的理论包含了整个实验研究或干预项目所建立于其之上的某些刑事司法或犯罪学的理论，但并不限于这些理论基础与研究假设，而是关于实验研究或项目整体结构的一种概念体系与逻辑框架，这其中包括了目标群体、项目输入、项目输出的行为与评估指标、项目的短期与长期目标以及这些组成部分之间的关系。理论评估的任务就是评价项目理论方面的优劣，是否有清晰的逻辑，是否提供了合情合理的改善存在问题的方案等。

3. 过程评估

过程评估，也称为执行评估（implementation evaluation），是为了回答实验或项目的实施是否按照设计来执行的问题。在很多情况下，受各种主客观因素的影响，实验的实施并不能完全按照研究者的预先设计来执

〔1〕 参见［美］彼得·罗希、马克·李普希、霍华德·弗里曼：《评估：方法与技术》，邱泽奇等译，重庆大学出版社2007年版，第40页。

行，引入干预措施或方案的项目也无法完全按照计划执行，而过程评估的目的就在于评估项目实际实施的程度，尤其是干预措施的实施状况与程度。较之于效果评估从一开始就是评估的核心，过程评估的重要性是逐步被研究者所认识到的。过程评估之所以重要，是因为想要证明一个项目或干预措施的有效性，它的实施就必须按照最初的设计来进行。[1] 易言之，如果没有过程评估来确定实验所引入的干预措施的实际实施状况在多大程度上符合最初的设计，就不能将效果归因于干预措施（自变量），也就不能实现实验研究确定因果关系的最终目标。此外，如果经过效果评估发现没有产生预期的效果，此时过程评估就能够帮助确定未产生预期效果的原因究竟是执行上的不到位，还是实验设计或者依据的理论基础存在问题。

4. 效果评估

效果评估，也称为影响评估（impact evaluation）、产出评估或结果评估，是实验研究和干预项目中最为核心的评估，其解决的是实验研究和干预项目的核心问题，即自变量或干预措施的引入是否产生了预期的效果。如果一项刑事司法领域的改革措施拟实现的效果经过评估未得到验证，那么无论它看上去有多么完美，其能否推广适用于更大的范围都应该被充分地质疑。[2] 评价某一个在真实环境中实施的干预项目效果的最大困难是，其实际产出的效果可能是由与干预措施不相关的无关因素造成的，所以效果评估所要解决的核心问题是如何测量和评价在没有其他因

---

〔1〕 Richard D. Hartley（ed.），*Snapshots of Research：Readings in Criminology and Criminal Justice*，Sage Publication，Inc.，2011，p. 410.

〔2〕 一个非常典型的例子是美国的"抵制滥用毒品教育项目"。这一项目的措施主要是由警察到小学中为学生讲授如何识别毒品和避免吸食毒品的课程。虽然抵制滥用毒品教育项目的覆盖范围逐步扩大，但同时也有很多评估研究显示，经过与未参与这一项目学生的比较，这一项目拟实现的最为核心的效果——减少学生吸食毒品——并未实现，因此围绕这一项目是否应该继续实施产生了长时间大范围的争议。关于抵制滥用毒品教育项目的具体情况，参见［美］格雷格·伯曼、奥布里·福克斯：《失败启示录——刑事司法改革的美国故事》，何挺译，北京大学出版社2017年版，第六章。

素影响下的效果,这也是为什么在进行效果评估时,实验设计被视为较佳的评估设计,而其中随机分配实验又是“黄金标准”。从某种意义上来说,实验研究中对因变量的测量与分析就是一种效果评估,因变量在自变量引入后的变化就是研究者预期发生的效果,而对因变量的测量与分析就是为了呈现出这种效果并归因于自变量这种干预措施的引入。

5. 成本效益评估

成本效益评估的目的在于解决项目的投入与产出的关系问题。成本效益评估通常需要回答的问题是:“相对于投入的成本而言,改革措施与方案是否产出了足够的收益?”对于单纯的实验研究而言,尤其是理论导向的,可能不需要进行成本效益评估,但如果实验研究中所尝试的措施与方案在过程与效果评估方面获得了积极的结论而有可能被推广适用到更大的范围甚至上升为一项全国性的法律或政策时,则非常有必要进行成本效益评估。例如,联合国系统评估标准要求使用一定范围的成本分析方法,并要求回答实际成本和类似基准如何对比和经济效益是否超过成本等问题。[1] 从本质上来说,成本效益评估源自于经济学的研究方法,需要构建模型来进行,通常的方法是将所有的投入换算为一定单位的货币,之后根据理论模型明确产出所包含的各方面内容,并根据相应的数据将所有的产出同样换算为一定单位的货币,再将投入与产出进行比较。[2]

(四)过程评估与效果评估的具体方法

在上述五方面的评估内容中,需求评估和理论评估通常是在实验研究开展之前作为实验设计的内容进行的,成本效益评估并不必然进行,实验研究开展后通常需要进行的是过程评估与效果评估,这是实验评估的核心内容。过程评估与效果评估的具体方法需要结合实验研究的具体内

〔1〕 参见联合国评估小组:《联合国系统评估标准》,载李志军等:《国外公共政策评估手册与范本选编》,中国发展出版社 2015 年版,第 10 页。

〔2〕 一项刑事司法领域内成本收益分析的研究案例可参见《美国北卡罗来纳州提高未成年人司法管辖年龄的成本效益分析》,郭晶译,载何挺等编译:《外国刑事司法实证研究》,北京大学出版社 2014 年版,第 314 ~ 358 页。

容来设计，其中还可能涉及较为复杂的数据运用和统计分析，以下主要从所有过程评估和效果评估都需要注意的几个问题来讨论具体的方法。

第一，无论是过程评估还是效果评估，都是一种依托于实证经验的研究活动，是一种基于证据的循证工作。如本书第五章所述，项目评估并不基于评估者所持的标准、价值或者偏好，而是基于他们能够用来证明的事实，因此，这一方面要求评估必须依据研究者或评估者在实验研究过程中直接发现并收集记录的实证数据来进行分析、做出判断和得出结论，而不能由研究者进行主观判断。当然，评估所依据的数据种类可以多样，覆盖本书第六章所论及的各种数据。如前所述，最有效的评估是定量与定性的综合，定量数据与定性数据可互补使用。如果实验预期的效果之一是改变研究对象的某种认识，也可以通过问卷调查或访谈收集并使用来自研究对象的主观性数据得出评估的结论。

第二，评估的主体既可以是研究者，也可以是研究者和实验实施者之外的第三方。评估主体的选择必须考虑客观性和便利性两方面因素，由中立第三方进行的评估虽然客观性较强，但通常需要耗费更多的经费和时间，并非所有的实验研究的评估都必须由第三方进行。对于由研究者组织进行并旨在验证相关理论的理论导向型的实验研究，其结论的客观性主要应依赖于研究者对研究伦理和学术规范的遵循，通常不需要聘请第三方进行评估。对于法律或政策改革导向的实验研究，尤其是由立法或司法机关组织、授权或委托的旨在验证某一改革方案有效性的实验研究，鉴于其方案在评估之后可能扩大适用甚至上升为法律或政策而影响重大，就应当聘请利益中立、熟悉相应领域专业知识并掌握评估方法和具有评估能力的第三方研究团队进行。

第三，无论是过程评估还是效果评估，都应当在实验实施之前设计好评估方案和相应的数据收集方案。本章前述实验方案中应当包括实验的数据收集分析方案，这实际上会包括评估的数据收集方案。值得注意的是，由于过程评估较之于效果评估往往不受重视，而如果不提前设计并及时收集相应数据,实验结束后能够呈现实施过程的数据往往时过境迁不可复得。为了在实验实施完毕之后能够开展过程评估,就必须在事先设计并在实验实施过程中及时收集能够呈现实施过程的数据,例如,实验对象是如何被分配到不同组别的,自变量或干预措施是如何被施加于实验对象之上的,等等。

第四,无论是过程评估还是效果评估,在设计相应的评估方案和数据收集方案时,都需要明确相应的测量指标及相应的数据收集方法。评估的结果最终需要落实到一系列的评估指标(indicator)之上,而每一项评估指标的状况也需要有相应的数据予以呈现。[1] 研究者或评估者在拟定评估指标体系时还必须围绕实施干预的过程和拟实现的效果中的核心问题,明确哪个或哪些指标是评估的重点。此外,评估指标还必须是能够回答并实现数字化计量的。“不能回答的问题或许能引起哲学家的极大兴趣,但是对于那些需要获得评估结果的评估者和决策者而言,显然毫无意义。”[2]

四、实验研究的伦理问题

按照现代汉语词典的解释,伦理是指人与人相处的各种道德准则。事实上,在不同的语境下,伦理与道德这两个词经常混用,但两者的侧重点实际上有所不同。有学者归纳了伦理与道德的实质区别:伦理强调责任,倾向于规范性、社会性、客观性和客体性;道德则倾向于个人的感受,更含主观、主体、个人、个体的意味。[3] 而具体到职业伦理,其通常被认为是特定职业或特定群体内相一致的应当被遵守的行为规范和标准,而研究伦理则是指研究者在研究过程中需要遵循的行为规范和标准。与思

---

〔1〕 效果评估方面的评估指标实际上等同于本章前述的实验准备阶段基于需要验证的假设而明确的相应因变量。

〔2〕 [美]彼得·罗希、马克·李普希、霍华德·弗里曼:《评估:方法与技术》,邱泽奇等译,重庆大学出版社2007年版,第50页。

〔3〕 参见李学尧:《非道德性:现代法律职业伦理的困境》,载《中国法学》2010年第1期。

辨研究相比,由于实证研究进入真实社会场景,所涉及的人员众多和产生大量数据等原因,其研究的伦理问题更为复杂。实验研究则由于存在实验分组和自变量的引入等因素,伦理问题又有其特殊性。“许多实验都会干扰他人(会妨碍参与者的生活)。施加的自变量可能会把人置于人为设计好的社会情境中,操控他们的感受或行为。”[1]因此,伦理方面的要求会约束干预的程度和类型。进一步来说,刑事司法领域的实验研究又因涉及法律适用的平等性、研究对象和被试大多属于边缘、弱势等特殊群体而需要对其伦理问题进行特殊的考量,并应将其作为实验具体开展不可或缺的一方面内容。

(一)实验研究伦理的具体内容

从广义上讲,实验研究伦理包括两个方面内容。

一方面是有关研究者的伦理,即研究者在实验研究中应该遵循的学术规范方面的要求。除了所有的研究都应该遵循的“不得剽窃”这一基本要求之外,实验研究中因涉及数据的收集和运用还需要遵循不得欺诈和全面报告的义务。所谓研究欺诈(research fraud),通常指的是编造未曾收集的数据、为使研究结论符合研究者的预设而修改数据等行为。全面报告,则是指研究者不仅应当报告研究中的正面发现和成果,还应当报告与研究假设不同甚至相反的数据和发现、研究方法中存在的问题与缺陷并展示研究实施过程中的细节和遭遇的困难等。研究者需要履行的这两方面伦理要求,实际上是他们向同行——其他研究者和这一研究领域所承担的伦理责任。“在任何严谨的研究中,研究者应该比任何人都熟悉研究技术的缺点和错误。你们有责任使读者了解这些缺失。”“一般来说,科学因开诚布公而进步,因自我保护和欺骗而受阻。只要你们把进行某项研究时经历过的所有困难和问题和盘托出,你们就可以对自己的同行——甚至对整个科学探索有所贡献。这样你们可以帮助他们避免犯同

[1] [美]劳伦斯·纽曼:《理解社会研究——批判性思维的利器》,胡军生、王伟平译,人民邮电出版社2015年版,第212页。

样的错误。"[1]从某种意义上来说,研究者对实验研究具体方法的展示和存在的缺陷和问题的反思具有与研究发现同等重要的价值:研究者只有对其具体方法和过程进行细致展示,才能让其他研究者对研究结论是否具有科学性进行判断,才能使其他研究者在本项研究的基础上能够继续推进。这是研究者为了学术繁荣和研究进步所承担的伦理责任。

另一方面则是有关研究对象或研究参与者的伦理责任。实验研究实际上形成了"研究者——研究对象(实验者——被试)"这种特殊的关系,研究者需要对研究对象和其他参与实验研究的人承担相应的伦理责任,保障他们的权利。"实验者可能会滥用他们的权利和权威来压迫被试,也可能会影响被试让他们去做在研究环境外不愿意做的事情。"[2]有关研究对象或研究参与者的伦理责任实际上最终根源于社会科学实验研究本质上是以人为研究对象的,而人具有主观意识和不可剥夺的基本权利。对研究对象的伦理要求最初起源于同样以人为研究对象的医学研究,并肇端于对一些严重伤害研究对象的医学实验的反思。例如,美国国家卫生研究所(National Institute of Health)确立了人类被试所享有的权利,包括但不限于如下方面:(1)被试有权免受不必要的风险,这里的风险包括情感上、心理上或生理上潜在的伤害;(2)被试有权完全了解研究过程;(3)被试有权完全了解任何和所有潜在风险;(4)被试有权拒绝参与研究项目;(5)被试有权在任何时间退出研究项目;(6)被试有权免受强制参与。[3] 随着同样以人为研究对象的社会科学开始考虑有关研究对象的伦理问题后,这些源于医院领域的基本准则同样逐步适用于社会科学领域。

---

〔1〕 [美]艾尔·巴比:《社会研究方法》(第11版),邱泽奇译,华夏出版社2009年版,第69页。

〔2〕 [美]戴维·威勒、亨利·沃克:《实验设计原理:社会科学理论验证的一种路径》,杜伟宇、孟琦译,重庆大学出版社2010年版,第98页。

〔3〕 参见[美]戴维·威勒、亨利·沃克:《实验设计原理:社会科学理论验证的一种路径》,杜伟宇、孟琦译,重庆大学出版社2010年版,第101~102页。

从某种意义上来说,较之于有关研究者的伦理更多地依赖于自律以及学术规范,有关研究对象的伦理问题关涉的利益更为重大,也是实验研究伦理问题最为核心的部分和关注的重点,下文有关实验研究伦理标准和伦理审查的探讨主要针对有关研究对象的伦理问题而展开。

(二)实验研究的伦理标准

有关研究对象的伦理标准主要包括以下五个方面,而这些标准在刑事司法领域开展实验研究时都有其特殊的表现形式或更为具体的要求。

1. 参与无害

参与无害的基本要求是,实验研究不能伤害研究对象,不能因为研究对象参与研究而招致更为不利的处境。参与无害标准通常被认为源自医生的希波克拉底誓言中"决不故意伤害任何人"的要求,是科学研究伦理标准中的核心和最低限度要求。根据研究内容的不同,社会科学实验研究可能对研究对象造成各种伤害:既包括身体伤害,如实验过程中存在的危险和安全问题可能给研究对象带来物理性的身体伤害;也包括情感困扰和心理伤害,如有些研究将参与者置于一种引发焦虑或紧张的情绪之中或者要求研究对象回忆其痛苦不堪的经历,其中最为典型的实验研究案例就是斯坦福监狱实验(The Stanford Prison Experiment)[1];还包括实验研究所收集的有关实验对象的个人信息和隐私被披露后对实验对象可能产生的影响;甚至有的实验还可能使实验参与者触犯法律,进而影响其今后的生活,如对那些触法的行为或者游走在法律边缘行为的研究。

如何应对研究可能给实验对象所带来的各种伤害,需要研究者在设计实验和开展实验的过程中予以充分的重视。除了下文要探讨的自愿参

---

〔1〕 1971年,斯坦福大学心理学教授菲利普·津巴多(Philip Zimbardo)在大学地下室搭建一个模拟的监狱,招募了24个心智正常身体健康的志愿者作为实验对象。这些志愿者被随机分成两部分,12个人充当看守的角色,另外12个人充当囚犯的角色,实验较为真实地模拟了监狱的场景。实验原计划进行两周,但仅仅在6天之后就被停止。在这6天里,囚犯反抗,看守变得邪恶与残忍,最终导致很多实验对象承受了严重的心理和情感创伤。这一实验实际上的发现是,环境可以逐渐改变一个人的性格,而情境可以立刻改变一个人的行为。

与和匿名保密之外,研究者还需要充分考虑实验实施过程中可能存在的安全隐患与风险并采取针对性的措施;对可能给研究对象所带来的情感与心理创伤,应当尽量避免或减少,如果实验研究的基本设计必须将研究对象置于使其不愉快和紧张的情境时,在满足研究对象知情同意与自愿参与的前提下,还必须对可能造成的心理伤害做好预案,如做好由相应的心理专家进行及时的救助与干预的准备;对于是否存在相应的法律风险,也需要在法律方面进行相应的咨询。事实上,从某种角度来说,没有任何实验研究能保证不会对所有研究对象造成任何伤害,研究者所应该做到的是,尽自己的最大能力,全方位的考虑实验可能对研究对象造成的各方面伤害,采取相应的措施将这种可能造成的伤害降到最低,并且应同时符合研究者在得知可能造成的伤害和风险之后而自愿参与这一前提条件。此外,刑事司法领域实验研究的实验对象在很多情况下是特殊群体或者是处于弱势地位的群体,如被羁押的人、被害人以及未成年人等,进行实验研究所可能带来的伤害还必须结合这些特殊弱势群体的特殊情况进行考虑。

2. 法律适用的公正平等

在刑事司法领域开展实验研究,还必须确立法律适用公正平等这一特殊的伦理标准。从某种意义上来说,保证实验对象在实验中获得公正平等的处遇是参与无害这一标准在刑事司法实验研究中的特殊要求。在刑事司法领域的实验研究中,当引入一种新的处理方法,进而比较其与原有抑或现行法律规定的处理方法在效果方面的差异时,尤其是将新的处理方法适用于一部分实验对象(实验组)而同时不适用于另一部分群体(控制组)时,必然涉及是否公正平等的问题。如果未能实现公正平等,那么是否有违参与无害的标准?[1] 但是,反过来说,如果因为对实验组与控制组适用不同的处遇违反了公正平等而有违参与无害这一标准,那

〔1〕 此外,正如本书第五章所探讨的围绕司法改革试点合法性的争鸣,这种在实验对象上适用超越现行法律规定的新的处理方法还涉及是否违法的问题,这一点此处不再探讨。

么绝大部分的刑事司法领域的实验研究可能都无法进行,因为没有差异和比较,是无法验证某一理论指引下的某一处遇或方案优于其他方案的。

对于这一问题,似乎可以从以下两方面来考虑。

一方面是如何看待实验研究所引入的差别处遇对实验对象的影响,是否差别处遇已经真正影响了实验对象获得公平对待的基本权利?有学者指出,“一般来说,当我们真正不能确定两个或两个以上法律措施的效果或价值时,反对对法律措施给予实验检验是不适当的,只有当我们肯定了一种措施比另一种优越时,才可能在随机处理中存在不公正的现象”。[1] 基于这一认识,从保障甚至促进实验这种有效检验法律改革方案的研究方法更多运用的角度来说,我们可以不将两种或更多的尚待实验检验的处遇措施视为不平等的对待,因为我们尚不清楚这些不同的处遇措施的功效如何。而实验研究的目的正是为了验证哪一种处遇措施效果更佳以便造福于更大范围的群体。从另一个角度来说,法律适用一律平等是一项基本原则,但所有的法律在适用过程中都可能因为地域、文化等的差异而在不同的对象中有所差异,实验研究在不同实验对象处遇上的差异,只要不侵犯实验对象所享有的法律所赋予的基本权利,就可以不被视为违背了法律适用的公正平等这一标准。

另一方面需要考虑的是,是否应当从法律适用所要求的公正平等方面为实验设计和具体开展确定如何符合参与无害这一伦理标准的特殊要求?从这一方面来说,以下几点值得考虑:第一,实验研究不得剥夺或限制法律所赋予的基本权利,即实验研究不得以剥夺实验对象基本权利的方式进行,这是最为基本的要求;第二,实验研究不得尝试法律禁止的事项,但可以在法律允许或不禁止的范围内尝试创新措施;第三,实验研究不得超越法律规定给实验对象更多的负担,如不得超越法律规定对实验对象判处更长的刑罚;第四,在法律允许的范围内,引入额外的资源开展

〔1〕［英］C. I. 豪沃思、M. J. 冈恩:《实验立法》,洪戈力译,载《环球法律评论》1986年第6期。

实验,并在实验过程中只将这部分额外的资源所支持的处遇措施适用于实验组实验对象,基于前一方面的分析,一般不能认为这种实验造成差别处遇而违背了参与无害的标准。

3. 自愿参与和知情同意

实验研究通常会介入实验对象的生活,而参与实验则意味着实验对象的生活将因为实验的进行而发生改变甚至被扰乱。基于这一方面的考虑,任何人都不应被强迫参与某一实验研究,并进而发展为另一项有关实验对象的伦理标准——自愿参与,即在任何时候实验对象的参与都应当是自愿的。自愿参与这一要求反映了对人作为有意识的主体和人所享有的自主决定权的尊重。与自愿参与相呼应或者为了保证自愿参与的实现,又逐步发展出“知情同意”(informed consent)的要求。所谓知情同意,就是要求所有进入研究的实验对象,必须在完全了解实验研究的情况和他们可能在实验研究中遭遇的风险与伤害的前提下表示同意,才符合自愿参与的要求。知情同意这一概念在20世纪50年代后期的美国医学界第一次使用,但它最早开始于1891年美国最高法院表示个体拥有自我决定的权利的声明。几乎每个涉及人类研究的组织都采用知情同意。[1]通常知情同意的具体要求是,研究者会在实验对象参与实验之前向其提供一份记载了实验研究的具体情况和可能存在的风险的书面说明,并请实验对象签名确认其自愿参加。[2] 虽然知情同意并非一定需要书面的声明,但大多数情况下均应制作专门的知情同意书,并在实验开展前和开展后的伦理审查中提供给伦理审查委员会备查。[3] 一般而言,一份知情同意书应当包括下列八个部分的内容:(1)简短地描述研究的目的和程

---

〔1〕 [美]尼尔·J. 萨尔金德:《社会科学研究方法100问》,赵文、李超译,北京大学出版社2014年版,第46页。

〔2〕 从另外一个角度来说,知情同意书里记录了参与研究可能导致的风险与伤害并由实验对象确认,也有助于参与无害这一标准的实现。

〔3〕 实验前提供的是由研究者制作的准备向实验对象提供的知情同意书,实验后对实验过程的伦理审查则需要提供所有实验对象阅读并签名后的知情同意书。当然,不排除有的实验对象同意参与实验但拒绝在知情同意书上签名,此时研究者应当在知情同意书上注明。

序,包括该研究将持续多长时间;(2)说明参与研究可能引起的任何风险和不适;(3)保证资料记录的匿名性和保密性;(4)说明研究者的身份以及进一步了解该研究具体情况的联系方式;(5)声明参与研究是自愿的,参与者在任何时候都可以不受惩罚地退出研究;(6)说明任何可能采用的替代程序;(7)说明研究参与者可能得到的任何好处或者补偿;(8)在研究完成时为参与者提供研究结果的报告。[1]

自愿参与这一标准在具体研究过程中的实现有时会遭遇实践阻碍。从研究样本的代表性和研究的外部效度来说,如果所有的实验对象都是自愿参与的,那么实验研究的结论是否能外推适用于那些不自愿参与的群体呢?此外,一些实验研究需要采用本书第二章所述的单盲或双盲设计,这与自愿参与这一伦理标准的冲突如何解决?因此,与参与无害这一最基本标准的适用不应有例外不同,自愿参与标准在一些特殊的情况下可以允许存在例外,即在研究者不知情的情况下将其纳入实验以保证实验的科学性,但此时必须遵循其他有关实验对象的伦理标准,尤其是参与无害这一最为基本的要求。

刑事司法领域中实验研究的自愿参与有其需要考虑的特殊背景与问题。作为刑事司法实验研究中最为重要的实验对象之一,犯罪嫌疑人、被告人和处在服刑过程中的罪犯与普通人在自由意志等方面存在重大差别,他们常常身陷囹圄或者人身自由受到限制,在刑事司法程序中与强大的国家机关相比处于弱势地位,对于国家机关施予其的处遇措施往往更多的是被动接受。因此,如果刑事司法领域的实验研究所采取的干预措施以代表国家的办案机关所施加处遇的形式出现,作为实验对象的犯罪嫌疑人、被告人和罪犯参与的“自愿性”其实是有别于普通人的。在美国,一份国家监狱委员会的报告中对美国监狱中进行的研究是否符合伦理指出了质疑,他们对罪犯表示自愿参与研究的真实自愿性表示怀疑,这

---

〔1〕［美］劳伦斯·纽曼:《理解社会研究——批判性思维的利器》,胡军生、王伟平译,人民邮电出版社2015年版,第76页。

些研究对象作出这样的决定可能仅仅是因为害怕受到报复。[1] 同样，被害人作为需要予以特殊保护的弱势群体，其在案件办理过程中的心态以及参与实验研究的“自愿性”同样有别于普通人。在刑事司法这种特殊背景之下，仍然应当尽量保证自愿参与的实现，具体可以考虑从以下两方面着手：一方面，应当强化对其参与的风险、参与的好处和退出机制的解释，使犯罪嫌疑人、被告人、罪犯和被害人等实验对象充分了解参与实验与刑事案件办理的关系；另一方面，应当在确保参与无害和法律适用公正平等两方面标准实现的基础上来考虑实验对象的自愿性。

4. 有限欺骗

基于自愿参与和知情同意的要求，一般而言，实验对象应该对实验研究享有充分的知情权，但在一些情况下，尤其是如果让实验对象了解到实验的干预措施和真实目的，他们就会改变自己的行为和认识，从而使实验的科学性降低，甚至从根本上威胁实验的有效开展。例如，在发现“霍桑效应”的实验中，告诉实验对象已被纳入实验观察的范围会导致其提升工作效率。因此，一些实验研究就必须考虑适当的欺骗在实验研究过程中是否可以接受。同时，由于欺骗会损害人际关系中的信任，并损害实验对象的知情权，因此，欺骗应当被控制在一定的必要的范围之内，并在保证实验有效开展的基础上采取相应的弥补措施，这一伦理准则可以被归纳为“有限欺骗”。美国社会学协会有关研究伦理的规范中要求，在满足三个条件的情况下，允许研究者在实验中有欺骗的行为：(1)欺骗不会伤害研究对象，即欺骗不能突破参与无害的要求；(2)欺骗是从研究的科学角度、教育角度或应用价值角度来判断的，即欺骗必须具有方法上的明确目的；(3)如果不使用欺骗，就找不到同样有效的替代方法，即欺骗是不得

---

〔1〕［美］Frank E. Hagan：《犯罪行为研究方法》（第7版），刘萃侠等译，中国轻工业出版社2009年版，第30页。

已而为之的最后方法。[1] 而即使是符合上述标准而需要在实验中进行欺骗,也应当将欺骗限制在最低的限度之内,将欺骗的内容控制在最小的范围之内,例如,在不损害实验科学性的基础上,告知实验对象正在开展研究,但不告知其研究的具体内容与目的等。

除此之外,还应当在实验结束后对实验对象进行后置性的情况说明,来弥补欺骗对实验对象知情权的侵犯和欺骗可能对被实验对象造成的伤害,这是所有以人类为研究对象且必须进行有限欺骗的研究中不可或缺的一部分。实验后的情况说明主要有两个目的:一是确保研究者能够让实验对象充分了解自己参与过的实验;二是使研究者有机会将实验对象的心理状态和情感状态恢复到刚刚进入研究时的状态。研究者通过情况说明要对实验对象进行释骗和脱敏。释骗是研究者在实验结束后对实验对象进行解释,告知他们所使用的欺骗以及进行欺骗的原因,脱敏则是释骗的下一步。欺骗性的研究活动和之后对欺骗的说明可能会使实验对象重新审视和改变他们的自我定位并对其造成持续性的影响,脱敏的目的在于使实验对象恢复到他们参与实验之前的状态。有的研究者还会在释骗和脱敏后,告诉那些仍然心烦意乱的实验对象,在结束实验之后他们可以到哪里去发泄和抱怨,以及他们可以对谁倾诉他们心灵和情感上的不适。[2]

刑事司法领域的实验研究除了同样需要遵循上述有限欺骗的准则外,还应当有其特殊的要求:在实地实验中,如果实验的干预措施涉及实验对象在真实案件办理过程中的处遇,即参与或不参与实验将会改变其实际案件的处遇并影响其所享有的人身权、财产权等基本权利的,那么不能采用欺骗的方式进行实验,如果因此而无法开展实验研究,则只能放

---

〔1〕 See American Sociological Association, *Code of Ethics and Policies and Procedures*, 1999. Section 12.05a.

〔2〕 参见[美]戴维·威勒、亨利·沃克:《实验设计原理:社会科学理论验证的一种路径》,杜伟宇、孟琦译,重庆大学出版社2010年版,第106～108页。

弃,或者采用其他的研究方法。

5. 匿名保密

以人为研究对象的研究,通常会涉及个人信息甚至不愿为他人所知的隐私,而研究成果从某种意义上来说实际上就是对来自研究对象的信息的积累总结与分析,因此社会科学研究对个人信息甚至隐私的使用应当限制在研究所必需的最小限度之内,这就是匿名保密这一标准的基本要求。如果在一项研究中,研究者无法将某一来自研究对象的信息与某一特定研究对象相对应,那么就达到了匿名(anonymity)的要求。但实际上,在很多研究者与研究对象面对面的实地研究中,研究者无法在不了解研究对象个人身份的情况下开展研究,因此匿名这一要求在很多社会科学研究中无法完全达成,在实验研究中尤其如此。但是,即使无法达到研究全过程的完全匿名,研究者也可以采取一些措施实现"事后"的匿名。例如,在收集来自研究对象的信息时不记录个人身份信息而以编号代替,不将个人信息记入数据库,或者在数据统计分析完成后及时清理和删除研究对象的个人信息,等等。

在匿名的要求无法完全实现时,则必须研究遵循保密(confidentiality)的要求。所谓保密,是指虽然研究者能够将来自研究对象的信息与某一特定研究对象相对应,但研究者不将其公开,研究者以外的其他人都无法获知研究对象的个人身份信息。保密的要求是所有实验研究都必须绝对遵循的准则。美国国家司法研究所的保密条例中规定,禁止任何可以确定被试身份的研究或统计信息的运用,以免被试被认出。[1]

具体到刑事司法实验研究中,匿名的要求一般很难完全实现,但保密的要求应得到绝对遵循,无论实验对象是刑事司法体系中的哪一类人群。即使以犯罪嫌疑人、被告人和罪犯作为实验对象,而且有关这些实验对象的身份信息并非直接来自于实验对象自身,而是来源于办案机关或办案

---

〔1〕［美］Frank E. Hagan:《犯罪行为研究方法》(第7版),刘萃侠等译,中国轻工业出版社2009年版,第37页。

系统,也不得在实验研究的成果展示中予以透露。当研究者在研究成果中展示来自实验对象的相应数据时,一般不进行个别展示,即使特殊情况下必须个别展示的,也必须进行隐名处理,甚至对于实验地点和办案机关也应当进行相应的处理,以尽可能降低实验对象被识别出来的可能性。

(三)实验研究的伦理审查

上述有关实验研究对象的伦理标准如何在具体的研究过程中得以落实,除了依赖于研究者对伦理要求的理解掌握和自律外,尚需要外部的监督机制,即由研究者以外的熟悉研究方法和伦理要求的专业人士进行伦理审查。

在国外的研究领域,很多以人为研究对象的研究机构、医疗机构、大学等都建立了机构内部的伦理审查委员会(Institute Review Board,IRB),由机构内的在不同领域实际从事研究活动的研究者组成,共同对将要开展的新的研究项目进行伦理审查。研究者需要将一份详细的研究方案提供给伦理审查委员会进行审查,提交审查的研究方案中必须详细描述计划开展的研究如何保护研究对象的权利,也必须说明如何确保研究对象在参与研究之前已经了解他们的权利。伦理审查委员会的基本任务是在研究开始之前审查研究计划,对研究者考虑尚不全面的可能对研究对象造成风险的问题重新考虑与补充完善其研究计划,并最终决定是否允许本项研究付诸实施。有的时候,伦理审查委员会让研究者从伦理的角度重新设计研究计划,甚至不批准某项研究。正如一种形象的说法,"他们是审视研究设计以确保全面保护参与者的'第三只眼'"。[1] 在所有涉及人作为研究对象的研究中,伦理审查委员会扮演着看门人的重要角色。在考虑涉及潜在弱势群体的研究方案时,他们会特别警惕。伦理审查委员会有责任考虑所有可能有害的源头;在授予研究进行的许可之前,研究

---

〔1〕［美］劳伦斯·纽曼:《理解社会研究——批判性思维的利器》,胡军生、王伟平译,人民邮电出版社 2015 年版,第 82 页。

者考虑过所有相关问题,这样伦理审查委员会才会满意。[1] 此外,在研究进行过程中和结束后,伦理审查委员会还可以对研究是否按照经过伦理审查的研究方案执行进行监督,并在存在严重违反伦理要求时有权力决定终止此项研究。在一些特定情况下,如实验进行必要的欺骗,伦理审查委员会还可以询问实验对象,以确保研究者在实验结束后是否进行了情况说明。如果伦理审查委员会发现研究者没有遵守这些伦理规则,其将受到严厉惩处,包括罚款、收回研究资金或失去申请研究资金的资格等。[2]

从某种程度上来说,设立伦理审查委员会和开展伦理审查具有强制性。在美国,任何机关团体(如大学或医院),如果想要获得联邦的支持,就必须成立伦理审查委员会,由教职人员(或其他人士)组成,审议组织内所有以人类为对象的研究计划,以确保人权和个人利益。[3] 同样在美国,国家司法研究所要求,每一项在卫生与人权服务部指导方针管理范围内的研究在开始之前都应得到伦理审查委员会负责人的批准,这里的批准并不需要先向国家司法研究所提交报告,但必须在每一项研究活动的正式开始之前进行。[4] 虽然有些研究因为涉及的伦理风险较低而被免予审查,如一般性的而不会导致被观察者的身份被暴露的观察研究等,但实验研究由于存在对实验对象的干预措施,同时鉴于刑事司法领域关涉的利益重大,因而绝大多数刑事司法领域的实验研究都需要经过伦理审查。当然,伦理审查的程序也存在一些争议,例如,伦理审查的时间过长导致研究被过度拖延甚至影响其科学性,伦理审查委员会是否过度地干

---

〔1〕 See Darlington Y. , Scott D. , *Qualitative Research in Practice*: *Stories from the Field*, Maidenhead: Open University Press, 2002, pp. 22 – 23.

〔2〕 [美]戴维·威勒、亨利·沃克:《实验设计原理:社会科学理论验证的一种路径》,杜伟宇、孟琦译,重庆大学出版社2010年版,第103页。

〔3〕 [美]艾尔·巴比:《社会研究方法》(第11版),邱泽奇译,华夏出版社2009年版,第69页。

〔4〕 [美]Frank E. Hagan:《犯罪行为研究方法》(第7版),刘萃侠等译,中国轻工业出版社2009年版,第37页。

涉了研究者的研究自由和自主性，等等。

在我国，在医学以及社会学等领域已经开始设立伦理审查委员会，并对以人为研究对象的研究开展伦理审查。[1] 但在刑事司法领域以及整个法学研究领域，设立伦理审查委员会和在实证研究之前进行伦理审查很可能尚付阙如。[2] 为了更好地推动刑事司法领域的实验研究，避免实验研究可能存在的伦理风险，应当推动在各个法学院和科研机构中设立伦理审查委员会，或者在相应的学科研究组织下设伦理审查委员会，对实验研究以及其他一些直接接触研究对象的实证研究进行伦理审查。

---

〔1〕 总体而言，国内的社会科学研究对于伦理的问题仍然重视不足。一个明显的例子是，国外有关社会科学研究方法的教科书通常会在总论或者较为靠前的部分以专门一章较大篇幅来论述研究的伦理问题，但国内的社会科学研究方法的教科书则常常对研究的伦理问题一笔带过甚至不予涉及。

〔2〕 笔者所承担的一项涉及未成年人的刑事司法领域的实证研究项目，由于资助方是联合国机构并要求必须在实施前进行伦理审查，但在国内并没有发现有法学领域的伦理审查委员会，只能请社会学领域的伦理审查委员会对本项目进行审查。

结　　论

实验研究以其验证变量之间因果关系这一独特的功能,在自然科学以及心理学、管理学等社会科学发展中发挥了推动理论的建立发展与提升学科科学化和体系化的重要作用。实验研究的这种重要作用同样可以也应当被引入刑事司法领域,域外刑事司法领域八十余年探索适用实验研究的经验已经充分证明了这一点。实验研究在我国刑事司法领域中的引入与运用,可以丰富我国刑事司法领域的研究方法,提升刑事法律学科的科学性,并发展和建立具有中国特色和中国烙印的刑事法律理论。而且刑事司法领域的实验研究重在检验法律改革、政策以及犯罪防控措施的效果,实验研究亦能够奠定刑事司法改革的实证数据基础,对我国刑事司法改革的有效开展能发挥巨大的推进作用。

社会科学实验研究的基本逻辑、基本要素和评价指标等基本原理同样适用于刑事司法领域的实验研究,但刑事司法属于相对更为专业和特殊的领域,需要根据刑事司法背景下的特殊性,对实验研究进行相应的调整与具体化。这些调整和具体化包括但不限于以下方面:刑事司法领域的实验研究必须要面对理论、法律规定和司法实践三方面的差距并在其中寻找适当的切入点;在刑事司法改革的背景之下,刑事司法实验研究重在检验效果,其对因果关系的验证常常以对相应制度或措施效果进行评估的形式呈现,实验研究与评估研究在刑事司法这一应用性极强的领域交叉融合;实地实验在刑事司法实验研究中占据非常重要的地位,实验研究的开展必须考虑到如何与办案流程相匹配甚至"嵌入",需要获得司法人员的深度理解与配合,并需要在实际案件流程中收集数据,因此极大地增加了开展随机分配实验研究的难度,与此相对应,准实验设计在这一领域的运用可能更为重要;在刑事司法改革背景下,实验研究的内容与方案还必须考虑如何与司法改革的整体方向和要旨保持一致;刑事司法实验研究的对象是犯罪嫌疑人、被害人等更为特殊的群体,需要考虑更多的伦理问题;等等。这些在刑事司法领域开展实验研究的特殊性在已经开展的研究中都能被观察到。

长期以来,试点对于推动我国司法改革具有独特的功能。近年来司法改革试点进入"活跃期",呈现出从自发分散试点到整体规划授权试点的变化。试点与实验研究都建立在实证经验的基础之上,共享"改变带来效果"的基本逻辑,通过适用于多数对象实现可重复性,并都具有将局部结论外推到更大范围的强烈倾向。但试点并不仅仅是实验研究的一种表现形式,两者之间存在显著差异:试点内容的整体复合性明显有别于实验研究内容的单一性,试点难以达到实验的严格规范要求,试点还具有实验所不具备的功能等。应当借鉴实验研究方法的合理要素,理性对待试点的验证功能,全面认识试点的其他功能,建立试点的实证数据基础与开展第三方循证评估,并从多方面改进试点的具体操作。

除了试点之外,刑事司法改革中也应当倡导和推广更为规范的实验研究。刑事司法改革中实验研究的具体开展需要遵循相应的科学规范。一方面,实验研究必须主要依赖于研究者基于自身经验直接发现的数据,经由概念化与操作化进行测量,按照不同种类数据的特点、优劣和运用规则运用数据并拓展在实验研究中运用不同类型数据的视野,遵循寻求较佳数据、量力而行、组合运用和不迷信数据的原则。另一方面,应当按照相应的流程与程序开展实验研究。在实验研究的准备阶段,需要发现问题并考虑是否可以并需要进行实验研究、明确需要验证的假设与相应的变量、进行文献阅读与综述、寻找实验的地点与选择合作伙伴。制订实验方案是实验准备阶段的重要任务,实验方案应当包括实验研究的理论基础与实践背景、实验设计的选择适用与具体操作、实验的时间地点、实验流程、实验的数据收集分析方案等内容。刑事司法改革中的实验研究还应当进行评估,包括需求评估、理论评估、过程评估、效果评估与成本效益评估。其中用于检验实验的实施是否按照设计来进行的过程评估与用于检验实验所引入的干预措施是否产生了预期效果的效果评估是所有实验研究都必须进行的评估。刑事司法领域的实验研究应当遵循有关研究者的伦理原则和有关实验对象的伦理原则并进行伦理审查,而有关实验对象的伦理原则包括参与无害、法律适用的公正平等、自愿参与和知情同意、有限欺骗和匿名保护,其中适用于所有社会科学实验研究的伦理原则在刑事司法领域中则有更为具体和特殊的要求。

虽然从目前以及可以预见的将来来看,鉴于实验研究的复杂性和刑事司法领域的特殊性,实验研究不可能也没有必要成为刑事司法领域一种占据主导地位的研究方法,但其所具有的特殊功能确实是其他研究方法所不能取代的。归结起来,实验研究方法在刑事司法领域的引入是我国法律实证研究在具体种类和科学性上的进一步拓展与深化,而在刑事司法改革过程中的适用则将进一步推动我国的刑事司法改革建立在循证的科学基础之上。

后　记

本书是在我承担的同名国家社会科学基金青年项目（12CFX036）的结项成果基础之上修改而成的，同时也是我计划编、译、著的一系列有关刑事司法实证研究书籍的第三本。

与2012年申报这一课题时的情况相比，在中国语境下，刑事司法改革中的实验研究已经发生了很大的变化。2012年《刑事诉讼法》修改吸收了之前一系列地方实验或试点经验并将这一方法的应用推向顶峰后，在各种因素的影响下，近些年来由学者主导并与地方实务部门深度合作、提前规划设计并收集相应数据的类似实验的研究应用不断减少，取而代之的则是由中央立法机关和司法机关整体规划设计的改革试点，这也是本书将实验研究与改革试点的差异与关系作为研究重点的重要原因。

同样发生变化的还有我自己对于实验研究的认识。2012年之所以申报这一课题，是基于之前在导师的带领下实际参与实验研究并在研习相应方法的过程中，我深感对这一研究方法进行梳理与规范并在刑事司法改革过程中予以推广的必要性，并认为规范的实验研究是可以被引入中国刑事司法的真实场景并广泛应用的，同时还能对刑事司法改革的有效开展起到巨大的推动作用。但随着研究的展开，随着对实验研究基本原理和域外刑事司法领域中适用状况的了解，我对于在中国刑事司法真实场景下开展规范的实验研究的信心不足,因为这不仅仅是把实验研究的原理和流程梳理明白就可以实现的,还取决于研究者与实践者的互动、数据基础等其他条件的成就。在我近几年给研究生开设的研究方法课程中,有关实验研究方法的内容都被安排在最后,并常常因为前面的讨论占用时间而不再讲授,真正的原因可能是我内心逐渐觉得这种方法太难,对于硕士生来说基本没有什么用处。与之相呼应的是,我对于通过实验研究推动刑事司法改革有效开展的信心也开始动摇,因为刑事司法改革措施牵涉因素众多,尤其是在中国这样一个地域差异较大的国家,如何推出改革措施并不是仅仅通过实验研究来验证或者证否其效果就可以简单决定的。正如我翻译的《失败启示录——刑事司法改革的美国故事》一书中美国研究者所观察到的,在评价刑事司法改革的成败时需要考虑更多的因素。

这些认识的变化实际上是随着了解的深入而对"无知者无畏"认识的一种合理修正,恰恰也体现了研究的价值不仅仅在于输出知识,还在于改变研究者本人的认识。虽然存在背景和认识上的变化,我在研究和本书写作过程中对在我国刑事司法领域中引入规范的实验研究方法的必要性这一"初心"却从未改变,同样,规范的实验研究以及借鉴了实验研究合理因素的试点对于刑事司法改革的助推作用也必须予以肯定。实验研究方法无论是对于我国刑事法律学科的理论构建,还是对于刑事司法改革的推进,都具有其他研究方法所不可替代的独特功能。

对于我个人而言,也希望能够在未来的研究中尝试更多的实验研究,尤其是在近年来着重关注的少年司法这一存在大量创新空间的领域,我实际上已经观察到很多的引入干预措施或发生改变的实验研究"雏形":一些通过引入创新措施改变未成年人案件处理机制并带来积极效应的地方实践。希望能够通过实验设计将这些改革创新同步塑造为准实验研究,明确这些改革创新在真实刑事司法环境中的效果并与相应的理论对接。同时,也希望有生之年能够选择一个适当的题目,在中国真实的刑事司法场景下尝试一下难度最大的随机分配的实地实验研究。

作为一本研究方法论方面的著作,我在写作时总是信心不足,感觉自己“没写什么实际的东西”,既没有提出什么新的理论,也没有针对现行的法律制度如何修改完善提出什么建议。好在评价有关研究方法论著作的质量通常并不主要依据创新性或者引用率等学术性指标,如果其他研究者在开展实验研究或其他实证研究时,能够想起本书中讨论的一些环节甚至“教训”,这可能就是本书最大的价值了。当然,本书对于刑事司法领域实验研究的讨论仍属初步,很多问题仍需要在今后的研究中继续深入,也希望读者和各位同仁不吝赐教。

本书的部分章节曾在《中国法学》等刊物发表,感谢编辑老师和外审专家的帮助与批评;感谢本书初稿作为结项成果匿名评审时评审专家提出的宝贵意见;感谢恩师宋英辉教授带领我参与他主持的实验研究,帮助我“推开”实验研究的这扇门;感谢程雷兄拨冗撰写充满溢美之词又情真意切的序言;感谢美国圣约翰大学卓越副教授等志同道合的研究者与我分享宝贵的研究资料并互相探讨;感谢北京师范大学刑事法律科学研究院硕士研究生黄帅、李梦竹和马栎帮助整理资料和校对;感谢法律出版社王西光老师和陈睿编辑促成本书尽快出版。最后还要感谢家人的一路陪伴与支持。

本书即将付梓时,我也即将四十不惑,想起三十多岁时给自己定的目标:在四十岁前先把实证研究方法搞明白,等四十岁以后有更多的研究资源时更多地开展各种类型的刑事司法实证研究。此刻,把这句话写在这里,算是一个阶段性的总结,也算是对四十岁以后的自己的一个鞭策吧。

何　挺

2019 年 10 月 9 日于北师大后主楼

图书在版编目(CIP)数据

刑事司法改革中的实验研究 / 何挺著. -- 北京 : 法律出版社, 2020

ISBN 978 - 7 - 5197 - 4274 - 4

Ⅰ. ①刑… Ⅱ. ①何… Ⅲ. ①刑事诉讼－司法制度－体制改革－研究－中国 Ⅳ. ①D925.204

中国版本图书馆 CIP 数据核字(2020)第 030135 号

刑事司法改革中的实验研究
XINGSHI SIFA GAIGE ZHONG DE SHIYAN YANJIU

何　挺　著

策划编辑 陈　睿
责任编辑 陈　睿
装帧设计 汪奇峰

出版 法律出版社
总发行 中国法律图书有限公司
经销 新华书店
印刷 中煤(北京)印务有限公司
责任校对 杨锦华
责任印制 胡晓雅

编辑统筹 法律考试·职业教育出版分社
开本 710 毫米 × 1000 毫米　1/16
印张 17
字数 315 千
版本 2020 年 3 月第 1 版
印次 2020 年 3 月第 1 次印刷

法律出版社/北京市丰台区莲花池西里 7 号(100073)
网址/www.lawpress.com.cn
投稿邮箱/info@lawpress.com.cn
举报维权邮箱/jbwq@lawpress.com.cn
销售热线/400 - 660 - 8393
咨询电话/010 - 63939796

中国法律图书有限公司/北京市丰台区莲花池西里 7 号(100073)
全国各地中法图分、子公司销售电话:
统一销售客服/400 - 660 - 8393/6393
第一法律书店/010 - 83938432/8433　西安分公司/029 - 85330678　重庆分公司/023 - 67453036
上海分公司/021 - 62071639/1636　深圳分公司/0755 - 83072995

书号:ISBN 978 - 7 - 5197 - 4274 - 4　**定价**:68.00 元